| | | |
|---|---|---|
| | ⑵ | 更生施設 |
| | ⑶ | 助産施設、保育所、幼保連携型認定こども園、児童養護施設、児童自立支援施設、児童家庭支援センター、児童福祉法（昭和22年法律第164号）第6条の3第7項に規定する一時預かり事業又は同条第9項に規定する家庭的保育事業を行う施設その他これらに類するものとして総務省令で定めるもの |
| | ⑷ | 児童発達支援センター、児童心理治療施設又は児童福祉法第6条の2の2第2項に規定する児童発達支援若しくは同条第4項に規定する放課後等デイサービスを行う施設（児童発達支援センターを除く。） |
| | ⑸ | 身体障害者福祉センター、障害者支援施設（ロ⑸に掲げるものを除く。）、地域活動支援センター、福祉ホーム又は障害者の日常生活及び社会生活を総合的に支援するための法律第5条第7項に規定する生活介護、同条第8項に規定する短期入所、同条第12項に規定する自立訓練、同条第13項に規定する就労移行支援、同条第14項に規定する就労継続支援若しくは同条第15項に規定する共同生活援助を行う施設（短期入所等施設を除く。） |
| | ニ | 幼稚園又は特別支援学校 |
| ⑺ | | 小学校、中学校、義務教育学校、高等学校、中等教育学校、高等専門学校、大学、専修学校、各種学校その他これらに類するもの |
| ⑻ | | 図書館、博物館、美術館その他これらに類するもの |
| ⑼ | イ | 公衆浴場のうち、蒸気浴場、熱気浴場その他これらに類するもの |
| | ロ | イに掲げる公衆浴場以外の公衆浴場 |
| ⑽ | | 車両の停車場又は船舶若しくは航空機の発着場（旅客の乗降又は待合いの用に供する建築物に限る。） |
| ⑾ | | 神社、寺院、教会その他これらに類するもの |
| ⑿ | イ | 工場又は作業場 |
| | ロ | 映画スタジオ又はテレビスタジオ |
| ⒀ | イ | 自動車車庫又は駐車場 |
| | ロ | 飛行機又は回転翼航空機の格納庫 |
| ⒁ | | 倉庫 |
| ⒂ | | 前各項に該当しない事業場 |
| ⒃ | イ | 複合用途防火対象物のうち、その一部が⑴項から⑷項まで、⑸項イ、⑹項又は⑼項イに掲げる防火対象物の用途に供されているもの |
| | ロ | イに掲げる複合用途防火対象物以外の複合用途防火対象物 |
| 16の2) | | 地下街 |
| 16の3) | | 建築物の地階（（16の2）項に掲げるものの各階を除く。）で連続して地下道に面して設けられたものと当該地下道とを合わせたもの（⑴項から⑷項まで、⑸項イ、⑹項又は⑼項イに掲げる防火対象物の用途に供される部分が存するものに限る。） |
| ⒄ | | 文化財保護法（昭和25年法律第214号）の規定によって重要文化財、重要有形民俗文化財、史跡若しくは重要な文化財として指定され、又は旧重要美術品等の保存に関する法律（昭和8年法律第43号）の規定によって重要美術品として認定された建造物 |
| ⒅ | | 延長50メートル以上のアーケード |
| ⒆ | | 市町村長の指定する山林 |
| ⒇ | | 総務省令で定める舟車 |

備考
1　二以上の用途に供される防火対象物で第1条の2第2項後段の規定の適用により複合用途防火対象物以外の防火対象物となるものの主たる用途が⑴項から⒂項までの各項に掲げる防火対象物の用途であるときは、当該防火対象物は、当該各項に掲げる防火対象物とする。
2　⑴項から⒃項までに掲げる用途に供される建築物が（16の2）項に掲げる防火対象物内に存するときは、これらの建築物は、同項に掲げる防火対象物の部分とみなす。
3　⑴項から⒃項までに掲げる用途に供される建築物又はその部分が（16の3）項に掲げる防火対象物の部分に該当するものであるときは、これらの建築物又はその部分は、同項に掲げる防火対象物の部分であるほか、⑴項から⒃項に掲げる防火対象物又はその部分でもあるものとみなす。
4　⑴項から⒃項までに掲げる用途に供される建築物その他の工作物又はその部分が⒄項に掲げる防火対象物に該当するものであるときは、これらの建築物その他の工作物又はその部分は、同項に掲げる防火対象物であるほか、⑴項から⒃項までに掲げる防火対象物又はその部分でもあるものとみなす。

## 図解 実務で使える防火査察

### 予防技術検定対応版

予防業務支援グループ代表　北村　芳嗣　編著

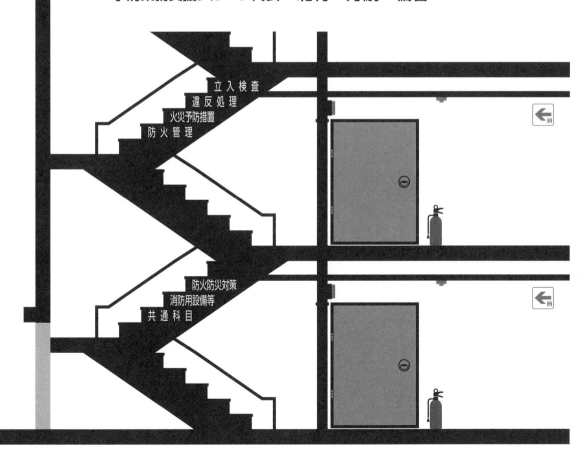

東京法令出版

# 発刊にあたって

予防業務は、消火活動、救急活動と合わせて消防行政の中での三つの大きな活動領域の一つであり、円滑な消防活動の確保の上からも重要な業務となっている。しかし、消火活動や救急活動とは業務内容が異なり、若干時間的なゆとりがあるとはいえ、消防法令に基づく行政措置権の誤りや誤った行政指導に対し行政不服審査や損害賠償請求など極めて厳しい反論がなされることがある。それゆえ、業務を適正に遂行しなければならず、法令、通知、技術基準などを正しく理解し、相手方の立場を理解した上で進めなければならない業務となっている。

現在その業務は、防火管理、危険物施設の許認可、消防用設備等の設置等に係る分野だけでなく、防火対象物点検、設備点検、火気規制、防炎規制、住警器設置さらに違反処理事務など多様な分野に及んでおり、予防分野全体が広範囲なため容易に取りつきにくい印象を与える領域となっている。予防業務の基本を修得するためには、基礎となる法令をしっかり読み込んで、何が要点となっているかを理解した上で勉強を進めることが望まれる。

本書は、まず第1章と第2章で立入検査と違反処理の手順や方法を「立入検査標準マニュアル」「違反処理標準マニュアル」から抜き出し、現在の予防行政が違反是正に向けた姿勢を根底において進められていることを理解してもらう内容とした。次に、第3章から第6章は消防法の条文に沿って、その内容を整理して要点を示し、政令等や過去の経緯なども掲載するようにした。

見出しに縦書きの消防法条文を掲載したのは、法令集とリンクさせることにより、将来にわたって、予防業務を日常的に行う上で、法令集が身近に使われることを考慮したためである。また、過去の災害や経緯を踏まえ、本文の余話を"Coffee Break"のコーナーで取り上げて説明を試みた。

予防技術検定の専攻科目は、防火査察・消防用設備等・危険物の3科目がある。消防用設備等については、消防設備士試験対策のテキスト・問題集があり、危険物においても同様のものがあるが、防火査察のテキストが少ないことから、本書は、試験対策として役立つことも目的として編集しており、各項目の中に試験対策上知っておいてもらいたいことを「ポイント」として掲載した。各項目の「演習問題」は、できるだけ本文を読み込んで自身で考え理解してもらえる内容に絞っており、他の問題集にもチャレンジされるとよい。

消防の業務は、予防、警防、救急など、どのような仕事も消防職員として個々人が責任をもって判断し、活動する分野が広くかつ深いものが多く、自分のスキルを磨くことにより、やりがいが創出される職場である。つまり、消防の世界は、仕事の内容が個々の職員の資質に委ねられている部分が大きく、自分自身が納得して「面白い」と思うと、どのような分野も面白く感じられ充実感のある仕事となる。この本が、興味を持って、予防業務に取り組んでもらえる一助になれば幸いである。

平成29年12月

予防業務支援グループ
代表　北村芳嗣

# 目　　次

## 第1章　立入検査

1.1　立入検査の基本 ……………………………………………………………… 1
　1.1.1　立入検査の経緯 ………………………………………………………… 2
　1.1.2　法的事項 ………………………………………………………………… 3
　1.1.3　立入検査の実施内容 …………………………………………………… 5
　1.1.4　消防法における予防行政の構成 ……………………………………… 6
1.2　立入検査の実務 ……………………………………………………………… 8
　1.2.1　立入検査の実施 ………………………………………………………… 8
　1.2.2　関係機関との連携 ……………………………………………………… 13
1.3　防火対象物の用途別留意事項 ……………………………………………… 14
　1.3.1　小規模雑居ビル立入検査時の留意事項 ……………………………… 14
　1.3.2　量販店等立入検査時の留意事項 ……………………………………… 15
　1.3.3　個室型店舗等立入検査時の留意事項 ………………………………… 16
　1.3.4　火災予防に直接関係しない消防法令の規定の不備に係る確認等 …… 17
　1.3.5　危険物施設の立入検査時の留意事項 ………………………………… 17
📖　演習問題 ………………………………………………………………………… 19
☕　Coffee Break　法第4条の改正経緯について ……………………………… 21
☕　Coffee Break　法令の基本形式と法令用語について ……………………… 22
☕　Coffee Break　行政手続法における行政指導 ……………………………… 26

## 第2章　違反処理

2.1　違反処理の基本 ……………………………………………………………… 27
　2.1.1　違反処理の基本等 ……………………………………………………… 27
　2.1.2　違反処理の区分 ………………………………………………………… 28
　2.1.3　違反処理への移行 ……………………………………………………… 30
2.2　違反処理の実務（吏員命令） ……………………………………………… 31
2.3　違反処理の実務（警告、命令） …………………………………………… 34
2.4　違反調査と命令書等作成 …………………………………………………… 39
　2.4.1　違反調査 ………………………………………………………………… 39
　2.4.2　実況見分調書の作成 …………………………………………………… 39
　2.4.3　質問調書の作成 ………………………………………………………… 40
　2.4.4　違反調査報告書の作成 ………………………………………………… 41
　2.4.5　警告書の作成 …………………………………………………………… 41
　2.4.6　命令に先立って行う聴聞・弁明の機会の付与 ……………………… 42

# 目　　次

2.4.7　命令書の作成······························43

● Coffee Break　違反是正の促進·····················45

2.5　違反処理に伴う行政救済···························52

2.5.1　行政手続法と行政救済制度····················52

2.5.2　行政救済の全体···························55

2.5.3　措置命令等に対する不服申立て··················57

2.5.4　行政事件訴訟····························59

2.5.5　損失補償·····························60

2.5.6　教示······························60

2.6　告発・代執行·······························61

2.6.1　告発······························61

2.6.2　告発・代執行・過料の流れ····················70

2.6.3　告発書の作成····························72

2.6.4　行政代執行····························73

2.6.5　略式の代執行···························75

2.6.6　過料······························75

2.6.7　その他の行政処分·························76

2.6.8　違反処理基準···························76

2.6.9　試験対象外の違反処理·······················77

▭　演習問題······························78

● Coffee Break　予防技術検定の試験について·················83


## 第3章　火災予防措置

3.1　屋外における火災予防措置························87

3.1.1　趣旨······························88

3.1.2　命令の対象と措置·························88

3.1.3　命令の要件等一覧·························88

3.1.4　命令時の留意事項·························89

3.1.5　代執行·····························89

3.1.6　屋外の火災予防措置の流れ····················90

3.1.7　法第3条の条文上の第1項、第2項、第4項の相違点·········91

3.2　防火対象物の火災予防措置命令······················92

3.2.1　趣旨······························92

3.2.2　命令事項·····························92

3.2.3　標識による公示··························95

3.2.4　行政代執行····························95

3.3　防火対象物の使用の禁止、停止又は制限の命令·············96

目　　次

　　3.3.1　趣旨･･････････････････････････････････････････････････96
　　3.3.2　命令事項･･････････････････････････････････････････････97
3.4　消防吏員による防火対象物における火災の予防又は消防活動の障害除去
　　のための措置命令･･････････････････････････････････････････････99
　　3.4.1　趣旨･･････････････････････････････････････････････････99
　　3.4.2　命令事項･･････････････････････････････････････････････99
　　3.4.3　代執行･･････････････････････････････････････････････102
　　3.4.4　防火対象物の消防吏員命令の流れ･･････････････････････103
3.5　法第5条関係の特例と行政救済措置･･･････････････････････････104
　　3.5.1　審査期間の特例･･････････････････････････････････････104
　　3.5.2　訴えの提起と損失補償･･････････････････････････････････105
　　3.5.3　不服申立て等の教示･･････････････････････････････････106
▷　演習問題･････････････････････････････････････････････････････107
◉　Coffee Break　法第5条関係の相違点･･････････････････････････111
◉　Coffee Break　法第5条の3の執行･･･････････････････････････114
◉　Coffee Break　法第5条関係の実際･･･････････････････････････117

## 第4章　防火管理

4.1　防火管理制度･････････････････････････････････････････････123
　　4.1.1　趣旨･････････････････････････････････････････････････123
　　4.1.2　選任義務対象物･････････････････････････････････････126
　　4.1.3　管理権原者･････････････････････････････････････････128
　　4.1.4　防火管理者の資格の要件･････････････････････････････128
　　4.1.5　防火管理者の責務及び業務･･････････････････････････130
　　4.1.6　防火管理義務対象物の区分の一覧･･･････････････････130
　　4.1.7　防火対象物の区分による防火管理者講習･････････････131
　　4.1.8　甲種防火管理者の再講習･･･････････････････････････131
4.2　統括防火管理制度･･････････････････････････････････････････132
　　4.2.1　趣旨･････････････････････････････････････････････････132
　　4.2.2　統括防火管理義務対象物･････････････････････････････133
　　4.2.3　統括防火管理者の選任･･････････････････････････････134
　　4.2.4　統括防火管理者の責務･･････････････････････････････135
　　4.2.5　消防長等による命令事項･･･････････････････････････136
　　4.2.6　防火管理と統括防火管理の相違･･･････････････････････136
4.3　防火対象物定期点検報告制度･･･････････････････････････････138
　　4.3.1　制度の概要･･･････････････････････････････････････････138
　　4.3.2　点検対象となる防火対象物･････････････････････････････139

# 目　　次

4.3.3　点検内容 ································································141

4.3.4　点検者 ······································································142

4.3.5　点検と報告 ································································142

4.4　防火対象物定期点検報告の特例認定 ································143

4.4.1　制度の概要 ································································144

4.4.2　特例認定の要件 ························································145

4.4.3　特例認定の手続 ························································145

4.4.4　特例認定の表示 ························································145

4.4.5　特例認定の失効 ························································146

4.4.6　特例認定の取消し ····················································146

▱　演習問題 ·············································································148

◉　Coffee Break　法第8条防火管理関係について ···············152

◉　Coffee Break　法第8条の2について ·······························162


## 第5章　防火防災対策

5.1　避難上必要な施設等の管理·················································165

5.1.1　趣旨 ··········································································165

5.1.2　執行上の要点 ·····························································165

5.2　自衛消防組織·····································································168

5.2.1　設置対象 ····································································168

5.2.2　自衛消防組織を置かなければならない者 ······················170

5.2.3　業務内容 ····································································170

5.2.4　自衛消防組織の設置命令 ·············································171

5.3　防災管理制度·····································································172

5.3.1　制度の概要 ································································172

5.3.2　防災管理を要する災害 ················································173

5.3.3　防災管理を要する建築物 ·············································173

5.3.4　防災管理制度のまとめ ················································175

5.4　防炎規制··········································································177

5.4.1　趣旨 ··········································································177

5.4.2　対象等の概要 ·····························································178

5.5　火を使用する設備器具等に対する規制について ···················182

5.6　住宅用防災機器·································································187

▱　演習問題 ·············································································191

◉　Coffee Break　防火と防災管理関係規定の一覧 ···············193

# 目　　次

## 第6章　消防用設備等

6.1　消防用設備等の設置・維持 ……………………………………………195
　6.1.1　消防用設備等の制度 ……………………………………………195
　6.1.2　条文の構成 ………………………………………………………196
　6.1.3　消防用設備等の種類 ……………………………………………197
　6.1.4　特例の適用（基準の特例） ……………………………………198
　6.1.5　消防用設備等の設置 ……………………………………………198
　6.1.6　用途の取扱い（原則） …………………………………………202
　6.1.7　構造等による設備規制 …………………………………………204
6.2　既存防火対象物の消防用設備等の設置 ………………………………208
　6.2.1　設置時の法令適用 ………………………………………………208
　6.2.2　適用除外等の仕組み ……………………………………………210
　6.2.3　法令改正時の法令適用 …………………………………………212
6.3　消防用設備等の検査等 …………………………………………………214
　6.3.1　消防用設備等の維持管理 ………………………………………214
　6.3.2　消防設備士 ………………………………………………………215
6.4　消防用設備等の点検制度 ………………………………………………218
　6.4.1　制度概要 …………………………………………………………218
　6.4.2　点検資格者講習制度 ……………………………………………220
6.5　消防用設備等の違反時の対応 …………………………………………222
　6.5.1　消防用設備等設置・維持違反の命令 …………………………222
🔖　演習問題 …………………………………………………………………224
☕　Coffee Break　法第17条の多様性 …………………………………227

## 第7章　共通科目

7.1　消防組織法 ………………………………………………………………233
7.2　消防法 ……………………………………………………………………235
7.3　危険物 ……………………………………………………………………238
7.4　火災調査 …………………………………………………………………247
7.5　燃焼理論 …………………………………………………………………250
7.6　建築基準法 ………………………………………………………………252
7.7　消防法令の略語等の手引 ………………………………………………257
☕　Coffee Break　政令別表第1の(2)項と(6)項 …………………………263
☕　Coffee Break　消防法の用途の扱い ……………………………………275
7.8　参考法令 …………………………………………………………………288
　○行政手続法〔抄〕 ………………………………………………………288

# 目　　次

⇨　演習問題　解答 ……………………………………………………………………293

※　本書の演習問題は理解力を試すために選択肢を五つとしています。複数解答の問題もあります。

---

**法令名略語**

|  |  |
|---|---|
| 　　　　　　法 | …消防法（昭和23年 7 月24日法律第186号） |
| 政　　　　　令 | …消防法施行令（昭和36年 3 月25日政令第37号） |
| 規　　　　　則 | …消防法施行規則（昭和36年 4 月 1 日自治省令第 6 号） |
| 危　　政　　令 | …危険物の規制に関する政令（昭和34年 9 月26日政令第306号） |
| 危　　規　　則 | …危険物の規制に関する規則（昭和34年 9 月29日総理府令第55号） |
| 建　基　　法 | …建築基準法（昭和25年 5 月24日法律第201号） |
| 建　基　　令 | …建築基準法施行令（昭和25年11月16日政令第338号） |
| 災　対　　法 | …災害対策基本法（昭和36年11月15日法律第223号） |
| 災　対　　令 | …災害対策基本法施行令（昭和37年 7 月 9 日政令第288号） |
| 対象火気設備等省令 | …対象火気設備等の位置、構造及び管理並びに対象火気器具等の取扱いに関する条例の制定に関する基準を定める省令（平成14年 3 月 6 日総務省令第24号） |
| 特定共同住宅等省令 | …特定共同住宅等における必要とされる防火安全性能を有する消防の用に供する設備等に関する省令（平成17年 3 月25日総務省令第40号） |
| 特定小規模施設省令 | …特定小規模施設における必要とされる防火安全性能を有する消防の用に供する設備等に関する省令（平成20年12月26日総務省令第156号） |
| 複合型居住施設省令 | …複合型居住施設における必要とされる防火安全性能を有する消防の用に供する設備等に関する省令（平成22年 2 月 5 日総務省令第 7 号） |

**略　語　例**　法第 3 条①(2)＝消防法第 3 条第 1 項第 2 号

# 第1章 立入検査

## 1.1　立入検査の基本

（法第4条、第4条の2、第16条の5）

【資料提出命令、報告の徴収及び消防職員の立入検査】

第四条　消防長又は消防署長は、火災予防のために必要があるときは、関係者に対して資料の提出を命じ、若しくは報告を求め、又は当該消防職員（消防本部を置かない市町村においては、当該市町村の消防事務に従事する職員又は常勤の消防団員。第五条の三第二項を除き、以下同じ。）にあらゆる仕事場、工場若しくは公衆の出入する場所その他の関係のある場所に立ち入つて、消防対象物の位置、構造、設備及び管理の状況を検査させ、若しくは関係のある者に質問させることができる。ただし、個人の住居は、関係者の承諾を得た場合又は火災発生のおそれが著しく大であるため、特に緊急の必要がある場合でなければ、立ち入らせてはならない。

② 消防職員は、前項の規定により関係のある場所に立ち入る場合においては、市町村長の定める証票を携帯し、関係のある者の請求があるときは、これを示さなければならない。

③ 消防職員は、第一項の規定により関係のある場所に立ち入る場合においては、関係者の業務をみだりに妨害してはならない。

④ 消防職員は、第一項の規定により関係のある場所に立ち入つて検査又は質問を行つた場合に知り得た関係者の秘密をみだりに他に漏らしてはならない。

【罰則】【資料の提出拒否等又は立入検査の拒否等を行つた者】罰金三〇万円以下・拘留（消防法第四四条第二号）【公訴時効】三年（刑事訴訟法第五五条・第二五〇条・第二五三条）

【消防団員の立入検査】

第四条の二　消防長又は消防署長は、火災予防のため特に必要があるときは、消防対象物及び期日又は期間を指定して、当該管轄区域内の消防団員（消防本部を置かない市町村においては、非常勤の消防団員に限る。）に前条第一項の立入及び検査又は質問をさせることができる。

② 前条第一項ただし書及び第二項から第四項までの規定は、前項の場合にこれを準用する。

【質問、検査等】

第十六条の五　市町村長等は、第十六条の三の二第一項及び第二項に定めるもののほか、危険物の貯蔵又は取扱いに伴う火災の防止のため必要があると認めるときは、指定数量以上の危険物を貯蔵し、若しくは取り扱つているすべての場所（以下この項において「貯蔵所等」という。）の所有者、管理者若しくは占有者に対して資料の提出を命じ、若しくは報告を求め、又は当該消防事務に従事する職員に、貯蔵所等に立ち入り、これらの場所の位置、構造若しくは設備及び危険物の貯蔵若しくは取扱いについて検査させ、関係のある者に質問させ、若しくは試験のため必要な最少限度の数量に限り危険物若しくは危険物であることの疑いのある物を収去させることができる。

② 消防吏員又は警察官は、危険物の移送に伴う火災の防止のため特に必要があると認める場合には、走行中の移動タンク貯蔵所を停止させ、当該移動タンク貯蔵所に乗車している危険物取扱者に対し、危険物取扱者免状の提示を求めることができる。この場合において、消防吏員及び警察官がその職務を行なうに際しては、互いに密接な連絡をとるものとする。

③ 第四条第二項から第四項までの規定は、前二項の場合にこれを準用する。

【罰則】
【資料の提出拒否等又は立入検査の拒否等を行った者】罰金三〇万円以下・拘留（消防法第四四条第二号）【公訴時効】三年（刑事訴訟法第五五条・第二五〇条・第二五三条）

【停止に従わず、又は提示の要求を拒んだ者】罰金三〇万円以下・拘留（消防法第四四条第七号）【公訴時効】三年（刑事訴訟法第五五条・第二五〇条・第二五三条）

## 1.1.1　立入検査の経緯

### (1)　趣旨

① 消防機関が消防対象物の実態を把握し、その調査結果を通知すること等により、関係者自らが消防対象物の火災予防上必要な措置を講じることを促し、又は指導する。

② 万一の出火に際しても被害を最小限にとどめるように、消防機関として、必要な情報収集を図る。

### (2)　改正経過

ア　昭和38年改正

　　立入検査時の質問権の付与

イ　昭和40年改正

① 検査の対象を防火対象物から**消防対象物**に拡大

② 報告徴収権の付与

ウ　昭和43年改正

　　消防本部を置かない市町村は、**常勤の消防団員**に法第4条による立入検査権を付与（それ以前は、法第4条の2により期間、対象物を指定した立入検査（旧、防火診断）であった。）。

エ　平成14年改正

① 立入時間の制限と事前通告義務を撤廃（法第4条第1項）

② 証票の提示義務は、関係ある者の請求があったとき（法第4条第2項）

③ 関連として、法第4条の資料提出等が関係者に限られることから、新たに法第35条の13（改正時第35条の10）により、関係官公署への照会及び協力要請を規定

### (3)　内容

　　講学上の位置付けとして、**即時強制説**が一般的であったが、現在は**行政調査**が妥当とされている（『逐条解説消防法』等）。

## 1.1 立入検査の基本

### 1.1.2 法的事項
(1) 権限
　ア　資料提出命令権（法第４条、第16条の３の２、第16条の５、第34条）
　　資料提出等は、火災予防上必要と認める範囲とし、過大な経済的負担や多大な労力を必要とするものは要求しないことが通例である。
　イ　報告徴収権（法第４条、第16条の３の２、第16条の５、第34条）
　ウ　立入検査権（法第４条、第４条の２、第16条の３の２、第16条の５、第34条）
　　① 立入検査権は、法第４条、第４条の２、第16条の３の２、第16条の５、第34条において認められている。法第４条の２は、消防団員に限られている。
　　② 法第４条、第16条の５は、**火災予防のため又は火災の防止のために**、消防長又は消防署長等が未然に危険性を排除するために、任意に成し得るものとなっている。
　　③ 法第16条の３の２は**危険物の流出又は事故**の発生、法第34条は**火災（爆発）**の発生の事実に基づき調査が必要なため行われる。その内容から、法第16条の３の２の流出等事故原因調査と法第34条の火災調査は、同じ組織形態の中で科学的分析手法に基づいてなされる事実の解明に必須とされる**調査業務**であるといえる。
　エ　危険物等の収去権（法第16条の５）
　　危険物を確認するため、立入検査時に試験検査用の必要数量（最少限度）を収去する（収去を拒否された場合は、資料提出命令が可能）。

 **ポイント**　［罰則］

- 罰則のある条文の行為に対する**拒否**は、告発により対応する（立入検査の拒否等）。
- 資料提出命令、報告徴収に対し提出拒否、虚偽提出等をした場合、30万円以下の罰金又は拘留。この命令に伴う**公示（標識の掲出）**の義務はない。
- 法第４条の２にあっては、資料提出命令権等は付与されていない。
- 公訴の時効は、３年である（立入検査違反は検査時が起点とされるので、時効に注意）。

(2) 立入検査の主体と客体（従事者）

|  | 行わせる者（主体） | 従事する者（客体） |
|---|---|---|
| 法第４条 | 消防長（市町村長）・消防署長 | 消防職員（市町村職員等） |
| 法第４条の２ | 消防長・消防署長（市町村長） | 消防団員（非常勤の消防団員） |
| 法第16条の５ | 市町村長（都道府県知事・総務大臣） | 消防職員（都道府県職員・消防庁職員） |
| 法第16条の５（移動タンク貯蔵所） | 消防吏員・警察官 | 消防吏員・警察官 |

第1章　立入検査

 **ポイント**　[主体、客体]
- 法第4条の従事する者で括弧書きの市町村職員等は、消防事務に従事する市町村職員と常勤の消防団員をいう。
- 法第4条の2の従事する者は、消防本部のある市町村における消防団員。消防本部のない市町村では、非常勤の消防団員。
- 立入検査に関わる立入検査計画等の策定は、消防長又は消防署長の裁量に任される。
- 消防吏員又は警察官が主体となる走行中の移動タンク貯蔵所については、立入検査ではなく停止させて、走行中の安全性を見て、免状の提示を求めるもの。

(3)　立入検査の要件
　　法第4条…火災の予防のために必要があるとき（一般的、抽象的な条件）
　　法第4条の2…火災の予防のために特に必要があるとき（対象物と期間を限定）
　　法第16条の5…危険物の貯蔵、取扱いに伴う火災の防止のために必要があると認めるとき

(4)　立入検査の対象
　　法第4条…あらゆる仕事場、工場若しくは公衆の出入する場所その他の関係のある場所。ただし、個人の住居は、関係者の承諾を得た場合と具体的な火災危険により緊急の必要性がある場合
　　法第16条の5…指定数量以上の危険物を貯蔵し若しくは取り扱っていると認められる全ての場所

(5)　職員等の遵守事項
　　法第4条第2項…証票の携帯と提示（**関係のある者**から請求があったとき）
　　法第4条第3項…業務をみだりに妨害しない。
　　法第4条第4項…知り得た秘密をみだりに他に漏らさない。

 **ポイント**
- 個人の住居の場合は**関係者の承諾を得た場合又は火災の発生のおそれが著しく大**であるため、特に緊急の必要がある場合に限られる（火災の発生のおそれが客観的・具体的に存在し、緊急必要があるときに限られ、通常は、関係者の承諾が不可欠）。
- 法第4条は**一般法**として、消防対象物全てに対して適用される。法第16条の5は、第3章危険物における危険物施設等が特別法となっていることに対応するために、設けられている。
- 法第4条と第4条の2の違い
　　通常の立入検査は、消防職員に行わせる（法第4条）が、火災予防のために特に必要があるときは、**消防対象物及び期日又は期間を指定し、消防団員に立入検査をさせる**（法第4条の2）。この場合、主体は消防長又は消防署長であるので注意
- 証票は、全て市町村長が定める（法第4条と第16条の5では行わせる主体が異なるが、証票は条文を並べることにより同じ扱いとなる）。

## 1.1 立入検査の基本

### 1.1.3 立入検査の実施内容

(1) 基本姿勢
　① 目的の明確化…防火対象物の関係者による自主的な防火管理の促進
　② 検査時の知識・教養…公正な判断と良識ある対応、正しい法令の知識の把握
　③ 検査時の言動・態度…法令執行時の毅然とした態度と威圧的な言動や態度の禁止
　④ 証票の携帯義務…法第4条第2項の遵守
　⑤ 営業妨害の回避…法第4条第3項の遵守
　⑥ 秘密の保持…法第4条第4項の遵守
　⑦ 民事問題への不介入…公務員業務執行の一般則
　⑧ 他官庁等との連携

(2) 立入検査時の時間的制限と事前通告
　　時間的制限はなく、事前通告は必要としない。
　　しかし、関係者の事業活動や経済活動などへの影響の程度と火災予防上の必要性を比較して通告の要否を決めるとされている。
　ア　通告した場合のメリット
　　① 関係者の立会いが得やすくなる。
　　② 関係資料、台帳等の準備を促すことができる。
　　③ 事業活動に支障となる時間を避けられる。
　イ　通告した場合のデメリット
　　① 違反の事実が確認できなくなるおそれがある。
　　② 自動火災報知設備のベル停止、スプリンクラーヘッドの散水障害等、避難通路の物件、階段の物件、防火戸の閉鎖・開放障害等の存在、管理違反の繰り返しなどが隠蔽されて見過ごされることが考えられる。
　ウ　無通告の場合のデメリット
　　業務多忙を理由とした**立会いの拒否**が想定され、立入検査の実質的な要件を欠くこともあり得る。

(3) 立入検査時の質問
　　立入検査時に必要な事項（構造、設備、管理状況等）を質問することができる。

 **ポイント**　［質問権の行使］
- 質問は、立ち入った消防対象物（場所等）で火災予防の観点からなされるもの。
- 質問に回答しないことに対し罰則はない。

(4) 危険物の収去
　ア　危険物の収去の目的
　　危険物を製造所等以外の場所で指定数量以上取り扱っていないかどうかを確認するため、危険物又は危険物と疑わしいものをその必要の範囲内で強制的に取り去る（法第16条の5）。

イ　収去の手続き

収去の目的、根拠、収去するもの及び数量等を関係者に明らかにして、収去の協力を求める。拒否があった場合はこれを強行することはできないが、拒否の理由に正当性がない場合には、罰則の適用がある。

(5)　立入検査時の結果の通知

一般的には、「立入検査結果通知書」と呼ばれる文書である。

ア　通知の方法

原則として、速やかに立入検査結果通知書で行う。

イ　通知の性質

行政が発する公文書として行政手続法に準拠する。

ウ　留意事項

①名宛人、②交付者名、③指摘事項と法的根拠、④改修指導、⑤報告期日、⑥問合せ先等の必要事項を明記する。

エ　改修報告

履行可能な改修期限を設定して改修報告を求める。

(6)　**国家賠償法による責任**

国家賠償法第1条第1項に「公権力の行使に当たる公務員が、その職務を行うについて、故意又は過失によって違法に他人に損害を加えたとき」と損害賠償の要件が規定されていて、立入検査は**公権力の行使**に該当する。

次のようなケースでは、実損害に対する損害賠償請求をされることがある。

①　施設や設備に損害を与え、又は人身事故等を起こした。

②　法の適用を誤り法令上義務のない設備を付けさせた。

③　名宛人を誤って、履行義務者でない者に損害を与えた。


## 1.1.4　消防法における予防行政の構成

┌─────────────────────────────┐
│ **消防機関が能動的に行使する権限関係** │
└─────────────────────────────┘

立入検査権　法第4条（消防職員の立入検査）
　　　　　　法第4条の2（消防団員の立入検査）
　　　　　　法第16条の5（危険物施設等への立入検査）

命令関係

○　屋外における火災予防措置命令権……………………………………（法第3条）
○　資料提出命令権及び報告徴収権………………………（法第4条、第16条の5）
★　防火対象物に対する火災予防措置命令権……………………………（法第5条）
★　防火対象物に対する使用禁止等命令権……………………………（法第5条の2）
★　防火対象物に対する危険排除のための措置命令権……………（法第5条の3）
★　防火管理者選任命令・業務適正執行命令権…………………………（法第8条）

## 1.1 立入検査の基本

- ★ 統括防火管理者選任命令・業務適正執行命令権…………………（法第8条の2）
  →罰則なし
- ○ 防火対象物点検虚偽表示除去・消印命令権………………（法第8条の2の2）
- ○ 特例認定を受けた防火対象物表示虚偽表示除去・消印命令権
  ………………………………………………………………（法第8条の2の3）
- ★ 自衛消防組織設置命令権…………………………………（法第8条の2の5）
  →罰則なし
- ☆ 危険物の貯蔵、取扱基準遵守命令権…………………………（法第11条の5）
- ☆ 危険物製造所等の改修等命令権…………………………………（法第12条）
- ☆ 危険物製造所等の使用停止命令権……………………………（法第12条の2）
- ☆ 危険物製造所等の緊急使用停止又は使用制限命令権…………（法第12条の3）
- ☆ 危険物保安統括監督者等の解任命令権………………………（法第13条の24）
- ☆ 予防規程の変更命令権…………………………………………（法第14条の2）
- ☆ 危険物製造所等の応急措置命令権……………………………（法第16条の3）
- ○ 危険物・疑危険物の収去権……………………………………（法第16条の5）
- ☆ 無許可貯蔵等の危険物に対する措置命令権…………………（法第16条の6）
- ★ 消防用設備等の設置維持命令権………………………………（法第17条の4）
  （法第36条において準用する防災管理関係）

○：公示が非該当

★：命令時の公示が原則必要。法第5条の3以外は、消防長等が命令権者

☆：命令時の公示が原則必要。市町村長が命令権者

---

**消防機関が受動的に（申請後）行使する権限関係**

↓

- ・ 建築同意権………………………………………………………………（法第7条）
- ・ 防火対象物定期点検報告の特例認定……………………………（法第8条の2の3）
- ・ 危険物製造所等の設置許可、変更許可、完成検査…………………（法第11条）
- ・ 消防用設備等の設置届出の検査………………………………（法第17条の3の2）

## 1.2 立入検査の実務

（立入検査標準マニュアルによる。）

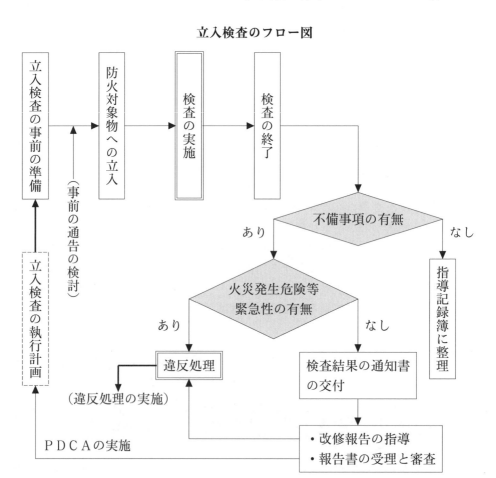

**立入検査のフロー図**

### 1.2.1 立入検査の実施
(1) 立入検査のフロー

　立入検査は、**事前の準備**の上で**実施**し、不備事項の有無を確認する。不備がある場合には、次に**火災発生危険等緊急性**の有無を確認し、緊急性がある場合には**違反処理**へと進む。

　通常は、不備事項を**立入検査結果通知書**により文書として関係者に交付し、関係者による自主改修を促して、改修報告により確認する。

> **参考**
> 　特定防火対象物は、立入検査結果通知書が文書開示の対象とされることがある（判例「立入検査結果通知書の開示」平成15年11月27日東京高裁。判例時報1850号）。

## 1.2　立入検査の実務

### (2)　事前の準備

#### ア　立入検査実施計画

　立入検査の目的は、その用途・規模・収容人員等による一般的火災発生危険性の確認のほか、以下に掲げる事項を確認することが重要である。

- 過去の立入検査指摘事項の改修状況や点検結果報告等の自主管理の実施状況
- 火災が発生した場合の人命危険や社会的影響の度合い
- 気候、風土等による予防行政上からみた地域特性
- 建築基準法令（建築構造、防火区画、階段等）の適合状況
- その他火災予防上の必要な事項

　これらにより、立入検査実施対象物の優先順位を決定し、検査方法や実施者等を定める。

　危険性の高い防火対象物が**長期間立入検査未実施とならない**よう、年間査察計画等の作成に当たっては、複数のチェック体制が必要とされる。

#### イ　立入検査の実施要領

　消防本部全体で立入検査を実施するために十分な体制が確保されているかどうか定期的に検証を行う。

① 防火対象物の状況の把握　→　増築、改築、模様替え、用途変更等

② 過去の指導状況等の把握　→　過去の査察内容（違反の繰り返し）や火災等の発生の有無の確認

③ 検査項目及び要領等の検討　→　検査項目の検討と効率的な検査要領等の検討
　防火対象物の状況から、立入検査を必要最小限の時間で実施するための経路等を選定する。

④ 関係者に関する情報の確認　→　関係者の変更は、消防計画、防火対象物定期点検報告特例認定等に影響

⑤ 持参する資料等の準備

---

**参考**　**抽出検査**（立入検査標準マニュアルで「効率的な検査要領等」としている。）

　関係者による自主管理の状況が優良と認められる防火対象物にあっては、全体の総合的な立入検査に替えて、当該防火対象物の重要な箇所及び項目、防火対象物定期点検報告や消防用設備等の点検報告等の不備欠陥があった施設・設備・箇所及び内容に絞った抽出検査を実施することも考えられる。なお、不備欠陥を発見した際には、総合的な立入検査に切り替える。

---

#### ウ　事前の通告

　立入検査の事前の通告の必要性を検討する。

##### (ア)　必要と考えられる場合

　通告を実施したときは、**相手方と日程調整を行う。**

① 既に把握している違反事実の改修指導で立入検査の相手方と面談する必要があ

第1章　立入検査

るとき。
　　② 消防対象物の位置、構造等について正確な情報の入手、検査実施時の安全確保等の観点から立入検査の相手方の立会いを求める必要があるとき。
　(イ) 不要と考えられる場合
　　過去の違反状況等を勘案し、事前に通告すると**効果的な立入検査が実施できないおそれがある場合は**、事前の通告を実施しない。
　　① 階段部分への物件存置や自動火災報知設備のベル停止など、事前に通告すると一時的に是正され、防火対象物の法令違反の実態が正確に把握できないおそれのあるとき。
　　② 法令違反があることの通報を受けて立入検査を行うとき。
　　③ 事前の通告を行う相手方の特定が困難なとき。

(3) 防火対象物への立入検査
　① 立入検査の実施…原則としては、日中又は営業中に、立会いを求めて行う。
　② 個人の住居の場合…関係者の承諾が必須となる。
　③ 証票の提示…関係ある者からの求めに応じる。
　④ 立入りを拒否された場合…理由の確認、説得、出直す等により対応する。

**ポイント**　[立入検査の妥当な拒否理由]
・ 関係者の承諾を得なければならない場合に怠ったとき
・ 関係ある者から**証票の提示**を求められたにもかかわらず応じないとき
・ 業務多忙を理由に、相手方が立入検査の時期について**具体的な変更**を要請したとき

(4) 検査の実施
　ア　検査実施前に行う打合せの内容
　　① スケジュール等の説明
　　② **立会いの依頼**
　　③ 事前準備において不明確であった事項等の確認
　　④ 営業許可証等から（テナント等）関係者に関する情報の確認
　　⑤ 防火対象物の**実態の変化**についての確認
　　⑥ その他必要な事項の確認
　　⑦ 立入検査の効率化への配慮
　イ　業務への配慮
　　**検査等において、みだりに防火対象物の関係者等の業務を妨害しない**（法第4条第3項）。
　　深夜営業の飲食店の立入検査では、「忙しい」「営業妨害だ」等の非協力的な言動や態度をとられることがあるが、毅然とした対応が必要とされる。
　ウ　施設内の検査を拒否等された場合

1.2　立入検査の実務

 **ポイント**　［検査拒否の正当な理由と認められる場合］

- 検査を拒否しているのが防火対象物の一部分で、企業等秘密に関わる場所であると**客観的に認められる**とき
- 検査を実施することで、**適正な業務執行に影響を与える**とき

このような正当と認められる理由以外で拒否されたときは、告発により対応する場合があることから、検査を拒否する原因を把握し記録しておく。

エ　写真撮影による違反状況の記録
　　違反が顕著な場合は、相手方の同意を得て、記録しておく。
オ　質問に対する回答を拒否された場合
　　質問の回答自体は任意なので、丁寧に説明する。

 **ポイント**

質問に対する回答拒否は、罰則対象とはならない。

カ　情報管理
　　秘密をみだりに他に漏らさない（法第4条第4項）。

 **ポイント**　［検査等で知り得た防火対象物の情報の取扱い］

検査員が情報を扱う際の基本（正当な理由）
　「みだりに」とは、正当な理由なくしてという意味で、次の場合には正当な理由があると考えられる。
① 　職務上必要な事項として、上司に検査結果を**報告する**場合
② 　通知書の内容について、他の公的機関から**法令根拠に基づく照会**を受け、それに回答する場合（ただし、弁護士会等の照会はその項目の事案により回答を拒否できる。）
③ 　捜査機関に**告発する**場合
④ 　情報公開請求があり、**情報公開条例に基づき、妥当性を有するものとして公開する場合**

キ　消防法令以外の法令違反を発見した場合

 **ポイント**　［他法令の防火に関する規定に違反しているおそれがある場合］

消防法令以外の法令（例：建基法）の防火に関する規定に違反しているおそれがあり、火災予防上重大な危険が認められる事案を発見した場合は、**当該法令の所管行政庁へ通知し、是正促進を要請する**。
　この場合、特に火災予防上危険性があれば法第5条、第5条の2、第5条の3で対応する。

11

第1章　立入検査

　ク　不適正な消防用設備等点検、防火対象物定期点検を発見した場合
　　　消防用設備等点検、防火対象物定期点検の資格者の点検業務不適正として、違反処理の対象となる。
　・消防設備士［消防設備業誠実義務違反（法第17条の12、第17条の7第2項）］
　・消防設備点検資格者［適正点検違反（規則第31条の6第8項第4号）］
　・防火対象物点検資格者［適正点検違反（規則第4条の2の4第5項第4号）］
(5)　検査の着眼点
　ア　防火管理全般（テナント等を含む。）
　　①　管理権原者の防火管理に対する意識の確認
　　　　防火管理者、統括防火管理者、統括管理者との面談
　　②　防火対象物全般における防火管理組織の構成と実効性の確認
　　③　従業員の防火管理に対する意識の確認
　　　　役割の周知度、日常点検の実施状況、訓練への参加状況
　　④　収容人員等の管理状況の確認
　イ　防火対象物の管理状況の確認
　　　建築物、火気使用設備、危険物施設、防炎物品、階段、通路、防火戸等
　ウ　消防用設備等の管理状況の確認
　　　消火設備、警報設備、避難設備、消火活動上必要な施設等
　エ　消防計画等に定められている事項の確認
(6)　資料提出命令・報告徴収
　　消防対象物の構造等の実態把握や違反事実の特定などに資料や報告を必要とするときは、資料提出命令又は報告徴収を行う。
　ア　命令の内容
　　　消防署長（又は消防長）が命令権者。関係者が受命者。
　　　資料提出命令：消防法令上の各種届出書、建物図面、火気使用設備等の資料
　　　報告徴収：危険物の1日の使用量、管理権原者の職・氏名等
　イ　資料の返還

　ポイント　［提出された資料の受領及び返還要領］

・資料提出命令により資料を提出させる際、関係者に所有権を放棄するか否かを記載した提出書に必要な資料等を添えて提出させる（**原則、返却する。**）。
・資料を返還する場合は、提出の際交付した「保管する旨」を記載した用紙と引き換えとする。
・報告徴収の資料は、**原則、返却の必要はない。**

(7)　検査結果の通知
　ア　通知の内容
　　　検査結果の通知は、法的には違反是正を強制するものではなく**行政指導**である。

## 1.2 立入検査の実務

行政不服審査請求の対象外であるが、行政手続法に則って対応する。
① 検査の結果、判明した消防法令違反及びその他の事項について、通知する。
② 検査結果の通知は、原則として、**文書（通知書）**で行う。
③ 指摘事項に消防法令以外の法令の防火に関する規定の違反が含まれている場合は、所管行政庁にも当該内容を文書で通知する。

イ　文書の内容
① 違反事実の発生箇所を明確にする。
② 違反事実の根拠法令を明確にする。
③ 通知書の発信者名は、立入検査を実施した消防職員とする。
④ 重大な消防法令違反が確認された場合は、**名宛人の特定を慎重**に行い、必要に応じ、住民票の写し（個人の場合）や建物の登記事項証明書、法人の登記事項証明書等により確認する。

ウ　名宛人
立入検査結果通知書の名宛人は、違反改修の履行義務者となる。また、履行義務者が複数のときは、それぞれの履行義務者宛てに通知する。

(8) **改修（計画）報告の指導**
原則として文書で報告させ、不備事項を是正させるようにする。

(9) **改修予定期日到来時の確認調査**
改修予定期日後に、改修確認のための**確認査察**を実施する。

## 1.2.2　関係機関との連携

従来、消防の立入検査は、法第4条に基づき単独かつ自主的に行われる業務となっていた。そのため、消防法上の防火管理、消防用設備等、火気使用などに注意が向けられ、他の法令上の問題点（防火を含めて）が欠落する傾向があった。

しかし、現在では、平成13年の新宿歌舞伎町ビル火災を契機とし、その後の社会福祉施設火災やホテル火災を踏まえて、他の行政機関との連携が必要不可欠なものとなっている。

(1) **風俗営業行政との連携**
平成13年から、各都道府県警察、（建築）特定行政庁、各消防本部の関係機関にあっては、風俗営業の許可等の申請に当たって、警察機関からの要請に基づいて、消防としての防火安全上の違法性、建築としての建築上の違法性について回答する連携が取られることとなった。

ア　既存の防火対象物
警察機関から許可等の確認が求められた場合、必要により立入検査等を実施し実態を把握して、回答する。

イ　疑われる防火対象物
立入検査等において、風俗営業関係と疑われる無許可の施設が確認されたときは、警察機関へ連絡し情報の共有を図る。

ウ　連携の仕組み

第1章　立入検査

　　　警察機関、建築行政機関との連携を強化して、情報の共有を図る。
　　参考通知　「風俗営業の用途に供する営業所を含む防火対象物の防火安全対策における風俗営業行政との連携について」（平成13年11月12日消防予第393号）
　　　　　　「風俗営業の用途に供する営業所を含む防火対象物の防火安全対策における風俗営業行政との連携の推進について」（平成26年4月24日事務連絡）

(2) 包括的な情報共有・連携体制のガイドライン
　　平成27年12月消防庁、国土交通省によりガイドラインがまとめられ、さらに警察機関との連携も行われるものとなった。
　　参考通知　「建築物への立入検査等に係る関係行政機関による情報共有・連携体制の構築について」（平成27年12月24日消防予第480号）
　　　　　　「「建築物への立入検査等に係る関係行政機関による情報共有・連携体制の構築に関するガイドライン」を踏まえた警察部局との連携について」
　　　　　　（平成28年1月29日事務連絡）
　ア　合同立入検査
　　問題があると思われる防火対象物に対しては、関係機関と連携して各機関がそれぞれの立入検査権限に基づき合同で実施し、情報の共有化を図る。違反是正に当たっても連携を密にして行う。
　イ　他法令に違反している防火対象物
　　立入検査において、他の法令に違反していると認められるときは、それぞれの関係機関に情報を提供して、違反是正に努める。他法令の違反内容により、法第5条関係の違反が成り立つときは、法第5条関係の違反処理を同時に進める。
　ウ　緊急点検の実施
　　緊急に関係機関が合同して検査、点検を実施する際には、調整の上実施する。

## 　1.3　防火対象物の用途別留意事項

　　（立入検査標準マニュアルに掲載されている。実態上、地域により異なっている。）

### 1.3.1　小規模雑居ビル立入検査時の留意事項
(1) 小規模雑居ビルとは
① 3階以上の階が、政令別表第1に掲げる(2)項又は(3)項に掲げる用途に用いられていること。
② 直通階段が一つのみ設けられていること。
③ 統括防火管理者の選任を要すること。
(2) 小規模雑居ビルにおける特徴
　　小規模雑居ビルで見られる火災予防上からみた特徴的な事項は、次のとおりである。
① 過去の立入検査の結果、全般的に違反が多く、特に防火管理関係、消防用設備等の点検報告関係の違反が多い傾向がある。

## 1.3 防火対象物の用途別留意事項

② テナント間の意思疎通が全くない可能性がある。

③ テナントの入れ替わりが頻繁に行われる。

④ 床面積の小さなテナントが多い。

⑤ テナントごとに営業時間が異なり、中には夜間のみのものがある。

⑥ エレベーターが設置されていると階段室に物件が存置及び放置される傾向がある。

⑦ 各テナントの従業員数は、防火管理業務を実施するには不足している傾向にある。

(3) **優先的に立入検査を実施すべき状況**

次の状況のうち、複数の違反が該当する場合は、優先的に立入検査の実施を検討すること。

① 防火管理者選任届出書、消防計画作成届出書、統括防火管理者選任届出書、全体についての消防計画作成届出書、消防用設備等点検結果報告書及び防火対象物点検結果報告書等法令に基づく届出又は報告がない。

② 消火訓練及び避難訓練を行った結果が届出されていない。

③ 階段室への物件の存置、放置及び防火戸の閉鎖障害等法第8条の2の4の規定に違反しているとの指摘を受けている。

④ 自動火災報知設備の設置及び維持の技術上の基準に違反しているとの指摘を受けている。

(4) **小規模雑居ビル立入検査時の着眼点**

① 防火対象物の使用状況

② 防火管理体制の確立状況

③ 点検の実施状況

④ 自衛消防組織の確立状況

⑤ 防炎物品の使用状況

⑥ 避難施設等の維持管理状況

⑦ 消防用設備等の維持管理状況

⑧ 火気の取扱状況

⑨ 危険物の貯蔵、取扱状況

⑩ 工事中の防火管理状況

(5) **関係者への指導要領等**

① 防火管理者等の資格取得、再講習等受講の指導

② テナント関係者に直接指導（テナントの把握も含め実施）

③ オーナーへの違反内容の改修に関わる直接指導

### 1.3.2 量販店等立入検査時の留意事項

(1) **量販店とは**

店内に商品等が多量に山積みされている物品販売店舗

(2) **量販店における特徴**

量販店で見られる特徴的な事項は、次のとおりである。

第1章　立入検査

① 商品が大量に陳列されている。
　　誘導灯の視認障害、階段等の避難障害、避難通路の幅員不足
② 商品が天井近くまで高く積み上げられている。
③ 避難障害に係る違反が繰り返されている。
④ 死角が多く放火されやすい。

(3) 量販店等立入検査時の着眼点
　着眼点はおおむね小規模雑居ビルの着眼点と同様であるが、特に避難通路や階段等に
物品が置かれる違反が繰り返されているので、立入検査は必要に応じ無通告で行う等効
果的な方法により実施する。

(4) 指導時の留意点
　ア　防火管理の徹底
　　① 避難施設の管理の徹底
　　　避難通路幅の確保、避難障害物件の排除、防火戸の閉鎖障害の排除
　　② 誘導灯の視認障害の排除
　　③ 教育訓練の徹底
　　　消火訓練、避難誘導訓練、消防用設備等の把握
　イ　違反是正指導の徹底
　　① 防火管理意識の啓発
　　　量販店の火災危険性、避難障害事例、火災事例、社会的責任
　　② 本社指導
　　　組織的・継続的な防火管理体制の構築、関係消防本部と連携
　　③ 繰り返し違反の防止
　　　指導の限界の見極め、違反処理への移行（措置命令、告発）
　ウ　放火火災防止対策の推進
　　① 商品の整理
　　② 巡回の強化
　　③ 監視機器の設置（監視カメラ等）
　　④ 炎センサーの設置


## 1.3.3　個室型店舗等立入検査時の留意事項

　個室型店舗等の火災危険性等の特徴を踏まえ、特に次に掲げる事項にも留意する。

(1) 個室型店舗等とは
　政令別表第1(2)項ニに掲げる防火対象物の用途に供されているもの。

(2) 個室型店舗等における特徴
　個室型店舗等で見られる特徴的な事項は、次のとおりである。
① 店舗等の内部が個室や間仕切り等により細分化されているので個々の利用客が火災
　の発生に気付きにくく、従業者による避難誘導も困難となりやすい。
② 個室等が比較的狭い空間に密集した施設形態となっている場合が多く、避難経路が

絶たれやすい。

③　深夜・早朝に利用客を滞在させる場合、実態として宿泊施設と同様に利用客が寝ている場合が多いので人命危険が大きい。

④　店舗スペースを可能な限り有効に活用する傾向が強いことから、階段・通路・避難口等避難施設の避難障害、狭あい・蛇行した避難通路の設定、非常用進入口や排煙設備となる窓等の開口部が塞がれている等の傾向が強い。

⑤　他の事業形態の店舗等と比べ、店舗スペースや利用客の数に応じた従業員の数が少ない傾向にあり、自衛消防活動が困難となる。

⑥　物件存置等の避難障害の違反は、指摘により一旦改善された場合でも、繰り返し違反行為が行われることがある。

⑦　多数の個室や間仕切り等により従業員の目が届きにくい箇所が多く、放火（放火の疑い及び不審火を含む。）による火災の事例が多い。

(3)　**優先的に立入検査を実施すべき状況**

　　1.3.1　小規模雑居ビル立入検査時の留意事項の(3)に同じ。

(4)　**個室型店舗等立入検査時の着眼点**

　　1.3.1　小規模雑居ビル立入検査時の留意事項の(4)のほか、従業員数が少ないため、自衛消防組織の確立、特に消防訓練の実施状況等を重点的に検査すること。

## 1.3.4　火災予防に直接関係しない消防法令の規定の不備に係る確認等

(1)　**基本的な考え方**

　　消防法令の規定であっても、火災予防には直接関係しない規定（例：法第36条第1項関係規定等）については、法第4条に定める資料提出命令権、報告徴収権及び立入検査権を行使することができないため、法第4条によらない方法により、当該規定の不備等の確認を行う。

(2)　**不備等の確認方法**

①　防災管理点検報告の有無及び内容

②　法令に基づく届出等の確認

③　立入検査時における付随的な覚知（例：防火管理者未選任の覚知＝防災管理者未選任の可能性）

④　任意の協力に基づく検査

## 1.3.5　危険物施設の立入検査時の留意事項

（立入検査標準マニュアルには掲載なし。参考）

(1)　**危険物施設の特性**

①　引火、発火しやすい物質を多量に貯蔵し、取り扱っている。

②　火災が発生した場合、消火が困難である。

③　火災時に爆発を伴う場合がある。

第1章　立入検査

(2)　立入検査時の着眼点

　ア　施設区分ごとの危険特性の把握

　①　保安距離（付近周辺の変更）

　②　保有空地の確保（事業所内施設周囲等の変更）

　③　予防規程の実態確認（事業所の組織、作業、原料等の変更）

　イ　許可内容の把握（変更の経過、変更の有無）

　①　無許可変更の有無

　②　20号タンク、攪拌タンク、配管、保安機器等の確認

　③　可燃性雰囲気の箇所での電気設備等の増設

　ウ　保安管理体制の把握

　①　点検の実施体制と結果の確認

　②　危険物取扱者等の作業実態

　③　安全装置等未然防止対策

　エ　位置、構造、設備の維持管理状況の確認

(3)　指導要領

　①　施設の危険特性に応じた安全対策の指導

　②　同種施設の事故事例の紹介と安全対策の指導

　③　危険要因の発掘と問題点の抽出

　④　違反内容に応じた優先度に沿った改修方法等の指導

# 第1章 演習問題

**1-1** 消防法第4条関係に規定する立入検査権に関する記述の中で誤っているものはどれか？

① 消防職員の立入検査は、消防本部を置く市町村にあっては、消防長又は消防署長が行わせるものである。
② 消防長又は消防署長は、消防職員に立入検査を実施させる際、長期未実施対象物を優先し、特定防火対象物にあっては立入検査標準マニュアルにより2年に1回以上実施しなければならない。
③ 防火対象物の図面が存在することを確認し、資料提出命令を行うことから命令事項の標識の掲出の準備をする。
④ 都道府県知事が許可する製造所等危険物施設にあっては、消防本部の有無にかかわらず、当該地域の市町村の消防事務に従事する職員が立入検査を実施する。
⑤ 消防本部を置かない市町村は、非常勤の消防団員に立入検査をさせることから、消防対象物と実施期日を指定する必要はない。

**1-2** 消防法第4条関係に規定する立入検査権に関する記述の中で誤っているものはどれか？

① 消防職員の立入検査で、百貨店の店舗内において、危険物とみられる溶液が入った容器を認め、容器の内容物を消防法第4条により収去した。
② 立入検査に際しては、消防対象物の関係者に事前に通告したうえで、防火管理者の立会いを求める必要がある。
③ 証票の不提示を当該防火対象物の関係者から指摘されたが、これを理由とした立入検査の拒否は、正当な理由とはみなされない。
④ 立入検査時に火気使用設備があることから、設備の仕様等について質問したが正当な理由なく回答をしないため、回答拒否を根拠に告発することとした。
⑤ 宗教施設で関係者が、男子禁制であることを理由に立入検査を拒否した場合は、正当な理由がないものとされている。

第1章　立入検査

消防法第4条関係に規定する立入検査権に関する記述の中で誤っているものはどれか？

① 一般的に外国人には日本国の行政権が及ばないことから、その占有する部分の立入を拒否された際は、正当な理由があるものとされる。
② 消防職員は、関係ある場所に立ち入る場合は、関係者の業務をみだりに妨害してはならない。
③ 消防職員は、関係ある場所に立ち入って検査又は質問を行った場合に、知り得た関係者の秘密を上司に報告することはみだりな漏えいとはならない。
④ 告発するので、相談のために消防法令に詳しい消防ＯＢに立入検査で知り得た関係者情報を提供することは、違反処理に関わる裁量範囲であり、みだりに漏らしたことにはならない。
⑤ 立入検査時に当該施設の消防用設備等を検査中に損害を発生させたが、相手側の適切な協力が得られなかったことから生じた損害なので、国家賠償法による損害賠償の対象とはならない。

立入検査標準マニュアルに規定している個室型店舗等の立入検査時の留意事項の中で、これら防火対象物に見られる留意すべき特徴として明らかに誤っているものはどれか？

① 個室型店舗等とは、個室においてインターネットや電話等により性的好奇心を提供する施設で消防法施行令別表第1(3)項ニに該当する施設である。
② 店舗等の内部は、個室や間仕切りで細分化されており、火災時に気付きにくい構造となっている。
③ 閉鎖空間的な個室でサービスも少ないことから、従業員が少なく、火災時の避難誘導等自衛消防活動が期待できない施設がある。
④ 深夜、早朝の営業は、客数が少なく、時間帯としては比較的安全な場合が多い。
⑤ 放火火災対策の視点から、夜間と昼間の防火管理者を複数選任させることが必要とされている。

# Coffee Break　法第4条の改正経緯について

 立入検査は、時間制限や事前通告が決まっているか。

　現行の法第4条の立入検査は**事前通告、時間的制限**に関する規定はないが、この種の問題が出題されることがある。
　これは、平成14年改正前の法第4条が次のような条文となっていたためである。

> 平成14年10月25日以前の法第4条の立入検査権（抜粋）
> 第4条　〔略〕
> ②　前項の規定による立入及び検査又は質問は、左〔次〕の各号に定める区分に従い当該各号に定める時間内に行わなければならない。〔ただし書略〕
> 　(1)　興行場、百貨店、旅館、飲食店その他公衆の出入する場所で市町村条例の指定するものについてはその場所の公開時間内又は日出から日没までの時間。
> 　(2)　工場、事業場その他多数の者の勤務する場所で市町村条例の指定するものについては、その場所の従業時間内又は日出から日没までの時間。
> 　(3)　前2号に規定する以外の場所については、日出から日没までの時間。
> ③　前項各号の日出から日没までの時間（第1号及び第2号の場合にあつては、公開時間及び従業時間を除く。）に立入及び検査又は質問をする場合においては、48時間以前にその旨を当該関係者に通告しなければならない。〔ただし書略〕
> ④　消防職員は、第1項の規定により関係のある場所に立ち入る場合においては、市町村長の定める証票を関係者に示さなければならない。
> ⑤・⑥　〔略〕

　改正前の立入検査では、事前に通告を要し、また、時間も公開時間内とされていた。
　公開時間が明確でないときは、日の出から日没までという考えが基本とされ、夜間の立入検査を行うことはほとんどなかった。平成13年の新宿歌舞伎町ビル火災を契機として、飲食・風俗営業等の事業所に対しては、立入検査により消防法令の厳格な遵守を指導する消防の執行体制の強化が、火災予防対策を推進するうえで必要とされた。このことから、法第4条関係は大幅に改正され、事前通告や時間的制約などが撤廃され、危険実態に応じて、消防長又は消防署長の判断により立入検査を実施することとなった。
　しかし、旧法文が長期間にわたって定着していたことから、今でも慣習的に旧法文に準じた扱いをしているケースもあり、立入検査に関することで間違いやすい問題として出題される。
　旧法文との比較を踏まえて、現行の立入検査権を理解し、間違いのないようにしてほしい。

# 第1章　立入検査

## Coffee Break
## 法令の基本形式と法令用語について

　「その他の」と「その他」の違いなど、法令用語は読み取り方によって、文意がどのように異なってしまうのか。

### 1　法律の本則の構成

| 種類 | 例（表記方法） |
|---|---|
| 章 | 第4章の2　消防の用に供する機械器具等の検定等 |
| 節 | 第1節　検定対象機械器具等の検定 |
| 条 | 第21条の2　検定<br>第21条の3　型式承認 |
| 項 | （見出しはない。第1項は省略） |
| 号 | （一、二、三…漢数字で表す。箇条書きで列挙） |

### 2　法令等の条文の構成

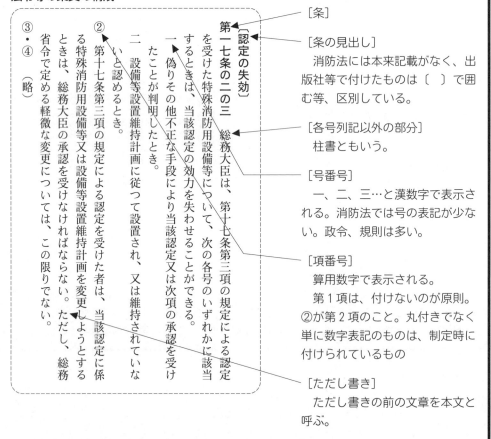

（消防法制定時の条文の数は48しかなかったが、現在は265ある。）

## Coffee Break　法令の基本形式と法令用語について

### 3　「及び」と「並びに」

| | | |
|---|---|---|
| 及び | 複数の語句が同じ重要度で並列的に並ぶ場合に用いられる。<br>三つ以上の語句が並ぶ場合、最後の語句の前にだけ「及び」を用いる。 | 「及び」は小さくくくり、「並びに」は大きくくくる。 |
| 並びに | 「及び」でつながれた語句のグループが二つ以上ある場合、それらを並列的につなぐために用いられる。 | 「及び」＜「並びに」 |

### 4　「又は」と「若しくは」

| | | |
|---|---|---|
| 又は | 複数の語句が選択的に並ぶ場合に用いられる。<br>三つ以上の語句が並ぶ場合最後の語句の前にだけ「又は」を用いる。 | 「若しくは」は小さくくくり、「又は」は大きくくくる。 |
| 若しくは | 選択的に並べる語句のグループが二つ以上ある場合、各グループの語句は「若しくは」で結び、各グループは「又は」で結ぶ。 | 「若しくは」＜「又は」 |

### 5　用語の取扱い

(1)　「…その他政令で定める」と「…その他の政令で定める」

| 用語 | 違い | 例 |
|---|---|---|
| その他政令で定める | A、B、…以外のものが政令で示される。 | 法第8条の2<br>　「高層建築物〔中略〕その他政令で定める防火対象物…」<br>政令第3条の3<br>　「高層建築物、地下街」は、消防法で示されているので、政令で記載されていない。 |
| その他の政令で定める | A、B、…も全て政令で示される。 | 法第8条の2の4<br>　「学校、病院、〔中略〕複合用途防火対象物その他の防火対象物で政令で定めるものの…」<br>政令第4条の2の3<br>　法令で示す用途は例示なので、学校、病院等に関する用途の項が政令の条文の中にも示される。 |

> 例　法第9条の2
> 　圧縮アセチレンガス、液化石油ガスその他の火災予防又は消火活動に重大な支障を生ずるおそれのある物質で政令で定めるものを貯蔵し…」
>
> 　危政令第1条の10で「圧縮アセチレンガス、液化石油ガスその他の」の内容は、法令の項目が再度示される。
> ・圧縮アセチレン　40kg　無水硫酸　200kg　液化石油ガス　300kg　…等

(2) 「…政令で定める○○○…」と「…政令で定めるところにより、…」

| 用語 | 違い | 例 |
|---|---|---|
| 政令で定める○○○… | 政令の条文は「法第○○条第○項の政令で定める○○は、…」と分かりやすい引用文となっている。 | 法第8条<br>「…政令で定める大規模な小売店舗…」<br>政令第1条の2<br>「法第8条第1項の政令で定める大規模な小売店舗は、…」 |
| 政令で定めるところにより、… | 政令の条文は引用文がない場合がある。 | 法第8条<br>「…政令で定めるところにより…」<br>政令第3条の2（引用なし） |

(3) 「又は」の区切り

| 例 | 違い |
|---|---|
| 法第9条の3<br>「…火災予防①又は消火活動に重大な支障を生ずるおそれのある物質②で…」 | ①②は又はで切られて、全く別の事象として並列される。 |
| 法第2条第2項<br>「防火対象物とは、山林①又は舟車、船きょ若しくはふ頭に繋留された船舶、建築物その他の工作物若しくはこれらに属する物②をいう。」 | 又はが、山林の後ろにあるだけなので、防火対象物は、①②となる。<br>**物は、建築物や工作物に属する物に限定される。** |
| 法第2条第3項<br>「消防対象物とは、山林①又は舟車、船きょ若しくはふ頭に繋留された船舶、建築物その他の工作物②又は物件③をいう。」 | 又はが、2か所ある。このため、「山林」「舟車、船舶、建築物、工作物」「物件」の三つに分けられ、「物件」は**独立した様々な物**が該当する。例えば、公園内のごみ箱や遊具などは、消防対象物ではあるが、防火対象物とはならない。 |

　用語の改正：法第4条の立入検査の対象は、昭和40年5月の改正前までは**防火対象物**とされ、法第4条の2・第5条も防火対象物となっていた。しかし、野積みのガソリン入りドラム缶の不法貯蔵等の現状を踏まえ、これらの立入検査を円滑にするため**消防対象物**に改正され、立入検査の対象を拡大させることとなった。

## Coffee Break　法令の基本形式と法令用語について

(4) 法文の飛ばし読み

> 法第11条（製造所等の設置、変更等）
> ②　前項各号に掲げる製造所、貯蔵所又は取扱所の区分に応じ当該各号に定める市町村長、都道府県知事又は総務大臣（以下この章及び次章において「市町村長等」という。）は、同項の規定による許可の申請があつた場合において、その製造所、貯蔵所又は取扱所の位置、構造及び設備が前条第４項の技術上の基準に適合し、かつ、当該製造所、貯蔵所又は取扱所においてする危険物の貯蔵又は取扱いが公共の安全の維持又は災害の発生の防止に支障を及ぼすおそれがないものであるときは、許可を与えなければならない。

この条文の基本は、次のように図示される。

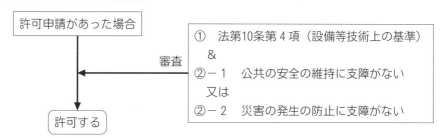

　消防法の理解を助けるためには、要素ごとに主語・述語・目的に分けて考えると分かりやすい。そのためには、とりあえず括弧書きや繰り返しを除くと文意が簡素となり分かりやすくなる。上のように、主たる文脈に鉛筆で下線を入れてみると全体像をつかみやすい。
　なお、政令などでは括弧書きで対象を除いているケースが多くあり、最終的には法文全部を読み解く必要がある。

第1章　立入検査

## Coffee Break
### 行政手続法における行政指導

 行政手続法における行政指導を行う場合の留意点をまとめてみよう。

　行政手続法は、処分、行政指導及び届出に関する手続並びに命令等を定める手続を定めている。都道府県、区市町村にも同内容の「条例」が制定されており、法令との表現上の違いがあることから、条例にも目を通しておく必要がある。
　行政執行に当たっては、行政手続法の以下の内容を熟知しておく必要がある。

**行政指導の一般原則（第32条）**
・行政指導に当たっては、相手方の任意の協力によるものであることに留意する。
・行政指導に従わなかったことを理由として、不利益な取扱いをしてはならない。

**申請に関連する行政指導（第33条）**
・申請の取下げ、変更の行政指導を行う際、従う意思のない旨を示している申請者に対して（行政指導により）、その権利の行使を妨げてはいけない。

**許認可等の権限に関連する行政指導（第34条）**
・許認可等の手続に際して、従わない者に許認可権限があることを殊更に示し、（行政指導により）従うことを強要してはならない。

**行政指導の方式（第35条）**
・行政指導の趣旨、内容及び責任者を明確に示す。
・許認可等に際して、その法令根拠、規定の要件、要件に適合する理由を明示する。
・口頭の行政指導は、上記の事項を書面により求められたときは、書面を交付する。
　ただし、上記によらない場合として、短期間に完了、既に文書等により示されているものが規定されている。

**複数者を対象とする行政指導（第36条）**
複数の者に該当する行政指導は、行政上特別な支障がない限り、行政指導指針により公表する。

**行政指導の中止等の求め（第36条の2）**
・弁明の機会を設けないでなされる違反是正の行政指導では、相手方（当事者）が法令に適合していると思っているときは、その行政指導の中止を求めることができる。
・中止の申出は、その事項を記載した申出書を提出する。
・申出のあったときは、必要な調査をして、措置をとる。

**処分等の求め（第36条の3）**
・何人も「法令違反の事実があり、行政指導等がなされていない」と思われるときは、当該行政庁等に申し出て、必要な指導を求めることができる。
・申出には申出書を提出する。
・申出のあったときは、調査の上で、処分又は行政指導を行う。

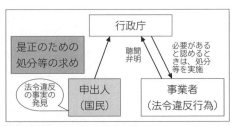
出典：総務省ホームページ（https://www.soumu.go.jp/main_content/000349830.pdf）

# 第2章 違反処理

## 2.1 違反処理の基本

### 2.1.1 違反処理の基本等

(1) 基本的な考え方

　消防法令違反に対しては、立入検査結果通知書等による行政指導により、防火対象物の関係者に自発的な違反是正を促し、改修、改善を図らせることが一般的である。

　しかし、違反事案の内容によっては、火災予防上の危険性が漫然と放置され、社会不安を招くことも危惧されることから、消防法による措置命令、使用禁止等命令、告発等を積極的に発動し、迅速かつ効果的な違反処理を行うことが必要となる。

(2) 関係者に対する対応

　警告、命令等の違反処理を行うに当たっては、権原を有する関係者に対し、防火対象物の違反事項に関わる危険性、是正の必要性について十分説明を行う。

(3) 事務処理の要点

① 違反処理は、消防法令違反の内容又は火災危険の重大性に着目し、時機を失することなく厳正公平に行う。
② 防火対象物に対する違反法令の根拠条文とその違反事実の確認を厳格に行う。
③ 名宛人の特定は、初期の段階から慎重に行い、誤りのないようにする。
④ 違反処理を行った事案については、適時、追跡確認を行い、上位の違反処理の手続を遅滞なく行うようにする。

(4) 名宛人の特定

　名宛人は、通常の場合、違反事項に関わる権原を有する関係者であり、具体的には、当該命令等の措置内容によって特定される。例えば、建物の使用禁止等命令の名宛人は、当該建物の所有者であり、消防用設備等の改修命令などは、建物に関する処分を命ずるものであるから、原則として、処分権を有する所有者が名宛人となる。

　また、放置物件の除去、火気使用設備器具等の使用禁止、改修等の措置命令は、管理行為に属するから、建物の所有者のみならず管理者又は占有者が命令の名宛人となり得る。

**ポイント**　[名宛人が誤っている場合]

- 警告・命令内容に実効性が伴わないことから不当とされることがある。
- 措置内容を検討した上で、命令事項を履行すべき名宛人を特定する必要がある。

第 2 章　違反処理

(5) 内容の明確性

　　警告・命令の内容は、受命者において容易に理解ができ、履行可能な程度に明確性をもたせる。改修・除去命令等の場合、改修・除去を必要とする欠陥箇所等を指摘し、かつ、その是正方法及び履行期限について明示することが必要とされる。

(6) 関係機関との連携

　　風俗営業施設、社会福祉施設、宿泊施設などは、警察・福祉・衛生・建築等の関係機関と連携して法令違反の実態を把握するため合同立入検査等を行うとともに、違反処理に当たっては、関係機関による関係法令違反の有無を確認するなどの連携が必要である。

## 2.1.2　違反処理の区分

　違反処理とは、消防法令違反の是正又は火災危険の排除を図るため消防機関が行う行政指導、行政処分及び強制執行等の措置権並びに行政上の諸手続であり、警告・命令・認定の取消し・告発・過料事件の通知・代執行・略式の代執行等をいう。

(1) 警告

　　関係者に対して、違反事実又は火災危険等が認められる事実について、当該違反の是正又は火災危険等の排除を促し、これに従わない場合、命令、告発等の法的措置をもって対処することを**意思表示**し、自主的に違反を是正させる方法をいう。

　　警告は、命令又は告発の前段的措置として行うのが原則で、性質上**行政指導**に当たる。

　参照 → 2.5.1(2)イ　行政指導

(2) 命令

　　関係者に対して、消防法上の命令権者が消防法上の命令規定に基づき、**公権力の行使**として具体的な火災危険の排除や消防法令違反等の是正について義務を課す意思表示であり、いわゆる**行政処分**である。通常、罰則の裏付けによって間接的にその履行を強制している。

**ポイント**　[罰則のない命令]

　法第 8 条の 2（統括防火管理者の選任命令・業務適正執行命令）と法第 8 条の 2 の 5（自衛消防組織設置命令）には、罰則がない。

(3) 取消し

　ア　特例認定の取消し

　　　法第 8 条の 2 の 3 第 1 項に基づき防火対象物定期点検報告の特例認定を受けた防火対象物は、第 8 条の 2 の 3 第 6 項の規定に該当する違反事実が認められるときは、認定の取消しを行う**不利益処分**をいう。　参照 → 2.5.1(2)ア　不利益処分

　イ　許可の取消し

　　　法第 12 条の 2 に基づき、第 11 条第 1 項の許可がない場合、第 11 条第 5 項の完成検査を受けない場合には、危険物施設に関する許可の取消しを命ずることができる。

## 2.1 違反処理の基本

　ウ　免状の取消し

　　危険物取扱者は法第13条の2第5項、消防設備士は第17条の7第2項の免状返納の命令条項に基づき、法令違反が認められた場合、免状を交付した都道府県知事に対し違反事実を報告し、都道府県知事が免状取消しを行うことができる。一般的に、消防機関は、当該法令の違反事実を通告する立場にある。

(4) 告発

　**命令違反を前提とする**罰則規定（法第17条の4第1項など）の場合及び**規定違反行為者**に対する直接の罰則規定（法第4条第1項など）に違反している場合は、それぞれの違反事実に対し告発をもって措置をすべきと認められる違反行為者を捜査機関に申告し、社会的制裁（罰則）を要求しつつ違反是正を図る意思表示をいう。参照 ➡ 2.6.1(2) 告発の検討

(5) 行政代執行

　法令又は行政処分に基づく行政上の作為義務のうち、他人が代わって行うことのできる作為義務を義務者が履行しないあるいは履行遅滞や見込みがないときに、不履行状態を放置することが著しく公益に反すると認められ、かつ、他人が代わって履行する以外にその履行を実現することが困難である場合に、行政庁自ら又は第三者が義務者のなすべき行為を行い、これに要した費用を義務者から徴収することをいう。参照 ➡ 2.6.4(1) 行政代執行、3.1.5 代執行、3.2.4 行政代執行、3.4.3 代執行

**ポイント**

　法第3条第4項、第5条第2項、第5条の3第5項が該当する。

(6) 略式の代執行

　措置を命ずべき者が不明な場合に行政代執行法に規定する**戒告及び代執行令書による通知**を行わずに、措置を行うことをいう。参照 ➡ 2.6.5 略式の代執行、3.1.5 代執行、3.4.3 代執行

**ポイント**

　法第3条第2項と第5条の3第2項の規定によるものがあるが、後者については事前の公告を必要としている（ただし、緊急の必要性があると認めるときは除く。）。

(7) 過料事件の通知

　法第8条の2の3第5項、第17条の2の3第4項などの規定による届出を怠った者は、第46条の5により過料に処せられる。消防機関の通知により、裁判所に職権の発動を促すものであり、非訟事件手続法第119条から第122条が適用される。

第2章　違反処理

 **ポイント**

　過料と科料は同じ発音であるが、両者を区別するため過料（あやまちりょう）、科料（とがりょう）と呼ぶことがある。過料は、消防法では行政上の**秩序罰**に該当し、故意・過失の有無などの刑法総則の適用や告発の手続なども必要とされない。一方、科料は刑事罰である。なお、実態的には違反内容が未届出などであり、告発したケースはほとんどない。

参照　➡　２．６．１⑾　告発と過料、２．６．６　過料

## ２．１．３　違反処理への移行

⑴　違反処理への移行時期

　防火対象物の違反事項に内在する危険実態を捉えて、行政指導の段階から、迅速かつ的確に上位措置である行政処分（違反処理）に移行する。

⑵　違反処理の留保

　行政指導の範囲である警告から、公権力の行使となる命令に移行する際に、当該違反の態様、危険性・緊急性、比例原則との均衡などを検討した結果、その時点では上位の違反処理を留保する場合もありえる。

　なお、留保した場合は、違反内容の危険性に応じた代替の消防用設備等を設置させるとともに防火管理上の安全担保措置を講じさせ、その事実を記録しておく。

 **ポイント**　［命令等留保の例］

- 都市計画等により、違反建物の**取壊し・移転等の工事**が具体化している場合で、違反の程度と比較衡量して、留保が妥当な場合
- 違反建物の**所有権**等の権利関係について**係争中**であり、違反処理の名宛人が特定できない場合で、違反の程度と比較衡量して、留保が妥当な場合
- そのほか社会通念上違反処理を**留保することが妥当**な場合
　※　安全担保措置…留保した場合の違反内容の危険性に対応した代替の防火管理上の安全対策

**参考**

　警告を発しても相手方が違反内容を是正しない場合には、是正意思のないことを供述調書により明確化し、命令に向けての手続を行う。その際に留保することに合理的な理由として、上記ポイントの３例がある。

　ただし、破産等により管財人が選任されている場合は、係争中ではなく、留保の理由とはならないので、名宛人を管財人として命令する。

## 2.2　違反処理の実務（吏員命令）

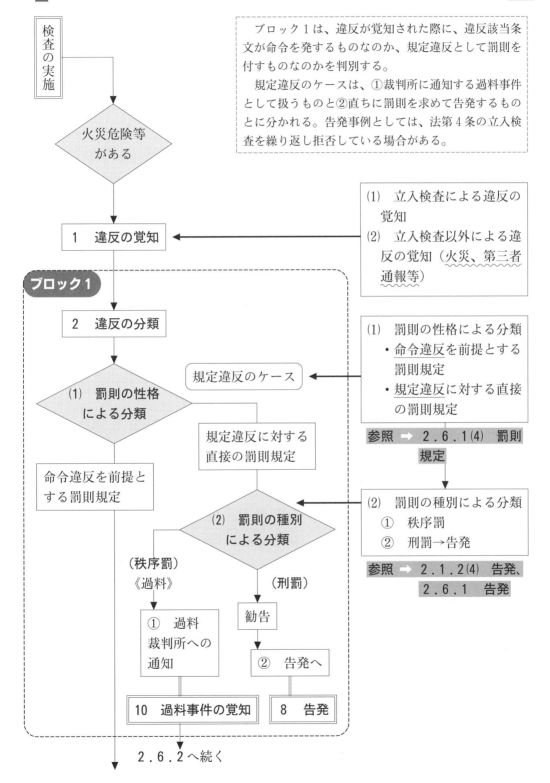

第 2 章　違反処理

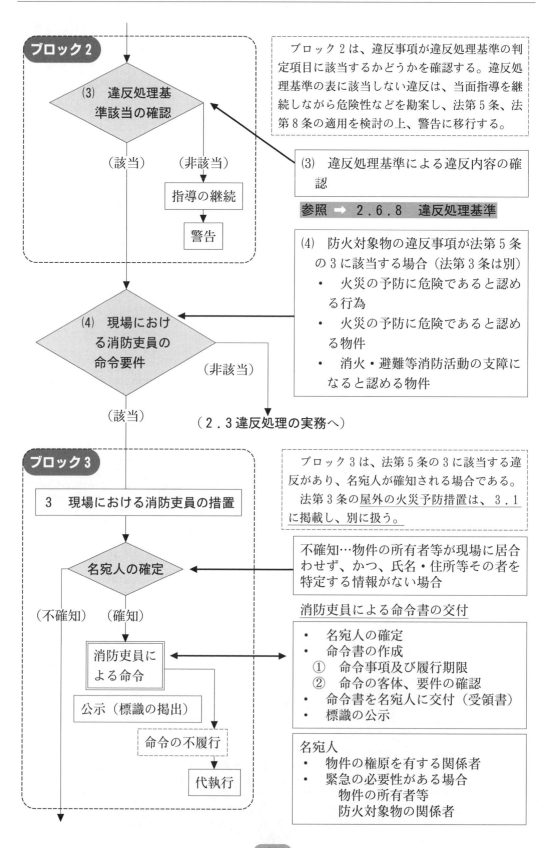

## 2.2 違反処理の実務（吏員命令）

> ブロック4は、法第5条の3に該当する違反があり、名宛人が不明の場合で、公告しても是正されない、又は緊急性により実施される略式の代執行のフローである（法第5条の3第2項）。
> 緊急の場合、名宛人は、防火対象物の関係者でもよいとされていることもあり、略式の代執行を行うことは実態的に少なく、あまり適用されない。

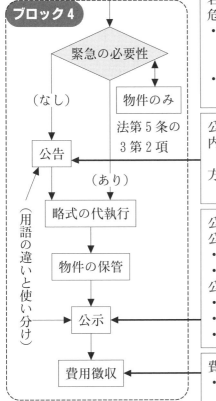

名宛人が不確知のケース
危険性の対象（法第3条第1項）
・危険物又は放置され、若しくはみだりに存置された燃焼のおそれのある物件の除去その他の処理（第3号）。
・放置され、又はみだりに存置された物件の整理又は除去（第4号）。

公告の内容と方法
内容・期限内に、関係者が物件除去等を実施
　　・期限内に行わないときは、職員が実施
方法・本部又は署に掲示
　　・必要により公報・新聞等に掲載

公示（政令第50条）災対法第64条第3項の適用
公示方法（災対令第26条）
・保管開始から14日間、本部等に掲示
・公示期間後も不明の場合、公報・新聞に掲載
公示内容（災対令第25条）
・保管物件の名称等
・保管物件の所在場所と除去した日時
・保管開始日時と保管の場所　等

費用の徴収
・物件の除去、運搬等の措置の費用を物件の管理権原者に請求する。
・保管費用（政令第50条、災対法第64条第5項）は、保管そのもののほか、売却、公示等の費用も請求する。

解説　法第5条の3は、現場の違反を確認した後、名宛人が特定できるかどうかで、手続が変わる。
・第1項は、名宛人が特定できる場合の命令。その際、特に緊急の場合の名宛人は防火対象物の関係者でもよい。命令に際して第5項により標識等の公示が必要となる。
・第2項で、名宛人が不明のとき、危険物や放置物（法第3条第1項第3号、第4号）に限って略式の代執行ができる。
・第5項で、第1項の命令がなされないときは、行政代執行法に基づく代執行を名宛人に対して行うことができる。

略式の代執行と代執行の違い（行政代執行法第3条第3号）
略式の場合は、
・非常又は危険が切迫している。
・文書の戒告と代執行令書による時期、責任者名、費用の概算額の通知が不要

第2章　違反処理

## 2.3　違反処理の実務（警告、命令）

（違反調査へ）

**4　警告・命令のための違反調査**

違反調査の目的は、違反事実、違反者の氏名、違反発生場所、違反対象物の用途、規模、構造、収容人員、違反内容、適用法文などについて確認し、違反の全容を解明し、違反事実を特定することである。
違反調査には、法第4条に定める資料提出命令権、報告徴収権及び立入検査権に基づく質問・検査による方法と法第35条の13に定める照会による方法などがある。

**(1)　調査内容**

- 違反調査内容
  ① 命令処分を早急に行う場合
  ② 行政指導である警告を行う場合
  ③ 告発を行う場合
  などの違反処理区分及び違反事実の実態に応じて決定する。
- 告発の場合には、**構成要件該当性**、**違法性**、**有責性**について特定することが必要となる。
- その他違反調査の基本的留意事項
  ① 適正な手続の遵守
  ② 関係機関との協力
  （法第35条の13による照会等に際しては事前の協議）

**(2)　違反調査の方法**

- 実況見分
- 写真撮影
- 物証・書証の収集

- 実況見分（法第4条により実施）
  参照 ➡ 2.4.2　実況見分調書の作成
- 書証（住民票等）の収集
  ① 住民票、戸籍謄（抄）本等の請求
  ② 法人の登記事項証明書の請求
  ③ 建物の登記事項証明書の請求

**(3)　違反調査結果のまとめ**

参照 ➡ 2.4.4　違反調査報告書の作成

違反の態様等により違反処理を留保することが妥当な場合

違反処理の留保
① 都市計画等により、違反建物の取り壊し・移転等が具体化している場合
② 違反建物の所有権等の権利関係について係争中であり、違反処理の名宛人が特定できない場合
③ そのほか社会通念上違反処理を留保することが妥当な場合
参照 ➡ 2.1.3(2)　違反処理の留保

妥当でない場合

妥当な場合 → 違反処理の留保 → 安全担保措置

34

## 2.3 違反処理の実務（警告、命令）

**5 警告**

(1) 警告書の意義
(2) 警告書の作成
(3) 警告の要件の確認
(4) 警告書の交付

- 警告とは、違反事実又は火災危険等が認められる事実について、防火対象物の関係者に対し、当該違反の是正又は火災危険等の排除を促し、これに従わない場合、命令、告発等の法的措置をもって対処することの意思表示である。
- 警告は、命令の前段的措置として行うのが原則で、性質上行政指導に当たる。したがって、警告自体には法的な強制力はない（なお、警告は行政手続法に従ってなされる。）。

(2) 警告書の作成　参照 → 2.4.5　警告書の作成
  - 警告の主体
  - 警告の客体
  - 警告内容
  - 履行期限
(3) 警告の要件の確認
  命令要件と一致させる。
(4) 警告書の交付
  - 名宛人に直接交付し、受領書を求める。
  - 名宛人に直接交付できない場合は、下記のいずれかによる。
    ① 名宛人の住所、事務所等において不在の場合、名宛人と相当の関係のある者（従業者、配偶者等）が警告書の交付を受けることを拒まないときは、これらの者に警告書を交付し、交付した者に受領書を求める。
    ② 直接交付ができない場合で、名宛人に異議がないときは、就業場所にその書類を置いておくことでかえることができる。この場合、後日、名宛人から受領書を求める。
    ③ 配達証明郵便（必要に応じて配達証明付き内容証明郵便）により送達する。

(5) 履行期限の到来

(6) 確認調査（履行状況の確認）

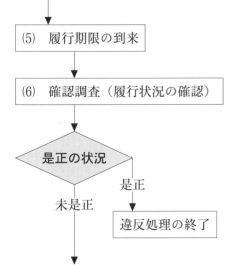

第2章　違反処理

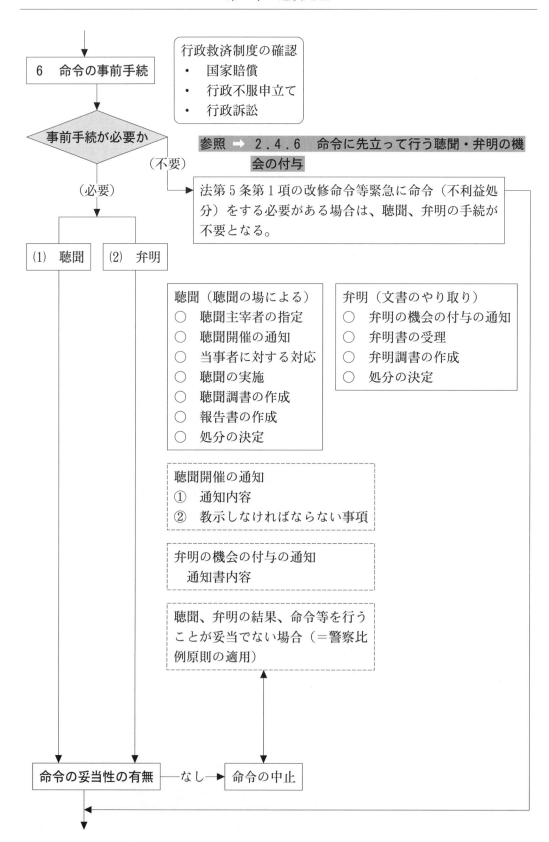

## 2.3　違反処理の実務（警告、命令）

```
命令が妥当と判断
     ↓
┌─────────┐
│ 7　命令  │
└─────────┘
     ↓
┌─────────────┐
│(1) 命令の意義 │
│(2) 命令書の作成│
│(3) 命令の要件の│
│    確認       │
│(4) 命令書の交付│
└─────────────┘
     ↓
```

(1) 命令の意義
　消防法上の命令は、行政庁としての市町村長、消防長又は消防署長などの命令権者が、消防法上の命令規定に基づき、公権力の行使として、特定の者（主として関係者）に対し、具体的な火災危険の排除や消防法令違反等の是正について、義務を課す意思表示であり、通常、罰則の裏付けによって、間接的にその履行を強制している。

(2) 命令書の作成　参照 → 2.4.7　命令書の作成
- 命令の主体
- 命令の客体
- 命令内容
- 命令（不利益処分）の理由
- 履行期限
- 教示

(3) 命令の要件の確認
　法の命令要件に該当するか確認する。

(4) 命令書の交付（警告書と同じ。）
- 名宛人に直接交付し、受領書を求める。
- 名宛人に直接交付できない場合は、下記のいずれかによる。
  ① 名宛人の住所、事務所等において不在の場合、名宛人と相当の関係のある者（従業者、配偶者等）が命令書の交付を受けることを拒まないときは、これらの者に命令書を交付する。交付した者に受領書を求める。
  ② 直接交付ができない場合で、名宛人に異議がないときは、就業場所にその書類を置いておくことでかえることができる。この場合、後日、名宛人から受領書を求める。
  ③ 配達証明付き内容証明郵便により送達する。

```
┌─────────────┐
│(5) 標識等による│
│    公示       │
└─────────────┘
     ↓
```

- 公示が必要な命令
　法第5条①、第5条の2①、第5条の3①、第8条③、第8条④、第8条の2⑤、第8条の2⑥、第8条の2の5③、第17条の4①、第17条の4②、法第36条①の準用規定
- 公示の方法
　公示の方法は、標識の設置その他規則第1条により、公報への掲載その他市町村長が定める方法（掲示、ホームページ等）による。
　標識は当該防火対象物に出入りする人々が見えやすい場所に設置する。参照 → Coffee Break　違反是正の促進　3　標識の公示、3.2.3　標識による公示
- 標識について
　標識は、関係者等が標識の設置を拒み、又は妨げてはならない（法第5条第4項）。
　標識の損壊は、公用文書等毀棄罪又は軽犯罪法、拒んだ場合は公務執行妨害罪として、告訴・告発（事前に警察と調整）。

第 2 章　違反処理

(6) 公示の撤去

(6) 公示の撤去
　① 命令事項の履行によって命令の効力が消滅した場合
　② 一部の違反事項が是正され、若しくは代替措置等が講じられたことにより、火災危険の程度と命令内容が均衡を欠き、当該命令の効力を継続させることが不適切となった場合（命令を解除する場合）

① 命令の効力の消滅の事由
　・命令の履行　命令の内容に沿って実施された。
　・命令の終了　命令の期限を設けている場合、期限を過ぎると命令の効力は消滅
　・命令の取消し・撤回　建物の用途変更などにより命令時の条件が異なると、取消・撤回
　・命令対象の消滅など
② 命令を解除する場合
　公報への掲載により公示を行った場合は、命令を解除する旨の文書を受命者に対して交付してもよい。

(7) 履行期限の到来

(8) 確認調査

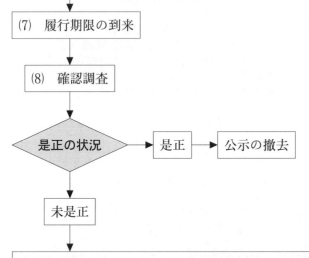

告発又は使用禁止等命令（法第 5 条の 2 ）（命令時は 6 命令の事前手続に戻る。）

参照 ➡ 2.6.2　告発・代執行・過料の流れ

## 2.4 違反調査と命令書等作成

### 2.4.1 違反調査

(1) 違反調査

　違反調査に際しては、立入検査時に実施される実況見分調書、質問調書の他に、資料提出命令による納品伝票等の確保、報告徴収による防火対象物の改築等図面の入手、法第35条の13による関係官公署への照会等による各種資料の入手など法的に確保された権限を行使して、できる限り正確な資料を入手する。

(2) 資料提出、報告徴収

　1.2.1(6)資料提出命令・報告徴収で記載されている事項を参照する。

> **1.2.1　立入検査の実施**（参照）
> (6) 資料提出命令・報告徴収
> 　消防対象物の構造等の実態把握や違反事実の特定などに資料や報告を必要とするときは、資料提出命令又は報告徴収を行う。

### 2.4.2 実況見分調書の作成

(1) 実況見分

① 実況見分とは、違反事実の確認及び証拠保全のため、違反現場に出向し、直接、法令違反の状態や物件の存在を現認し、調査することをいう。

② 実況見分の経過及び確認した結果を文書として記載したものが、実況見分調書である。

③ 実況見分調書の作成は、違反事実の確認を明らかにする場合や違反にかかる証拠保全のために必要な場合行う。

(2) 実況見分の事前準備

① 実況見分は、見分実施者と補助者により実施する。

② 補助者の任務

　・見取り図の作成　・写真撮影　・距離や寸法の測定　・証拠資料の収集

③ 主な使用器材

　・カメラ　・筆記用具　・画板　等

(3) 実況見分実施時の留意事項

① 実況見分は、法第4条に規定する立入検査権などに基づき行う。

② 見分実施者は、現場を客観的に見分し、自己の先入観や過去の経験にとらわれず、ありのままの現場を見分する。

③ 見分は、対象物の外周部から始め、次第に建物内部の細部に対して行う。

④ 見分を実施していく中で立会人に説明を求めた場合、その説明が物の位置、形状等を客観的に述べるものであれば調書に記載することができる。

第 2 章　違反処理

⑤　見分内容を分かりやすく、具体的にするために、図面や写真を有効に活用する。

(4)　写真撮影

写真の撮影は系統立てて行う。また、電子データの保管は、規程等に基づき適切に行う。

撮影を拒否された際は、強行せずに調書に記載する。

## ２.４.３　質問調書の作成

(1)　留意事項

①　基本的人権の保障（日本国憲法第11条）

②　不利益な供述の強要の禁止、自白の証拠能力の制限（日本国憲法第38条）

- 何人も、自己に不利益な供述を強要されない。
- 強制、拷問若しくは脅迫による自白又は不当に長く抑留若しくは拘禁された後の自白は、これを証拠とすることができない。
- 何人も、自己に不利益な唯一の証拠が自白である場合には、有罪とされ、又は刑罰を科せられない。
- 証拠裁判主義（刑事訴訟法第317条＝事実の認定は、証拠による。）
- 自由心証主義（刑事訴訟法第318条＝証拠の証明力は、裁判官の自由な判断に委ねる。）

③　個人情報は、原則、本人から収集する。

(2)　質問調書の作成

質問調書は、供述内容が命令執行上重要な証拠となると認めた場合、告発を行う場合、違反者を特定し、違反事実や情状等を明らかにする必要がある場合に、その裏付けとして作成する。告発の質問調書では、**違法性・有責性**を明確にする必要がある。参照 ➡
２.６.１(5)　告発のための調査

(3)　録取場所

①　原則として立入検査場所において実施する（法第４条が根拠）。

②　争点となることが予想される事項に関しては、相手の任意の同意を得て、現場を踏まえた供述が必要となる。

(4)　質問事項

ア　違反者に対する事項

- 被質問者の地位、職務内容、経歴等（病歴、犯罪歴等は録取に当たって不利益な供述となるおそれがあるので注意）
- 違反の構成要件事実
- 違反に至った経過
- 違反事実の認識　　等

イ　法人の関係者に対する事項

- 業務内容等
- 関係者の地位及び職務内容

- ・ 業務内容と違反との関係　　等
ウ　第三者に対する事項
- ・ 第三者からの違反通報　　等

(5)　**質問調書作成上の留意事項**

①　違反事実を把握するとともに、適用法令を確認し、法令違反が成立するにはどのような点を質問したらよいかあらかじめ質問すべき事項を検討しておく。

②　任意性を高めるため、否定した事項も記載する。

③　不十分な答弁又は矛盾する答弁には、補完質問をして事実関係の特定に努める。

(6)　**録取内容の確認等**

①　質問調書を作成した場合は、被質問者にその内容を閲覧させるか、又は読み聞かせ、誤りがあるか否かを確認する。

②　誤りがないことの申立てがあった場合には被質問者の署名、押印を求め、さらに調書の作成年月日及び録取者並びに記録者の所属、階級、氏名を記載する。

③　被質問者の署名、押印は、強制力がないので、被質問者がこれを拒否した場合はその旨記載しておく。

(7)　**個人情報の取扱い**

個人情報が記載されていることから、その文書の取扱いに注意する。


## 2.4.4　違反調査報告書の作成

違反調査報告書とは、実況見分調書、質問調書、その他の資料を行政庁の違反処理の実施の判断材料にするためや次のような目的のために資料としてまとめたものをいう。

①　内部的報告資料

②　命令に対する不服申立てや行政訴訟又は民事訴訟となった場合の資料

③　告発の立証資料


## 2.4.5　警告書の作成

(1)　**警告の主体**

警告は、行政指導としての事実行為であり、警告の主体には限定がないが、行政上の実効を期する意味から、命令の主体である消防署長（又は消防長）が行うのが適当である。書面で行うことが原則である（行政手続法に従う。）。

(2)　**警告の客体**

警告は、当該警告事項について履行義務のあるものを名宛人とする。また、警告しようとする内容に関して履行義務者が複数のときは、それぞれの義務者あて個別に警告する。

(3)　**警告内容**

実現することが不可能であることや不明確なものであってはならない（行政指導の明確化）。

第2章　違反処理

(4)　警告の要件

　　警告の要件は、警告が命令の前段的措置として行われるものであるため、命令要件と一致させる（「違反処理標準マニュアル」の命令要件一覧を参照）。

(5)　警告事項

　ア　内容及び表現

　　　是正すべき違反事項を明確に記入し、結びの表現は「・・・こと。」とする。

　イ　履行期限

　　　警告の履行期限は、個々の違反事項について通常（社会通念上）是正可能と認められる客観的所要日数と公益上（火災予防上）の必要性との衡量において妥当と認められるものでなくてはならない。例えば、自動火災報知設備の設置を警告する場合、見積りの期間、着工届、工事期間、工事可能日及び時間帯、さらには設置届、検査等に要する期間等総合的に検討して履行期限を決定する必要がある。

　　　（履行期限は「違反処理標準マニュアル」第2　違反処理基準⑨消防用設備等又は特殊消防用設備等に関する基準違反の履行期限を参照）

　ウ　適用法条の記載

　　　警告事項の末尾には、その内容に関わる消防法令又は関係法令の適用法条を括弧書きする。この場合、法令名を略称で書いてはならない。

(6)　警告書の交付

　　警告書を交付した場合には、受領者が署名押印した受領書（「違反処理標準マニュアル」第4　11　各種書式作成例⑦受領書参照）を求めるものとする。なお、防火対象物の関係者が警告書の受領を拒否した場合には、配達証明郵便等により送付する。

## 2.4.6　命令に先立って行う聴聞・弁明の機会の付与

(1)　聴聞と弁明（行政手続法第13条）

　　行政庁が法令に基づき、特定の者を名宛人として義務を課したり、権利を制限する不利益処分を行う場合には、行政手続法の適用を受け、処分を受ける者に対して聴聞又は弁明の機会を与え、この手続を経た後でなければ処分を行うことはできない。

　　命令を発出する際には、行政手続法に従い聴聞・弁明の機会の付与の手続を必要とする。警告とは、この点で大きな相違がある。

(2)　聴聞

　　不利益処分を受ける者に、口頭による意見陳述や質問の機会などを与え、処分を受ける者と行政庁側のやりとりを経て、事実判断を行う手続である。

参照 ➡ 2.5.1(4)　聴聞

(3)　弁明

　　不利益処分を受ける者に、原則として書面による意見陳述の機会を与え、処分についての判断を行う手続である（行政庁が認めた場合は口頭で行うこともできる。）。

参照 ➡ 2.5.1(5)　弁明

## 2.4　違反調査と命令書等作成

### (4)　適用除外等

　　行政手続法第3条第1項第13号により、法第3条第1項、第5条の3第1項に基づく消防吏員の命令による火災予防上の危険性の排除の措置命令の場合、手続は適用除外とされる。

　　命令は不利益処分に該当するが、法第5条第1項による機器等に火災危険があることから命ずる場合は、行政手続法第13条第2項第1号に該当し、弁明等の機会を要しない。

　　また、違反是正の措置の中で法第17条の4の命令は、技術的基準が法令等で明確に規定され、さらに、警告書により既知のこととされる違反事実に対して発せられることから、行政手続法第13条第2項第3号に該当し、従来から弁明等の手続は要しないとされている。しかし、最近は、関係者を納得させる上で、弁明の機会を付与することが多くみられる。これは、弁明の機会の付与は、書面で行う手続であることから、実施が容易でもあり、命令前の確認として有用と考えられているためである。

　　一般的に、弁明の機会の付与が不要と判断されるときは、よく確認した上で行うこと。

参照 ➡ 2.5.1(2)ウ　適用除外

### 2.4.7　命令書の作成

#### (1)　命令の主体

　　命令の主体は、消防署長（又は消防長）である。命令書には、消防署長（又は消防長）名を記入し、押印する。

　　消防吏員による措置命令の場合は、当該吏員が署名又は記名、押印する。

#### (2)　命令の客体

　　命令の客体（名宛人）は、例えば、権原を有する関係者、管理について権原を有する者、所有者、管理者又は占有者、関係者で権原を有するものなど、法の命令規定に定められた履行義務者である。したがって、命令の履行義務者が誰であるかを具体的なケースについて十分検討した上で名宛人を特定する必要がある。

#### (3)　命令内容等

① 　命令の要件は、法の各命令規定に示されている要件が該当し、かつ、運用上、命令の前段的措置である警告事項を理由なく履行しないとき又は立入検査結果通知書若しくは警告書の交付の有無にかかわらず、違反事実の性質又は火災危険等の存在から直ちに命令による措置を必要と認めるときである。

② 　命令事項等の内容は、実現可能であり、法令の規制範囲を逸脱しないこと。

③ 　命令事項等の内容は、可能な限り具体的に記載すること。

④ 　命令の理由となる事実に根拠条文を記載する場合には、消防法、消防法施行令、消防法施行規則、消防庁告示、○○市（町村）火災予防条例、等関係する法令の条項号の全てを記載すること。

#### (4)　命令（不利益処分）の理由

　　行政庁は、不利益処分をする場合には、その名宛人に対し、同時に当該不利益処分の理由を示さなければならない（行政手続法第14条）。

第2章　違反処理

⑸　履行期限

　　履行期限の設定は、警告の場合と同様に、当該命令事項の履行までに要する社会通念
上及び火災予防上の見地から妥当な期間を決定する。

⑹　教示

ア　不服申立てに関する教示

㋐　不服申立ての教示

・　命令書によって命令を行う場合、不服申立てができる旨並びに不服申立てをす
べき行政庁及び不服申立てができる期間を教示しなければならない（行政不服審
査法第82条）。参照 ➡ 2．5．2⑵　行政不服申立ての教示、2．5．6　教示、
3．5．3　不服申立て等の教示

・　審査請求期間は、法第5条第1項、第5条の2第1項及び第5条の3第1項に
基づく命令の場合は、命令を受けた日の翌日から起算して30日以内（法第5条の
4）、その他の命令の場合は命令があったことを知った日の翌日から起算して3
か月以内である（行政不服審査法第18条第1項）。参照 ➡ 2．5．3⑶　審査請
求期間、3．5．1⑵　審査請求の期間の特例

㋑　教示を誤った場合

・　命令権者が、誤った教示をし、教示された行政庁に不服申立てを行った場合は、
はじめから権限のある行政庁に不服申立てをしたものとみなされる（行政不服審
査法第22条）。

㋒　教示を怠った場合

・　命令権者が、命令を行うに当たり、不服申立てを行う旨の教示を怠った場合は、
教示義務に違反することとなるが、命令と教示は別次元の行為であり、教示を怠っ
たこと自体によって命令が無効又は違法となることはないものと解されている。

・　行政不服審査法第82条の規定による教示をしなかったときは、命令について不
服がある者は命令権者に対して不服申立書を提出することができる（行政不服審
査法第83条第1項）。

イ　取消訴訟に関する教示

　　取消訴訟の提起に関する事項の教示（行政事件訴訟法第46条第1項）

・　命令書によって命令を行う場合は、当該処分に係る取消訴訟の被告とすべき者及
び取消訴訟の出訴期間を書面（口頭でする場合を除く。）で教示しなければならな
い。

・　取消訴訟の被告は、命令を行った行政庁の所属する市町村である。

# Coffee Break　違反是正の促進

**Coffee Break**
違反是正の促進

　消防用設備等の設置命令を発出する際の違反是正に向けた考え方は、名宛人を含めどのようになっているのか。

　消防用設備等の未設置に対する違反処理をする場合、法第17条の4に基づき、設置等是正命令を発する。この際、命令書の発出に至る前にいろいろな課題を抱え込むこともあり、名宛人や罰則など普段あまり接しない用語等に出会うことになる。その中で、名宛人を誤った命令は当然のことながら瑕疵ある命令となり、不服審査請求や命令の取消し訴訟などで相手側弁護士と対応することもあり、大変困難な業務ともいえる。しかし、実際は、立入検査時での対応、立入検査結果通知書の交付とその改修報告、さらに警告書交付における関係者との対応など、手順を踏んで、一つひとつを積み重ねることが困難を克服するツールとなり得るもので、一足飛びに命令や告発などを考え込まなくともよい。
　このコーナーでは、名宛人、罰則、命令書の交付などの違反是正に関わる事例を取り上げる。

## 1　「名宛人」について

(1)　名宛人の特定

　命令は、通常、警告から始めるので警告の段階から適切な名宛人を特定することとなるが、警告はあくまでも行政指導であり、処分となる措置命令とは一線を画している。このため、命令とその前段の聴聞・弁明の付与に際しては、違反調査の段階から厳格に名宛人の特定をすることが求められる。しかし、警告段階で名宛人が間違っていても、命令段階で補正することは可能である。

(2)　関係者は自然人であること

　ホテル・ニュージャパン火災における業務上過失致死傷罪の裁判において、被告人（社長）は「消防法の関係者となる防火対象物の所有者は、法人である。法人の代表者（被告）は、法人を運営管理するものである立場であり、消防法の定める関係者ではない。つまり、個人としての私が消防法上の関係者とはならない」と主張した。このことは、防火対象物の所有者は法人登記されていることが多く、その場合に消防法の対象とすべきものは誰であるのかという議論となる。法人の代表取締役は法人の運営を担うものではあるが、消防責任の全てを負う立場にはなく、法人としての会社が組織管理として負うべきものである、との趣旨である。

　この抗弁に対する裁判所の判断は、次のとおりである。
　「…管理権原者とは、その防火対象物を管理する正当な法的原因を有する者と解されるが、本件Ａ（社名）のように、法人が防火対象物を所有するとともに、これを占有、管理して事業を行っている場合、その管理権原者は、法人そのものではなく、**自然人**であり、それも、原則として、**法人の代表者であると解する**のが正当である。けだし、管理権原者は、防火対象物の防火管理上、最高の責任者として、右の諸規定により一定の権限を有し、義務を負っているが、もし法人そのものを管理権原者と解するならば、その意思決定に所要の機関決定を経なければならない等により時間を要し、また、実際上責任の所在が明確でない等の弊の生ずるのを免れず、その結果、管理権原者としての責務が迅速適切に履行

され得ない事態の発生を避けることができず、このようなことを避けるためには**自然人**をもって管理権原者とすることが必要であり、それには、内規等をもって他の役員又は職員に権限及び義務が委譲され、かつ、その委譲が相当と認められる等の特段の事情のない限り、法人の代表者がこれに当たると解するのが相当であるからである。」ホテル・ニュージャパン火災の判決から　（平成2年8月15日　事件番号　東京高裁昭和62(う)1154　業務上過失致死傷被告事件）

参照 ➡ 第4章　Coffee Break　法第8条防火管理関係について

判例の入手方法は、ウェブサイト「裁判所の裁判例情報」で、事件番号を入れて検索

　判例によると、消防法が求める関係者は自然人となる。このため、法人が所有する防火対象物は、特段の定めがない限り（会社内で事業部長が取締役として各店舗の権限を有するとしているチェーン店など）は、法人の代表取締役社長が該当する。
　しかし、法人の代表取締役社長が形式的で、防火対象物の実質的所有者が別に存在する場合には、その者が火災後の刑事上の責任ある者とされ、消防法の関係者に該当することとなるが、この場合は火災後などのケースであり、通常は、消防機関としては知りえない場合が多い（平成13年の新宿区歌舞伎町ビル火災では、実質的所有者が最も重い刑となっている。）。
　消防機関としての一般的な名宛人は、法人の代表取締役社長となる。
　なお、防火管理者の届出の管理権原者欄がチェーン店の事業部長となっている場合は、この者を警告書等の名宛人とし、命令時の弁明の付与に際して確認することができる。

(3)　消防用設備等の設置命令時の相手方（名宛人）
　ア　一般原則
　　　命令の相手方は、条文では「当該防火対象物の関係者で権原を有するもの」（法第17条の4）となっている。通称、管理権原者と呼んでいる。
　　　『逐条解説消防法』では「『関係者』は、一つの防火対象物について数人存在するのが一般的であるが、このうち、『権原を有するもの』は、前述のように、本条の命令の内容である設置及び維持の行為を法律上正当になすことのできる者であり、命令の内容によって具体的に特定されるものである。したがって、一つの防火対象物であっても、命令に係る消防用設備等又は特殊消防用設備等の種類及び命令の態様により、相手方が異なることになる場合が当然あり得る。例えば、貸ビル等においては、所有者と賃借人の双方が関係者であるが、一般的には、屋内消火栓設備、スプリンクラー設備等の固定式の消防用設備等又は特殊消防用設備等については、設置命令の相手方は通常は所有者であり、消火器等の器具類については、賃借人である場合もある。また、固定式のものであっても、維持の命令については賃借人が相手方になる場合もあろう。」（法第17条の4）とされている。命令の内容別に一般的な名宛人を表にすると次のようになる。

| 命令の内容 | 名宛人 |
| --- | --- |
| 通常の場合 | 権原を有する関係者（＝管理権原者） |
| 建物の使用禁止・停止命令 | 当該建物の所有者 |
| 建物の改修・除去命令 | （建物の処分を命ずるものであるから、原則として）処分権を有する所有者 |

## Coffee Break　違反是正の促進

| 物件の除去、火気使用設備器具等の使用停止・移動・改修等の措置 | （管理行為に属するから）所有者はもちろん、通常、建物の管理者又は占有者 |
|---|---|
| 建物の工事中において、特に緊急の必要があると認める場合 | 工事の請負人等又は現場管理者（この場合は、工事請負人の権能上、工事の停止又は中止その他の必要な措置を行う場合に限定される。） |

　なお、所有者、管理者又は占有者のうちから、命令事項を履行すべき名宛人を特定する場合には、誰がその地位にあるかについて、建物の登記事項証明書、法人の登記事項証明書又は住民票の写し（名宛人が個人の場合）により確認する。

イ　関係者同士で「消防用設備等は占有者が担う」との合意があるケース

　建物全部を飲食店（(3)項ロ）として使用・占有しており、その建物の自動火災報知設備の未設置違反により法第17条の4の命令を発する場合で、所有者は、消防用設備等は設備設置であることから、占有者に任せるという合意があると主張している。

　このようなケースであっても原則的には、建物の処分権を有する所有者も名宛人となり、占有者とともに両方を名宛人とすべきである。

ウ　文書により取り決められているケース

　建物の一部は使用されているが他はスケルトン状態となっていて、スケルトン状態の部分に対する消防用設備等の命令を発する場合で、関係者間で、その占有部分に関わる設備（消防、建築、保健）はその占有者が責任をもつとする賃貸借契約書が存在している。

　一般的には所有者が名宛人となるが、このようなケースでは占有者も名宛人となり得る。なお、合意文書があることをもって免責されるものではないので所有者は名宛人となり得ることから、命令事項の内容（消火器具の維持管理など）により、検討される。

エ　建物の所有者が複数人いるケース

　複数の所有者全てが何らかの形で権原を有しているケースでは、全ての所有者が名宛人となる。

　区分所有の建物で、管理組合が設備等の実際的な施工権限を有している場合は、管理組合の理事長に対して、指導書・警告書を交付することとなる。しかし、設置工事等が、建物の規模から管理組合の決定を経て実施しなければならないケースでは、区分所有者全員に命じることとなる。

オ　登記されていない防火対象物のケース

　建物登記がなされていない場合は、固定資産税の課税対象者の確認のほか、不動産登記事項証明書、商業登記事項証明書の確認などが必要となる。

カ　占有者の増築部分が違反のケース

　建物の上階等に無届で占有者が増築している場合にも、建物の所有者が名宛人となり、増築した占有者も違反の原因となっていることから名宛人となる。原則として、双方を名宛人とする。

キ　差押え物件の防火対象物のケース

　裁判所から差し押さえされていても所有者に代わりがないことから、名宛人は所有者となる。この際、差押え物件の所有者が変更されても命令違反の事実が引き継がれることから、命令を留保する必要はない。

ク　破産して破産管財人が選任されているケース

　破産管財人が名宛人となる。

第2章　違反処理

ケ　名宛人が変更となるケース

所有者が変わっても消防用設備等の設置命令は、対物的処分としての効力があり、違反が継続されることとなる。しかし、防火対象物の用途・収容人員等の変更が考えられることから、立入検査等により実態を把握して、新たな所有者に、改修指導し、供述調書を得て、再度命令するのが是正に向けた実効性を得ることとなる。

## 2　消防法第17条の4の罰則の適用

⑴　対象が個人

法第41条第1項第5号「法第17条の4第1項又は第2項の規定による命令に違反して消防用設備等又は特殊消防用設備等を設置しなかった者」→1年以下の懲役又は100万円以下の罰金

⑵　対象が法人、両罰規定

法第45条第1項第2号「法人の代表者又は法人若しくは人の代理人、使用人その他の従業員が、その法人又は人の業務に関し、次の各号に掲げる規定の違反行為をしたときは、行為者を罰するほか、その法人に対して当該各号に定める罰金刑を、その人に対して各本条の罰金刑を科する。」→（法第41条第1項第5号）　3,000万以下の罰金刑

⑶　両者の違い

法第17条の4第1項により設置命令を発したとき、名宛人の相違による罰則の適用の違いがある。

| 名宛人 | 罰則の対象 | 罰則 |
|---|---|---|
| 所有者Aの場合 | 個人のA | 懲役1年以下又は罰金100万以下 |
| （株）B社代表取締役社長Aの場合 | 代表者のA | 懲役1年以下又は罰金100万以下 |
| | （株）B社 | 罰金3,000万以下 |

## 3　標識の公示

法第17条の4に基づく命令では、消防用設備等の不備に関わる事柄であることから標識の設置等公示が義務付けられている。公示は、標識を防火対象物の出入口付近に掲出する。

> **参考　標識の設置**
>
> 防火対象物の存する場所、出入口付近、複数のときは全ての出入口に設置する。標識の設置以外の公示の方法は、公報への掲載その他市町村長が定める方法とする（規則第1条）。

参照 ➡　2.3　フロー図7⑸　標識等による公示、3.2.3　標識による公示

## 4　消防用設備等の未設置（不適切）となる際の違反促進の事例

⑴　建築基準法違反と競合するケース

建物の違法な増改築を原因とする法第17条の4の違反事例が多い。例えば、屋上にプレハブ造居室を増築したことにより、連結送水管が設置対象となり、増築した部分が自動火災報知設備の未警戒、誘導灯未設置となり、増築により建物の構造が木造とみなされ屋内消火栓設備の未設置となった、などの違反が列記されることとなる。

Coffee Break　違反是正の促進

この場合には、建築基準法の主要構造の構造違反等による撤去が根本的な解決策となるが、建築行政庁と協議して改修指導を進める一方、増築部分の撤去は別に考え、消防法違反の是正に向けた指導、命令が必要とされる。なお、建基法に適法させることによって、消防法令上の設備設置は不必要となることを説明することは必要である。

⑵　資金不足により消防用設備等の設置が見込めないケース

消防用設備等の未設置の違反に対し、法第17条の4により警告、命令を発する際に、資金難、破産宣告を受けているなどの事情を聴取することが多い。

資金難は、その事情をくんで違反処理を留保する合理的な理由には当たらない。

ホテルニュージャパン火災の判決「二　ホテル経営者としての遡及工事実施義務の重要性」の一部を掲載する。

「…もし消防用設備に不備のあるホテルについて、所要の設備工事に費用を支出すると、経営が圧迫され、経営の継続ができなくなるという場合があるとすれば、消防用設備に不備のあることを知らない利用客が保護されるためにも、ホテルの経営者は、少なくとも基本的な設備について工事資金の調達ができない以上は経営を断念すべきであり、又は資金の調達ができて設備工事が終了するまでは営業を休止すべきであるとするのが、道理というものであろう…」(判決　平成2年8月15日　事件番号　東京高裁昭和62(う)1154　業務上過失致死傷被告事件)

当該建物の利用者は、その建物の消防用設備や防火管理がなされていることを当然のこととして利用している以上は、消防法に違反しているならば、営業を中止すべきと判示している。

消防用設備が改修できないのであれば休業するという選択肢を選ぶべきであり、資金難を理由としての不備なままの営業は続けるべきでないこととなる。

## 5　命令書の文書の交付

警告書等は行政指導、命令書は行政処分という違いがあるが、行政庁の処分に係る文書としては同じに考えて対処する。ただし、命令書は法律上の義務を課すものなので慎重に対応する。できる限り名宛人に直接交付し、その内容を説明する。

⑴　到達（隔地者に対する意思表示）

従来から「行政庁の処分については、特段の規定のない限り、意思表示の一般的法理に従い、その意思表示が相手方に到達した時」に命令の効力が生ずるとされている。民法第97条（隔地者に対する意思表示）では、「隔地者に対する意思表示は、その通知が相手方に到達した時からその効力を生ずる。」と規定している。

（例1）　「…到達とは…意思表示または通知を記載した書面が、それらの者のいわゆる支配圏内におかれることをもつて足りる…」（判決　昭和43年12月17日　事件番号　最高裁第三小法廷昭和41(オ)743　電話料金請求）

（例2）　「…到達とは…〔催告書が〕…受領され或は了知されることを要するの謂ではなく、それらの者にとつて了知可能の状態におかれたことを意味するものと解すべく、換言すれば意思表示の書面がそれらの者のいわゆる勢力範囲（支配圏）内におかれることを以て足るものと解すべき…この事態の推移にかんがみれば、…右催告書はEの勢力範囲に入つたもの、すなわち同人の了知可能の状態におかれたものと認めていささかも妨げなく、従つてこのような場合こそは民法97条にいう到達があつたものと解するを相当とする。」（判決　昭和36年4月20日　事件番号　最高裁第一小法廷昭和33(オ)315　建物収去土地明渡請求）

第2章　違反処理

　　　これは、それまでの経緯を踏まえた上で、その者の支配権に入った文書は有効とされ
　ているので、立入検査結果通知書の交付や警告書の交付時の説明などから、「命令書」
　であることが予知される状態であれば、その者に受け取りを拒否されても、居住する住
　居、会社等に置いてくれば足りることとなり、この場合に交付に伴う日時の記載や現場
　の写真撮影などがあればよいこととなる。
（例3）　（弁護士が遺産分割協議に関する内容証明郵便（書留郵便）を発していることを
　知りながら（推知する）意図的にこの受領を拒否した場合は）「…受領の意思があれば、
　郵便物の受取方法を指定することによって、さしたる労力、困難を伴うことなく本件内
　容証明郵便を受領することができたものということができる。そうすると、本件内容証
　明郵便の内容である遺留分減殺の意思表示は、社会通念上、被上告人の了知可能な状態
　に置かれ、遅くとも留置期間が満了した時点で被上告人に到達したものと認めるのが相
　当である。」（判決　平成10年6月11日　事件番号　最高裁第一小法廷平成9（オ）685
　遺留分減殺、土地建物所有権確認）
　　　これは、過去の経緯から立入検査結果通知や警告書等により消防署から発せられた
　「命令書」が配達証明付内容証明郵便により郵送された場合、受け取りが拒否されて返
　却されたとしても命令が発せられたことを知っていたと同じとみなされることとなる。
　実際は、命令書の交付内容を伝えて（電話、伝言などにより）再度、配達証明付内容証
　明郵便での送付手続になるかと思う。
⑵　命令書の受領
　　　警告書等の交付に当たっては、受領書に署名を求める。この場合、住所（法人名・役職
　名）も必要となる。もし、従業員の場合は、同じく受取人の署名と併せて、余白に「〇〇
　（名宛人）の代理として受領しました」と記載を求める（あらかじめメモを用意）。なお、
　この際は、交付に伴う日時、場所、交付者、受領者等を経過書面として、作成しておくこ
　とも必要となる。


## 6　立入検査の未着手が違法とされるか

　1　概要　平成19年1月、T市カラオケボックスの1階厨房付近から出火し、当該建物
　　2階に取り残された少年の死者3名のほか負傷者5名、焼損面積105.96㎡（半焼）の
　　被害が発生した。
　2　建物構造等　鉄骨造地上2階建て、建築面積：123.57㎡で、用途（当時）：⑵項ロ
　　（遊技場）
　　※　昭和56年7月確認申請書を提出（延べ面積198.64㎡）、昭和56年10月事業所とし
　　　て建物の使用を開始したが、現況建築物は、無申請で用途変更及び増築、平成元年
　　　12月頃カラオケ店に変更された模様（消防本部には未届）
　3　消防法上の主な違反の状況
　　○　防火管理業務違反（消防法第8条第1項違反）→防火管理者未選任、消防計画未
　　　作成、消防訓練未実施
　　○　防炎物品未使用（消防法第8条の3第1項違反）
　　○　消防用設備等設置義務違反（消防法第17条第1項違反）→消火器具、非常警報設
　　　備、避難器具、誘導灯など
　　　　（「消防庁火災予防行政のあり方に関する検討会資料」（H22.5）から）

Coffee Break　違反是正の促進

　　上記火災では、刑事事件としては、管理権原者に業務上過失致死傷罪で禁錮４年が確定している（判決　平成19年12月12日　事件番号　神戸地裁平成19（わ）168）。

　　この火災で遺族が、Ｔ市の権限不行使の責任を求めて、国賠法による損害賠償請求を提訴した。結果は、原告敗訴となった。

　　原告（死亡した人の親族）は、被告Ｔ市の有する関係機関（建築関係、青少年指導、消防）の立会・査察権限や用途変更指示権限を行使すれば、上記（法令違反）の違反事実を（管理権原者が）知ることができ、そうすれば、防火措置権限を行使することもできた旨主張した。

　　しかし、関係者からの用途変更届出（立入検査の必要性の認識）もなく、青少年指導上では防火に関する指導はないことなど、被告Ｔ市が、本件建物についての消防法違反や建築基準法令違反を認識し得たとは認められないことから予見可能性が否定され、原告敗訴となった。また、Ｔ市消防職員が当該施設を遊興に利用していたことと、消防権限行使は切り離して考えられた。

　　しかし、立入検査によりその危険性を把握し、その上で漫然と放置していた場合には、このような判決になったかどうかは難しいといえる。

## 7　困ったときは相談を

⑴　相談制度の利用

　　警告書の交付であっても条文の適用や文章等の内容を検討し、違反処理標準マニュアルを再度チェックして、確認し、その上で相談制度を利用することが有用である。命令事項を含めて疑義等があるときは、それをそのままにして違反処理を行わないで、相談し、その上で自分なりに納得して執行することが、相手方への意志の伝わり方を含めて、違反是正への近道となる。

⑵　消防庁の違反是正制度

ア　違反是正支援アドバイザー制度

　　地域の違反是正を推進するために、政令指定都市等の消防違反是正を多数経験した本部の担当係長等が、アドバイザーとして個別の事案に対応して、相談、指導を受け入れている。

　　アドバイザーの現地支援等の費用負担は消防庁が行う。

　　（「違反是正支援アドバイザー制度の発足について（通知）」（平成22年２月12日消防予第70号））※ウェブサイト「違反是正支援センター」［消防庁の違反是正制度］参照

イ　弁護士相談制度

　　エリアごとに指定された弁護士に、具体的な違反処理上の相談に乗ってもらえる（「平成28年度違反是正推進に係る弁護士相談事業の実施について（通知）」（平成28年３月28日消防予第89号））。

⑶　（一財）日本消防設備安全センター、違反是正支援センター

　　一般的な違反是正相談に応じる。ＵＲＬによる資料やマニュアルの事例等もあり説明してくれる。※ウェブサイト参照

⑷　近隣の政令指定都市の査察・違反処理担当係に相談することも可能で、だいたいの本部は、相談に応じてくれる。

## 2.5 違反処理に伴う行政救済

### 2.5.1 行政手続法と行政救済制度

命令や取消し等に係る行政処分を含め、行政手続にあっては、行政手続法に定める手続を踏む必要がある。また、聴聞、弁明の機会の付与に当たっては、事前にこれらの事務処理上の内部規程を整備しておく必要がある。

(1) 行政手続法の制度

　国内の行政運営では、行政指導が頻繁に行われており、これにより効率的かつ穏健に行政上の目的が達せられることが多いが、反面、恣意的で理不尽な行政指導や指導に従わないときの不当な扱いなど多くの弊害も生じている。これらのことから、行政手続法は不当な扱いを制限する仕組みとして規定されている。基本的な目的は、行政運営における公正の確保と透明性の向上である。

　消防機関が交付する「立入検査結果通知書」「警告書」などは指導の範囲であるが、その指導内容の諾否により相手側に不当とされるようなことがあってはならない。行政手続法にのっとり、相手の理解を得た上でなされる適切な指導が望ましい。

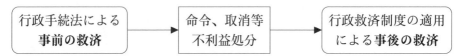

参照 → 7.8 行政手続法

(2) 行政手続法の対象

　ア　不利益処分

　　行政庁が、法令に基づき、特定の者を名宛人として、直接に、これに義務を課し、又はその権利を制限する処分をいう（行政手続法第2条第4号）。

　　命令や取消しなどの不利益処分を行う際は、名宛人を特定してなされることが前提である。参照 → 2.1.2(3) 取消し

　イ　行政指導

　　行政機関が、その任務又は所掌事務の範囲内において一定の行政目的を実現するため特定の者に一定の作為又は不作為を求める指導、勧告、助言その他の行為であって処分に該当しないものをいう（行政手続法第2条第6号）。

　　警告は、行政指導の範囲となり、原則、行政手続法の中で捉えられる。参照 → 2.1.2(1) 警告

　ウ　適用除外

　　行政手続法には、もともと対象とはなりえない第3条関係のものと、聴聞等の手続が適用されない第13条関係のものの2通りあり、混同しやすいので、注意が必要である。

　　行政手続法第3条は、もともと法の趣旨にそぐわないことから法律の適用から除外されている。参照 → 2.4.6(4) 適用除外等

## 2.5 違反処理に伴う行政救済

**ポイント**　[行政手続法第3条第1項と消防法]

| 適用除外される処分及び行政指導<br>（行政手続法第3条第1項） | 該当する消防法上の命令<br>（適用除外されるもの） |
|---|---|
| 第13号　公益に関わる事象（安全、保安）が発生し又は発生する可能性のある現場で警察官等によってされるもの | ・第3条（屋外の火災予防措置）<br>・第5条の3（防火対象物の火災予防措置）<br>・第29条（消火活動中の緊急措置等）第1項、第2項 |
| 第14号　報告又は物件の提出を命ずる処分等情報の収集を直接の目的としてされるもの | ・第4条、第16条の5の立入検査（行政調査として捉えられる。）<br>・第4条等の資料提出命令等も適用除外となるが、原則的には準じた適用を行う。 |

　行政手続法の適用が除外される法第4条の立入検査は、消防長（又は消防署長）の裁量に委ねられる事案ではあるが、社会通念に照らして危険性のあることを知りながら立入検査を長期にわたって漫然と実施しないケースは、災害発生の要因とされるおそれがある。その場合には、当該災害に対する不作為を問われることもある。

エ　聴聞・弁明の機会の付与を必要としない場合

　命令は、不利益処分に該当することとなるが、行政手続法第13条第2項に掲げる場合には、不利益処分の内容により聴聞・弁明の機会を要しないとする規定があり、消防の違反是正の措置の中で行われる不利益処分にあっては、これに該当する事例がある。

| 聴聞・弁明の機会を要しない不利益処分<br>（行政手続法第13条第2項） | 適用される消防の違反是正措置 |
|---|---|
| 第1号　公益上、緊急に不利益処分をする必要があるため、意見陳述のための手続（聴聞・弁明の機会の付与）を執ることができないとき。 | 法第5条第1項（火気設備の改修等） |
| 第3号　施設若しくは設備の設置、維持若しくは管理又は物の製造、販売その他の取扱いについて遵守すべき事項が法令において技術的な基準をもって明確にされている場合において、専ら当該基準が充足されていないことを理由として当該基準に従うべきことを命ずる不利益処分であってその不充足の事実が計測、実験その他客観的な認定方法によって確認されたものをしようとするとき。 | 法第17条の4（立入検査・警告により技術基準を明確にしていることもあり、適用されるとみなされている。） |

(3) 不利益処分

不利益処分を行う際の手続は、次のようになる。

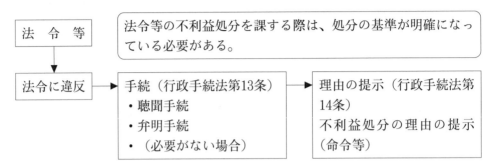

法令違反に対する命令等の不利益処分は、原則として聴聞・弁明の機会を付与しなければならない。

(4) 聴聞（＝慎重な手続）

聴聞は、許認可の取消し、資格・地位の剥奪といった重大な不利益を国民に与える場合に行われる手続で、基本的には、裁判と同じようなスタンスで、口頭の意見交換手続が進められる（口頭審理）。

ア 該当条文
- 防火対象物の定期点検報告の特例認定の取消し命令（法第8条の2の3）
- 危険物製造所等の許可の取消し命令（法第12条の2）
- 危険物取扱者免状・消防設備士免状の返納命令（法第13条の2、法第17条の7）
- 危険物保安統括管理者等の解任命令（法第13条の24）

> 参考
> 消防の実態として、特例認定取消しが該当する。危険物取扱者・消防設備士の免状返納は、都道府県（知事）が命ずる。

イ 聴聞の手続
① 聴聞主催者の指定
② 聴聞通知書の送付（予定している不利益処分の内容及び根拠法条、不利益処分の原因となる事実、聴聞の期日及び場所）
③ 聴聞の実施
　［行政庁職員］不利益処分の内容、根拠条文、原因事実の説明
　［当事者］意見陳述、証拠提出、質問
④ 主宰者による聴聞調書の作成・報告
⑤ 行政庁による処分の決定（処分・不処分）
⑥ （処分の場合）処分決定通知書の送付・命令の発動

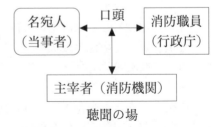
聴聞の場

## 2.5 違反処理に伴う行政救済

(5) 弁明（＝簡易な手続）

弁明は、許認可の停止や命令といった不利益が軽微な場合に行われる手続で、基本的には、提出書類をもとに手続が進められる（書面審査）。

ア 該当条文
- 防火対象物に対する火災予防措置命令（法第5条第1項）
- 防火対象物に対する使用禁止等命令（法第5条の2第1項）
- 防火管理業務適正執行命令（法第8条第4項）
- 統括防火管理業務適正執行命令（法第8条の2第6項）
- 危険物製造所等の使用停止命令（法第12条の2第1項・第2項）
- 予防規程の変更命令（法第14条の2第3項）

> **参考**
> 防火対象物の使用禁止（営業不可となる。）は、聴聞ではなく弁明となる。これは単に火災の予防に危険であるだけでは適用されず、他の条文の規定により措置が命令されたにもかかわらず適正に履行されない場合に適用されるためである。

イ 弁明の手続
① 弁明の機会の付与通知書の交付（予定している不利益処分の内容及び根拠法条、不利益処分の原因となる事実、名宛人が所在不明等の場合は公示）
② 名宛人から弁明書提出（未提出）
③ 弁明に対する処分の決定
④ （処分の場合）処分決定通知書の送付・命令の発動

弁明は相互の文書等によるやり取り

(6) 消防法への適用

行政手続法の施行（平成6年10月1日）に当たっての留意事項として「消防法等に関する行政手続法の取扱いについて（平成6年9月28日消防総第704号）」が発出され、また「消防法等に関する行政手続法施行上の留意事項について（平成6年9月28日消防総第705号・消防予第246号等、最終改正　平成16年6月7日消防予第113号・消防安第117号）」により、不利益処分の処分基準として、申請に対する処分、不利益処分が示された。

ただし、現在は、行政手続法によるものとして、以後の消防関係の改正通知等はない。

## 2.5.2 行政救済の全体

(1) 行政救済

行政の行為に対しては、不利益等を受ける相手方を救済する制度がある。

消防法では、法第6条（法第5条関係の命令による損害）、法第29条（消火時の破壊消防による損害）に具体的に明記されている。

現行の法制では、次のような制度となっている。

**行政不服審査法**
- 行政処分に関し、国民がその見直しを求め、行政庁に不服を申し立てる手続を規定
- 簡易迅速な手続により、手数料無料で国民の権利利益を救済

（全部改正され平成28年4月1日施行）

**行政事件訴訟法**
- 行政事件に関する訴訟手続を規定
- 行政により侵害された国民の権利・利益を救済

**国家賠償法**
- 公権力の行使に基づく損害の賠償責任について規定
- 公の営造物の設置又は管理の瑕疵に基づく損害の賠償責任
- これらの賠償を請求する制度の確立

**個別の法の中で定める損失補償制度**
- 不法な公権力の行使によって権利が侵害されたときになされる損失補償制度

（法第6条、第29条等）

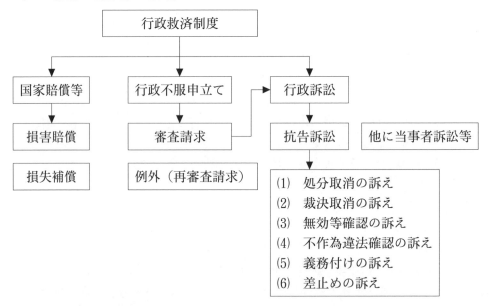

(2) 行政不服申立ての教示

命令書によって命令を発動する場合は、行政不服審査法第82条第1項及び第2項に定めるところにより、不服申立てができる旨並びに不服申立てをすべき行政庁及び不服申立てができる期間を教示しなければならない。参照 ➡ 2.4.7(6) 教示、2.5.6 教示、3.5.3 不服申立て等の教示

(3) 出訴期間

消防法では、出訴期間の特例を設けている。参照 ➡ 2.5.4(2) 訴えの提起期限の特例、3.5.2(1) 訴えの提起の対象

2.5　違反処理に伴う行政救済

| 根拠法令 | 命令・処分 | 出訴期間 |
|---|---|---|
| 法第6条（消防法上の特例） | 法第5条第1項<br>第5条の2第1項<br>第5条の3第1項 | 取消しの訴えは、その命令又は裁決を受けた日から30日を経過したときは、提起することができない。 |
| 行政事件訴訟法第14条（一般原則） | 上記以外の処分 | 取消訴訟は、処分又は裁決があったことを知った日から6か月を経過したときは、提起することができない。 |

- ただし、正当な理由があるときは、この限りでない。

 **ポイント**

日数の数え方は、「翌日から起算して」となる。

### 2.5.3　措置命令等に対する不服申立て（行政不服審査法）

(1) 審査請求

審査請求をすべき行政庁（行政不服審査法第4条）

処分した行政庁 ──▶ 審査請求先

消防吏員　┐
消防署長　├　市町村長
消防長　　┘

 **ポイント**

異議申立てはなくなった。再審査請求は、法律で認められている場合又は権限を他に委任した場合に可能であり、消防法に規定はない。

(2) 審査請求の改正変更点

異議申立ての制度がなくなり、審査請求に一元化されるとともに不服申立て期間が60日から **3か月以内** に延長され、審査請求時の審査方法が大きく変更された。

第2章　違反処理

《改正後》

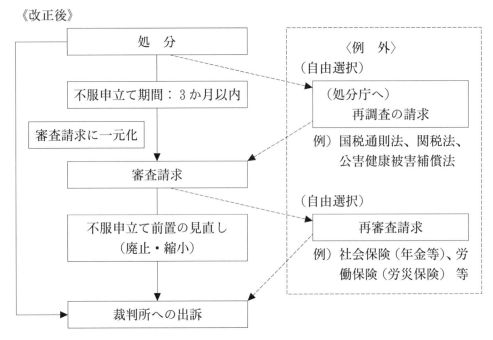

出典：総務省ホームページ（http://www.soumu.go.jp/main_content/000279329.pdf）

　審査請求の審査に対して第三者機関が関与する仕組みが取り入れられ、従来のように行政庁内だけで完結するものではなくなった。

《改正後》

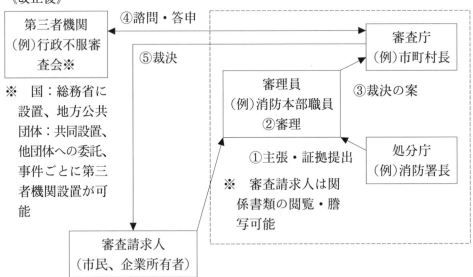

出典：総務省ホームページ（http://www.soumu.go.jp/main_content/000279329.pdf）を加工して作成

(3) 審査請求期間（及び再調査の請求期間）（行政不服審査法第18条、第54条）
　ア　原則：処分があったことを知った日の翌日から起算して3か月以内
　イ　審査請求期間の特例（法第5条の4）
　　　法第5条第1項、第5条の2第1項、第5条の3第1項の規定による命令について

## 2.5　違反処理に伴う行政救済

の審査請求に関する行政不服審査法第18条第1項本文の期間は、当該命令を受けた日の翌日から起算して30日以内とする。参照 ➡ 　2.4.7⑹　教示、3.5.1⑵　審査請求の期間の特例

---

**参考**

- ・　審査請求の期間を短縮している理由（目的）
  ⇒火災による人命・公共に対する危険を速やかに排除する。
- ・　期間は、命令を発した日ではなく、命令を受けた日の翌日から起算する。

---

### 2.5.4　行政事件訴訟（行政事件訴訟法）

　行政事件訴訟においては、訴訟の種類として、抗告訴訟、当事者訴訟、民衆訴訟及び機関訴訟の四つを掲げている。

⑴　**抗告訴訟**

　違反処理に最も関連のあるのは、抗告訴訟（行政庁の公権力の行使に関する不服の訴訟）であり、次のような種類がある（行政事件訴訟法第3条）。

①　処分の取消しの訴え

　行政庁の処分その他の公権力の公使に当たる行為の取消しを求める訴訟

②　裁決の取消しの訴え

　審査請求その他不服申立てに対する行政庁の裁決、決定その他行為の取消しを求める訴訟

③　無効等確認の訴え

　処分若しくは裁決の存否又はその効力の有無の確認を求める訴訟

④　不作為の違法確認の訴え

⑤　義務付けの訴え

⑥　差止めの訴え

　行政庁に処分又は裁決をしてはならない旨を命ずることを求める訴訟

⑵　**訴えの提起期限の特例**

①　法第5条第1項、第5条の2第1項、第5条の3第1項の規定による命令

②　その命令についての審査請求に対する裁決

③　決定の取消し

　①〜③の訴えは、命令、裁決の決定を受けた日から30日を経過したときは提起できない。ただし、正当な理由があるときは、この限りでない（法第6条第1項）。参照 ➡ 2.5.2⑶　出訴期間、3.5.2⑴　訴えの提起の対象

---

**参考**

- ・　本条は行政事件訴訟法第14条第1項の期間の特例である。

---

**59**

第2章　違反処理

 **ポイント**

これは命令の性質上、この命令に早急に社会公共の安定性を持たせるためである。
　特例の対象は、法第5条第1項、第5条の2第1項、第5条の3第1項で、命令事項のみである。

## 2.5.5　損失補償

### (1) 損失補償の特例

行政事件訴訟による損失補償によることなく、法第6条において特例を設け、法第5条第1項、第5条の2第1項の規定による命令を**取り消す旨の判決**があったとき、当該命令によって生じた損失は時価によりこれを補償する（法第6条第2項）。

参照 ➡ 3.5.2(2)　損失補償の特例

 **ポイント**

損失補償の対象に、法第5条の3第1項は第3条と同じで含まれない。

### (2) 判決によらない損失補償

法第5条第1項、第5条の2第1項に規定する防火対象物の位置、構造、設備又は管理の状況が消防法等に違反していないときは（法第6条第2項に関係なく）、命令によって生じた損失は時価によりこれを補償する（法第6条第3項）。

参照 ➡ 3.5.2(3)　判決によらない損失補償

## 2.5.6　教示

行政庁は不服申立てをすることができる処分をする場合には、処分の相手方に対し、当該処分につき不服申立てができる旨、不服申立てをすべき行政庁、不服申立てができる期間を書面で教示しなければならない（行政不服審査法第82条、行政事件訴訟法第46条）。

法第5条、第5条の2第1項の命令の場合、命令に不服がある場合は命令を受けた日の翌日から起算して30日以内に○○市消防長に対して審査請求をすることができる。

また、この命令については、命令を受けた日の翌日から起算して30日以内に○○市を被告として処分の取消しの訴えを提起することができる。参照 ➡ 2.4.7(6)　教示、2.5.2(2)　行政不服申立ての教示、3.5.3　不服申立て等の教示、7.8　行政手続法

 **ポイント**

教示がないことが、命令の効力を失うことにはならない。

## 2.6　告発・代執行

### 2.6.1　告発

**(1) 告発**

　告発は、告訴権者（犯罪による被害者等）及び違反者（犯人）以外の第三者が、捜査機関（警察又は検察）に対し、違反事実（消防法令違反）を申告して、処罰を求める意思表示である（犯罪被害者等は告訴する立場にあり、告発ではない。刑事訴訟法参照）。

　告発は捜査機関の捜査の端緒となるものであり、告発を受理した者には、告発人の権利を保護するため、次のような義務がある。

ア　司法警察員（巡査部長以上の警察官）

　告発を受けたときは、速やかに関係書類及び証拠物を検察官に送付しなければならない（刑事訴訟法第242条）。

イ　検察官

　告発人に対し起訴、不起訴等の通知をしなければならない（刑事訴訟法第260条）。

　不起訴処分をした場合で告発人の請求がある場合は、その理由を告げなければならない（刑事訴訟法第261条）。

**(2) 告発の検討**

　刑事訴訟法第239条第1項は「何人でも、犯罪があると思料するときは、告発をすることができる。」とし、第2項では「官吏又は公吏は、その職務を行うことにより犯罪があると思料するときは、告発をしなければならない。」と公務員の告発義務について定めている。ただし、この告発義務については、当該公務員の職務上正当と考えられる程度の**裁量まで禁止するものではない**とされる。　参照 ➡ 2.1.2(4)　告発

**(3) 告発をもって措置すべきと認められる事案**

　　参照 ➡ 2.2　フロー図ブロック1　2　違反の分類

ア　命令違反を前提とする罰則規定に関する事案

① 防火対象物使用禁止命令違反（法第5条の2第1項違反）

② スプリンクラー設備設置命令違反（法第17条の4第1項違反）

③ 自動火災報知設備設置命令違反（法第17条の4第1項違反）

④ その他命令違反の内容が重大なもの

---

　違反処理標準マニュアルの「第1　違反処理要領」には、告発事案として上記四つが例示されている。しかし、「第2　違反処理基準」では、法第17条の4第1項違反の命令違反等に対しては、三次措置として、「法第5条の2による使用禁止命令等」となっており、告発の記載がされていない。このため、疑問を呈することもあるが、原則的には告発が考えられる手続である。しかし、設置命令が履行されないことで、火災予防上の危険性が認められる場合は、当該建物が利用されることによる人命危険を考慮し、三次措置として「法第5条の2による使用禁止措置」となる。

第2章　違反処理

イ　規定違反に対する直接の罰則規定に関する事案
　①　立入検査の拒否（法第4条第1項違反）の繰り返し
　②　防火対象物点検報告未報告（法第8条の2の2第1項違反）の繰り返し
　③　消防用設備等又は特殊消防用設備等点検報告未報告（法第17条の3の3違反）の繰り返し
　④　無資格者による消防用設備等の工事（法第17条の5第1号違反）
　⑤　防災管理点検報告未報告（法第36条第1項において準用する法第8条の2の2第1項違反）の繰り返し
　⑥　その他違反内容が悪質なもの

**参考　直接の罰則規定の事案の対応**

　防火対象物点検報告未報告（法第8条の2の2）及び消防用設備等点検報告未報告（法第17条の3の3）違反は、実態としては、他の法令違反（法第8条、第17条の4）等と競合して火災発生時の人命危険が高く、かつ、悪質性が高い（指導等をしたが2年以上放置されている）事案が、勧告から告発へと処理される。
　一般的には未報告だけで告発されることはないが、予防技術検定試験としては出題されることがある。

## (4)　消防法の罰則規定

ア　措置命令違反に係るもの（危険物関係は除く。）

（※1・※2・※3は、法第45条適用）

| 条文 | 処罰される者 | 罰則 |
|---|---|---|
| 第39条の2の2 | 防火対象物に対する措置命令（使用禁止・停止・制限等）に違反した者【第5条の2第1項】※1 | 3年以下の懲役又は300万円以下の罰金 |
| 第39条の3の2 | 防火対象物に対する措置命令（改修・移転・除去等）に違反した者【第5条第1項】※1 | 2年以下の懲役又は200万円以下の罰金 |
| 第41条①(1) | 防火対象物に対する措置命令に違反した者【第5条の3第1項】※3 | 1年以下の懲役又は100万円以下の罰金 |
| 第41条①(2) | 防火管理業務適正執行命令に違反した者【第8条第4項】※3 | |
| 第41条①(2) | 防災管理業務適正執行命令に違反した者【第36条第1項において準用する第8条第4項】 | |
| 第41条①(5) | 消防用設備等又は特殊消防用設備等の設置命令に違反した者【第17条の4第1項又は第2項】※2 | |

## 2.6　告発・代執行

| | | | |
|---|---|---|---|
| 第42条①(1) | 防火管理者選任命令に違反した者【第8条第3項】※3 | | 6月以下の懲役又は50万円以下の罰金 |
| 第42条①(1) | 防災管理者選任命令に違反した者【第36条第1項において準用する第8条第3項】※3 | | |
| 第44条(1) | 屋外の火災予防措置命令に違反した者【第3条第1項】※3 | | 30万円以下の罰金又は拘留 |
| 第44条(2) | 資料提出命令、報告徴収命令に提出拒否又は虚偽報告した者【第4条】 | | |
| 第44条(12) | 消防用設備等又は特殊消防用設備等の維持命令に違反した者【第17条の4第1項又は第2項】※3 | | |
| 第44条(17) | 防火対象物点検の表示に係る虚偽表示除去・消印命令に違反した者【第8条の2の2第4項】 | | |
| | 防災管理点検の表示に係る虚偽表示除去・消印命令に違反した者【第36条第1項において準用する第8条の2の2第4項】 | | |
| | 防火対象物点検の表示及び防災管理点検の表示に係る虚偽表示除去・消印命令に違反した者【第36条第6項において準用する第8条の2の2第4項】 | | |
| | 防火対象物点検の特例認定の表示に係る虚偽表示除去・消印命令に違反した者【第8条の2の3第8項において準用する第8条の2の2第4項】 | | |
| | 防災管理点検の特例認定の表示に係る虚偽表示除去・消印命令に違反した者【第36条第1項において準用する第8条の2の3第8項において準用する第8条の2の2第4項】 | | |
| | 防火対象物点検の特例認定及び防災管理点検の特例認定の表示に係る虚偽表示除去・消印命令に違反した者【第36条第6項において準用する第8条の2の2第4項】 | | |
| 第45条 | 法人の代表者又は法人若しくは人の代理人、使用人その他の従業者が、その法人又は人の業務に関し、第45条各号に掲げる規定の違反行為をしたときは、行為者を罰するほか、その法人に対して当該各号に定める罰金刑を、その人に対して各本条の罰金刑を科する。 | (1)※1 | 1億円以下の罰金刑 |
| | | (2)※2 | 3千万円以下の罰金刑 |
| | | (3)※3 | 各本条の罰金刑 |

第2章　違反処理

イ　規定違反に係るもの

（※1・※2・※3は、法第45条適用）

| 条文 | 処罰される者 | 罰則 |
|---|---|---|
| 第42条①⑽ | 無資格者で工事を行った者【第17条の5】 | 6月以下の懲役又は50万円以下の罰金 |
| 第44条⑵ | 立入検査を拒否等した者【第4条】 | 30万円以下の罰金又は拘留 |
| 第44条⑶ | 防火対象物点検の表示に係る虚偽表示をした者【第8条の2の2第3項】※3<br>防災管理点検の表示に係る虚偽表示をした者【第36条第1項において準用する第8条の2の2第3項】※3<br>防火対象物点検及び防災管理点検の表示に係る虚偽表示をした者【第36条第6項において準用する第8条の2の2第3項】※3<br>防火対象物点検の特例認定の表示に係る虚偽表示をした者【第8条の2の3第8項において準用する第8条の2の2第3項】※3<br>防災管理点検の特例認定の表示に係る虚偽表示をした者【第36条第1項において準用する第8条の2の3第8項において準用する第8条の2の2第3項】※3<br>防火対象物点検の特例認定及び防災管理点検の特例認定の表示に係る虚偽表示をした者【第36条第6項において準用する第8条の2の2第3項】※3<br>防炎対象物品の表示違反【第8条の3第3項】※3 | |
| 第44条⑷ | 消防用設備等又は特殊消防用設備等の検査受忍義務に違反した者【第17条の3の2】 | |
| 第44条⑻ | 防火管理者選解任届出義務に違反した者【第8条第2項】<br>防災管理者選解任届出義務に違反した者【第36条第1項において準用する法第8条第2項】<br>圧縮アセチレンガス等の貯蔵又は取扱届出義務に違反した者【第9条の3第1項（第2項において準用）】<br>消防用設備等又は特殊消防用設備等設置届出義務に違反した者【第17条の3の2】<br>消防設備士の工事整備対象設備等の着工届出義務に違反した者【第17条の14】 | |

64

## 2.6 告発・代執行

| 第44条⑾ | 防火対象物点検報告義務に違反した者【第8条の2の2第1項】※3 防災管理点検報告義務に違反した者【法第36条第1項において準用する法第8条の2の2第1項】※3 消防用設備等又は特殊消防用設備等点検報告義務に違反した者【第17条の3の3】※3 | |
|---|---|---|
| 第46条の5 | 防火対象物点検の特例認定を受けた防火対象物の管理について、権原を有する者に変更があった場合の第8条の2の3第5項による届出を怠った当該変更前の権原を有する者 防災管理点検の特例認定を受けた防災管理対象物の管理について、権原を有する者に変更があった場合の第36条第1項において準用する第8条の2の3第5項による届出を怠った当該変更前の権原を有する者 総務大臣の認定を受けた特殊消防用設備等又は設備等設置維持計画について軽微な変更をした場合の第17条の2の3第4項による届出を怠った当該認定を受けた者 | 5万円以下の過料 |

### ⑸ 告発のための調査

2.4.1違反調査は、警告・命令を発することを前提とした調査要領となっているが、この告発のための違反調査については、犯罪行為に関することから、**刑法総則の適用を考慮した内容**とする必要がある。

刑法学上、「犯罪（違反）とは構成要件に該当する、違法で有責の行為である」とされ、成立には行為が構成要件に該当しているだけでなく、**違法であること（違法性）と有責であること（有責性）**が必要である。参照 ➡ 2.4.3⑵ 質問調書の作成

> **参考**
>
> 告発の際には、質問調書の中に違法性の認識や有責となる職務行為などが、明確に記載されている必要がある。このことから、警告時の供述調書とは別に、供述調書を取り直す必要が生じることがある（捜査機関と相談した上で対処する。）。
>
> 反面、立入検査の際の違反指摘等は、単純に構成要件に該当すれば足りると考えられる。

#### ア 構成要件

法条文には、犯罪（違反）を構成する要件である主体、行為、客体等が明確に記されており、これを構成要件という。構成要件に該当すると、違法性と有責性の存在が推定され違反（犯罪）の成立が推定される。

違反調査においては、適用違反条項の構成要件を充足しているかの確認と、命令を発動する場合の当該命令条文の構成要件についても確認する。

#### イ 違法性

違法性は、行為が法律上許されないものであることを意味する。構成要件に該当する行為でも、その行為が正当行為、正当防衛、緊急避難等の違法性阻却事由に該当すれば、違法性が否定され犯罪は成立しない。

ウ　有責性

有責性は、構成要件に該当する違法な行為をしたことについて、その行為者が非難を受けるに値することをいう。

構成要件に該当する違法な行為をしたとしても、その行為者が善悪を弁別する能力（責任能力）をもたない場合、有責性は否定若しくは軽減されることとなる。

① 　心神喪失者、心神耗弱者（刑法第39条）

② 　刑事未成年者（刑法第41条）14歳未満の者をいい、この者の行為は罰せられない。

エ　故意又は過失について

故意・過失は、構成要件、有責性両方の要素で、違反者の質問調書等の録取において**明らかにすべき核心的要素**である。

① 　故意

故意とは、行為者が犯罪事実を認識することをいい、故意のない行為は罰することができない。故意があるというためには、事実の認識のほかに、違法性の認識（意識）（法で禁止されていることの認識）を必要とするかについては学説、判例等により見解が分かれるところであるが、告発等においては、**違法性の認識の立証**を目指し、これができない場合でも、行為者が違反行為自体の**危険性を認識していた**ことの立証に配慮する。

② 　過失

過失とは、行為者の不注意（一般普通人としての）によって犯罪の事実の発生を認識しなかったことを意味する。過失は、例外的に過失犯を処罰する規定があった場合に限って罰せられる（刑法第38条第1項ただし書き）。

(6)　**公訴の時効**

公訴時効の起算点…犯罪行為の終了時から進行する。

| 種　別 | 内　　容 | 例 |
|---|---|---|
| 即時犯 | 既遂に達すると同時に犯罪が終了し、その後に違法状態が残らない犯罪<br>犯罪の終了とともに公訴時効が進行する。 | 法第4条　立入検査拒否等（法第44条(2)）<br>法第17条の5　無資格者の工事（第42条(10)） |
| 継続犯 | 既遂に至っても犯罪は終了せず、その後も犯罪事実が継続する犯罪<br>違法状態が終了したときから公訴時効の進行は始まる。 | 法第8条　防火管理者選解任届出違反（法第44条(8)）など |
| 状態犯 | 既遂に達すると同時に犯罪も終了するが、その後に違法状態が残る犯罪 | 法第17条の4　消防用設備等の設置維持命令（法第41条①(5)）など |

## 2.6　告発・代執行

公訴時効の期間（刑事訴訟法第250条）

| 罰則 | 期間 |
|---|---|
| 5年未満の懲役又は罰金 | 3年 |
| 科料 | 1年 |

※　時効の期間としては、立入検査を拒否された日から3年以内に告発しなければならないので、10年以上にわたって拒否されていたとしても、違反が問えるのは、3年以内の拒否事案のみとなる。

### (7)　調査項目

ア　違反事実の特定

① 違反者の氏名、本籍、住所、職業、生年月日（法人の場合は、商号、本店所在地、代表者の職名・住所・氏名）

② 違反発生日時

③ 違反発生場所

④ 違反対象物の用途、規模、構造等

⑤ 違反内容

⑥ 適用法条（両罰規定の適用の有無）

⑦ 指導経過

⑧ 共犯者の有無

⑨ その他違反事実の特定に必要な事項

イ　違反の情状の認定

① 違反の目的、動機

② 繰り返し違反の状況

③ 違法性の認識

④ 危険性の認識

⑤ 災害の発生状況

⑥ 業務経歴等

⑦ その他

ウ　社会、公共への影響

### (8)　違反調査の方法

① 違反者等からの違反事実に関わる事情の聴取及び録取

② 違反事案にかかわる実況見分及び写真撮影

③ 物証、書証の収集

④ その他

### (9)　両罰規定の適用の有無

両罰規定を適用し、法人等事業主の監督責任を問う場合には、法人等の事業に関して違反行為が行われたことを**供述等**により**特定する**。

第2章 違反処理

⑽ 共犯者の有無

違反者が上司の指示によって違反行為を行ったなど、違反について複数の者が関与している場合、**意思の連絡や行為の分担の内容**によって共犯が成立するか確認する。

⑾ **告発と過料**（科料は1,000円以上1万円未満の金銭徴収（刑法第17条）で、消防法の罰則にはない。）

罰則の種別による分類は、過料と告発に分かれる。その違いは、次のようになる。

| | 行政刑罰（告発） | 行政上の秩序罰（過料事件） |
|---|---|---|
| 性 格 | 刑罰（行政犯） | 刑罰ではない |
| 内 容 | 死刑、懲役、禁錮、罰金、拘留、科料 | 過料 |
| 対 象 | 行政上の義務違反 | 行政上の軽微な義務違反 |
| 条 文 | 消防法第38条～第46条 | 消防法第46条の2～第46条の5 |
| 刑法総則 | 適用あり | 適用なし |
| 科罰手続 | 刑事訴訟法による（例外あり） | 非訟事件手続法による |
| 告発・通知先 | 捜査機関（検察・警察） | 地方裁判所 |
| 科罰主体 | 裁判所 | 裁判所 |

---

**参考** **過料に該当する違反是正上の対象**

- 法第8条の2の3第5項（防火対象物定期点検報告の特例認定の管理権原者変更届出違反）
- 法第36条第1項（防災管理点検報告の特例認定の管理権原者変更届出違反）
- 法第17条の2の3第4項（特殊消防用設備等の軽微な変更届出違反）

参照 ➡ 2.1.2⑺ 過料事件の通知、2.6.6 過料

## 2.6 告発・代執行

### 参考 告発後の刑事手続

(1) 捜査機関による被告発人の取調べ

　捜査機関に告発後、通常捜査機関は被告発者の取調べ等必要な捜査を行うこととなるが、この過程において、捜査機関から担当者が消防法令違反の状況、危険性等について説明を求められることがある。なお、警察機関に告発した場合、警察機関は告発書に記載された犯罪事実について必要な捜査を行い書類及び証拠物を検察官に送致又は送付することとなる。

(2) 処分の決定

　検察官による取調べが終了した場合は、起訴、不起訴のいずれかの処分決定を行い、処分を決定した場合は速やかにその旨が告発人に通知される（刑事訴訟法第260条）。

　検察官の行う起訴処分には、公判請求と略式起訴の2種類があり、不起訴処分には「起訴猶予」「罪とならず」「嫌疑なし」「嫌疑不十分」「その他」の区分がある。

　また、検察官は、告発のあった事件について不起訴処分を行ったときは、告発人の請求により速やかにその理由を告げなければならないことになっており（刑事訴訟法第261条）、告知の方法は、通常「不起訴処分理由告知書」により行われる。

(3) 略式手続

　略式手続とは、簡易裁判所が、公判前、検察官提出書類・証拠物のみで審判し、財産刑を科す手続である。争いのない少額の罰金刑事件には簡易な略式手続が合理的であり、かつ、被告人も非公開でかつ出頭の煩いのない手続を望むことから設けられた制度である。なお、略式手続の要件は次のとおりである。

- ・　簡易裁判所の管轄に関する事件であること
- ・　100万円以下の罰金又は科料を科すのを相当とする事件であること
- ・　略式手続によることにつき被疑者に異議がないこと

　略式手続によらない場合、又は、略式命令を受けた者若しくは検察官がその告知を受けた日から14日以内に正式裁判の請求を行った場合は、通常の方法による正式裁判が行われる。

## 2.6.2　告発・代執行・過料の流れ

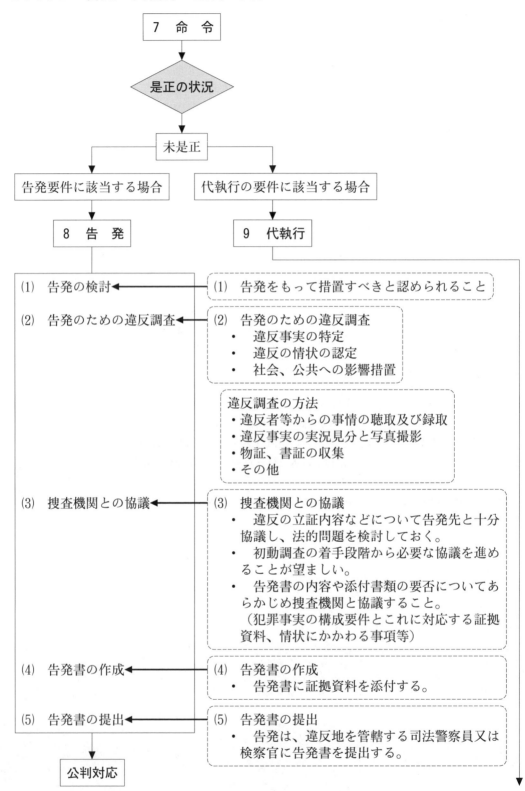

## 2.6 告発・代執行

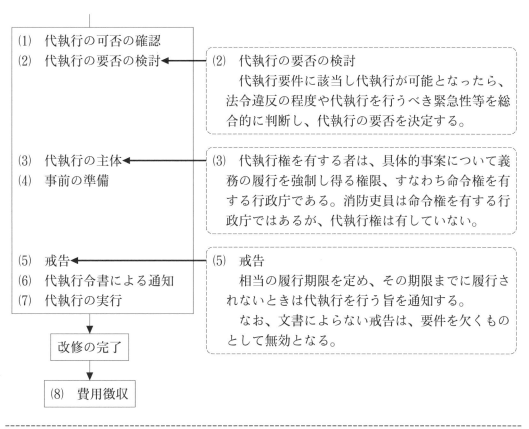

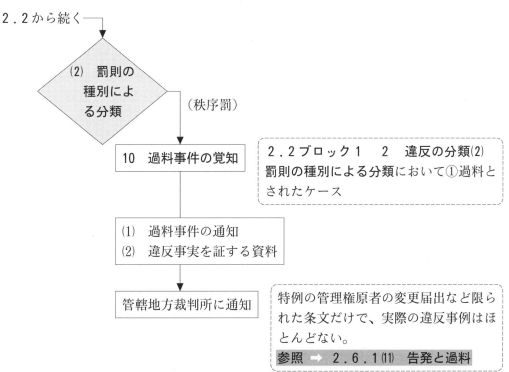

## 2.6.3 告発書の作成

（試験としては、あまり重要性はない。）

(1) 被告発人

① 自然人の場合は、戸籍及び住民票の謄（抄）本により確認し、住所、職業、氏名及び生年月日を記載すること。

② 法人の場合は、本店の所在地、法人の名称、代表者の職名及び代表者の氏名を記載すること。

(2) **罪名及び適用法条**

① 罪名は、「消防法違反」とすること。罰則のある条例違反については「火災予防条例違反」とすること。

② 適用法条は、犯罪事実に関係する消防法、消防法施行令、消防法施行規則、消防庁告示、○○市（町村）火災予防条例等の全て及びこれに対応する消防法上の罰則規定の条項号を記載すること。

なお、両罰規定を適用する場合には、消防法第45条を付記すること。

(3) **犯罪の事実**

犯罪の構成要件に該当する事実について、自然人の地位、職務内容、経歴等又は法人の業務内容及び自然人の違反行為の日時、場所、違反内容（罰条を構成する事実）を簡潔に記載すること。

(4) **証拠となるべき資料**

ア　証拠資料

① 違反関係資料

② 情状関係資料

③ 災害等に関する資料

④ 身分関係資料

イ　写しの処理

証拠資料のうち、消防機関において作成した書類の写しにあっては、消防長又は消防署長名（記名押印）の原本証明を付するとともに、写しの作成年月日及び作成者の所属、階級、氏名を記載し押印しておくこと。

(5) **犯罪の情状**

被告発人の社会的責任、違反事実の危険性（火災発生危険、延焼拡大危険、火災が発生した場合における人命危険）及び違反事実の悪質性（違反是正指導を受けながら、改善の意思が欠如している事実）の観点から、被告発人の情状について記載すること。

(6) **意見**

違反内容の危険性、悪質性等の情状の観点から、処罰を必要とする理由等を記載すること。

## 2.6.4　行政代執行

（代執行と略式の代執行があり、命令後の対応は使い分けがなされるので注意）

⑴　行政代執行

　　行政代執行は、法令又は行政処分に基づく作為義務（何かをしなければならない義務・命令がなされていることなど）のうち、他人が代わって行うことのできる作為義務を義務者が履行しないあるいは履行遅滞や見込みがないときに、不履行状態を放置することが著しく公益に反すると認められ、かつ他人が代わって履行する以外にその履行を実現することが困難である場合に、行政庁自ら又は第三者が義務者のなすべき行為を行い、これに要した費用を義務者から徴収することをいう。参照 ➡ 2.1.2⑸　行政代執行、3.1.5　代執行、3.2.4　行政代執行、3.4.3　代執行

⑵　法第3条第1項、法第5条第1項及び第5条の3第1項の命令の代執行

　　条文は、法第3条第4項、第5条第2項、第5条の3第5項の三つが該当する。

　　これらの命令に基づく代替的作為義務の例は、次のとおり。

- 屋外の駐車場に存置されたガソリン入りのポリタンクの除去命令（法第3条第1項第3号）
- 防火対象物の避難階段踊り場部分に設置された物置の除去命令（法第5条第1項）
- 防火対象物の避難階段に存置されたビールケース、段ボール箱等の物件の除去命令（法第5条の3第1項）

⑶　上記以外の命令

　　上記以外の命令又は法律に基づく代替的作為義務の例は、次のとおり。

- 虚偽の防火対象物点検済表示の除去命令（法第8条の2の2第4項）
- 虚偽の特例認定表示の除去命令（法第8条の2の3第8項）
- 廊下・階段の避難障害となっている商品の整理命令（法第8条第4項）

⑷　行政代執行法第2条に基づく代執行の要件と消防法の代執行の要件の相違

　　行政代執行法第2条

> ア　法律により直接命ぜられ、又は法律に基づき行政庁により命ぜられた行為について義務者がこれを履行しない場合

　　イ　他の手段によってその履行を確保することが困難である
　　ウ　不履行を放置することが著しく公益に反すると認められる

　　　　　法第3条第4項、第5条第2項、第5条の3第5項による場合

要件の明確化 ➡
　　① その措置を履行しないとき
　　② 履行しても十分でないとき
　　③ 履行期限までに完了する見込みがないとき

参照 ➡ 3.1.7　法第3条の条文上の第1項、第2項、第4項の相違点

第 2 章　違反処理

**ポイント**
消防法の上記三つの要件は、行政代執行法と少し異なるので試験に出やすい。

(5)　命令権者
　　消防長若しくは消防署長又は消防本部を置かない市町村の長

**ポイント**
代執行権があるのは消防長等のみ

(6)　代執行の実行
　　行政庁は、自ら義務者のなすべき行為をなし、又は、第三者をしてこれを行わせる。いずれの場合においても、執行責任者は、代執行の事実行為についての責任者として、作業の実施に当たる者に対して必要な指示を行い、執行責任者証を携帯し、相手方や関係人の要求があるときはこれを呈示しなければならない。

(7)　実際に要した費用
　　実際に要した費用というのは、作業員の賃金、請負人に対する報酬、資材費、第三者に支払うべき補償費をいい、代執行に伴う物件の運搬及び保管に要した費用はこれに含まれない。

> **参考**
> 　保管費用が、実際に要した費用とならないのは、行政代執行が履行義務者がなすべき作為義務を行政が代わって行っているため、物件の保管は代わって行う行為の中には入っていないからである。しかし、代執行により生じた保管費用を履行義務者に代わって支払う場合があり、そのときは、民法第702条による費用償還請求権を行使して、支払わせることになる。

> **参考**
> 　法第5条第1項の命令による代執行などではなく、第5条の3第2項のケースで、名宛人が不明の場合は、［公告 ⇒ 略式の代執行 ⇒ 物件の保管 ⇒ 公示 ⇒ 費用徴収］の流れとなり、保管料も請求するので、保管費等納付命令書により、費用請求する。

2.6 告発・代執行

> **参考**
> 　法第17条の４の設置命令には、第５条第２項のような代執行の条文はない。行政代執行を排除しているものではないとされているが、他人が代わってできることとしては、使用されている防火対象物の実態からは不可能に近いこと（自動火災報知設備の設置など）であり、実態として行えないことになる。

## 2.6.5　略式の代執行

　法第３条第２項、第５条の３第２項に基づく略式の代執行とは、行政代執行法に基づく正式の代執行において行われる戒告及び代執行令書による通知の手続を省略した手続であり、履行義務者を特定できない場合の手段として認められている（履行義務者が確知できないことから、速やかに危険排除等ができない場合に代わって代執行するケース）。

参照 ➡ 2.1.2(6)　略式の代執行、3.1.5　代執行、3.4.3　代執行

> **ポイント**　[略式の代執行の手順]
> ① 物件を除去したときは適切に保管する。
> ② 執行の実行者は、消防職員に限られている。
> ③ 当該物件を返還するために**公示**するとともに、保管物件一覧表を備付関係者が自由に閲覧できるようにしておく（法第３条の場合は公示の義務はない。）。
> ④ 滅失若しくは破損するおそれのあるとき又はその保管に不相応な費用や手数料を要するときは、当該物件を売却し、売却した代金を保管することができる。
> ⑤ 物件の除去、運搬、保管、売却、公示等に要した費用を当該物件の返還を受けるべき者から徴収する費用の額、納付日を定め文書により納付を命ずる。

## 2.6.6　過料

　金銭罰の一種であり、刑罰である罰金及び科料と区別して科せられる。その性質から、
　　① 秩序罰としての過料
　　② 執行罰としての過料
　　③ 懲戒罰としての過料
に大別されるが、法第46条の２から第46条の５までに規定する過料は、秩序罰としての過料に当たる。

　過料は刑罰ではないから、故意・過失の有無などの刑法総則の適用はなく、また、科罰手続について、告発などの刑事訴訟法の適用もない。一般手続として非訟事件手続法の定めがある（非訟事件手続法第119条〜第122条）。参照 ➡ 2.1.2(7)　過料事件の通知、2.6.1(11)　告発と過料

第2章　違反処理

## 2.6.7　その他の行政処分

⑴　許認可等の取消し

　　法第12条の2に該当した場合、（市町村長等は）危険物施設の許可の取消しをすることができる。

⑵　免状等の返納命令

　　危険物取扱者、消防設備士の免状の返納は、都道府県知事の所管事項である。

## 2.6.8　違反処理基準

（参考）

　「違反処理標準マニュアル　第2　違反処理基準」は、違反処理を厳正公平に実施するために、違反者等に対する警告、命令、認定の取消しへの移行時の基準及び履行期限の判断を具体的事例を挙げて示したものである。なお、適用要件への該当性や履行期限の設定等については、この基準を参考（目安）にしつつ、具体的な事例に応じ判断する。

　また、立入検査で判明した違反対象物のうち、火災が発生した場合の危険性や悪質性の高いものは、改善させることが必要である。特に、人命危険の高い対象物は、使用禁止等命令を含めた厳格な措置として、警告・命令を行う必要があり、消防機関による防火対象物の違反是正の危険性・悪質性の判断基準として、本基準により判断していくものとなる。

　○　火災が発生した場合に、初期消火、避難等において特に重要である消防用設備等（屋内消火栓設備、スプリンクラー設備又は自動火災報知設備）が設置、維持されていないものなど。

（違反処理基準の一例）

| 適用要件 | | | 一次措置 | 適用要件 | 二次措置 | 適用要件 | 三次措置 |
|---|---|---|---|---|---|---|---|
| ②　防火対象物における火災予防に危険な行為等（法第5条関係のその1） | 防火対象物の位置、構造、設備又は管理について次の状況が認められるもの | 1 火災の予防に危険であると認める場合 | 警告 | 警告事項不履行のもの | 改修、移転、除去、工事の停止又は中止その他の必要な措置命令（法第5条） | 二次措置が不履行で、かつ、③の適用要件※1に該当する場合 | ③の一次措置※2による（法第5条の2） |
| ⑨　消防用設備等又は特殊消防用設備等に関する基準違反（法第17条第1項又は第3項） | 消防用設備等又は特殊消防用設備等が未設置又は維持管理が不適正のもの | | 警告 | 警告事項不履行のもの | 設置命令、改修命令又は維持命令（法第17条の4第1項又は第2項） | 二次措置が不履行で、かつ、③の適用要件※1に該当する場合 | ③の一次措置※2による（法第5条の2） |

※1　法第5条等の規定により必要な措置が命ぜられたにもかかわらず、その措置が履行されず、履行されても十分でなく、又はその措置の履行について期限が付されている場合にあっては、履行されても当該期限までに完了する見込みがないため、引き続き、火災の予防に危険であると認める場合、消火、避難その他の消防活動に支障になると認める場合又は火災が発生したならば人命に危険であると認める場合

※2　使用禁止命令等（法第5条の2第1項第1号）

## 2.6　告発・代執行

この基準表は、左欄に違反に該当する条文とその要件があり、条文に違反しているときに［一次措置］を実施し、その対応が不十分な場合（適用要件）は［二次措置］、二次措置において命令等がなされてもその対応が不十分な場合は法第５条の２（使用禁止等命令）適用となる。一次・二次の措置の手順の標準的な目安を示している。

なお、本基準は法第17条の４の設置命令に対する［三次措置］として法第５条の２を示している。措置によらずに告発することは当然に行い得ることである。

### 2.6.9　試験対象外の違反処理

（消防法令違反通告制度について（参考））

(1)　**資格者の違反**

①　危険物取扱者（法第13条の２第５項）

危険物取扱者がこの法律又はこの法律に基づく命令の規定に違反しているときは、危険物取扱者免状を交付した都道府県知事は、当該危険物取扱者免状の返納を命ずることができる。

②　消防設備士（法第17条の７第２項）

第13条の２第４項から第７項までの規定は、消防設備士免状について準用する。

(2)　**経緯**

免状返納命令権者は、都道府県知事であるが、実態として、違反事実を知り、調査し得るのは、当該違反事案を扱う消防本部である。

このため、東京消防庁では免状返納命令に関わる違反処理の取扱いが、昭和50年から違反点数制度として定められ、その後、全国で危険物取扱者が平成４年４月、消防設備士が平成４年10月から施行された。現在は、次の通知により運用されている。

・危険物取扱者免状の返納命令に関する運用基準の策定について（平成３年12月19日消防危第119号）

・消防設備士免状の返納命令に関する運用について（平成12年３月24日消防予第67号）

(3)　**手順**

①　違反の確知

②　違反調査

③　違反調査報告書　→　運用通知の「別表１基礎点数と別表２事故加点」

④　違反事項通知書の交付

⑤　知事への通知

・返納該当（20点以上）→　聴聞の実施（都道府県対応）

・免除返納命令書の交付（都道府県対応）

・厳重注意書の交付

## 第2章 演習問題

### 2-1 次の文章で誤っているものを選べ。

① 警告は、関係者に対して、違反事実又は火災危険等が認められる事実について、当該違反の是正又は火災危険等を排除させる強い意思を表示する法的措置であり、立入検査結果通知書と異なり行政処分となる。
② 取消しとしては、防火対象物定期点検報告の特例認定の取消しがあるが、この場合は、取消しの要件を明確にして文書明示してあれば、不利益処分には該当せず、聴聞の手続は不要とされている。
③ 命令を発してもその措置を期限内に履行しない場合は、刑事訴訟法第239条に定めるところにより、公務員として迅速に告発しなければならないとされている。
④ 危険物取扱者、消防設備士の免状返納の手続は、違反事実を確認した消防本部が違反の通知を行い、免状を発行した都道府県知事が返納命令を発することとなる。
⑤ 行政代執行法には、略式の代執行も規定されているが、消防法では、命令によって名宛人が明らかにされることもあり、略式の代執行に関する条文は設けられていない。

### 2-2 次の文章で誤っているものを選べ。

① 違反の分類としては、命令違反と規定違反があるが、消防法第17条に規定する消防用設備等の未設置による消防法第17条の4違反は、違反に関わる内容が明確な事項であることから通常、規定違反に分類される。
② 消防法第4条の立入検査を繰り返し拒否する悪質なケースでは、勧告の後に告発して罰則を科することが可能である。
③ 階段に大量の物件放置がなされている場合、消防法第5条の3による消防吏員の命令を発出するときは、緊急性が求められることから標識の掲出は省略してもよいこととなっている。
④ 消防吏員の命令を発出する際、物件の所有者が明確にならないときは、直ちに、略式の代執行により、消防署に物件を移動することとなる。
⑤ 消防吏員の命令を発出する際、物件の所有者が明確にならないときで、特に緊急な場合でも防火対象物の関係者を名宛人として、物件除去を命ずることはできない。

演習問題

 **2-3 次の文章で誤っているものを選べ。**

① 違反調査の方法として、実況見分と写真撮影、図面作成と併せて、関係者等の住民票、法人の登記事項証明書などによる名宛人の特定も必要事項となる。
② 違反調査時に当該違反対象物が、老朽化による取り壊しが計画されており、違反処理の留保の要件に該当することから、違反調査報告書には留保と記載した。
③ 警告書の交付に当たって、名宛人への直接交付は経過が不明確となることから、原則、配達証明郵便により送付することとなっている。
④ 命令の事前の手続として、相手の改修の意思を確認する等から、聴聞・弁明・陳述のいずれかの方法により、命令の妥当性を審査する必要がある。
⑤ 警告を行ったところ、消防用設備の改修工事による休業と費用の捻出が困難であることを理由とする弁明がなされたことから、社会通念上の留保に妥当すると判断した。

 **2-4 次の文章で誤っているものを選べ。**

① 資料提出命令は、店舗のレイアウト図面など既に存在している文書あるいは使用しているパソコンに保存されている商品の売買データなどを違反の事実関係を構成するために提出させる。
② 報告徴収は、違反防火対象物の実態を把握するために、資料として現に存在しないことを分かった上で、関係者に作成させ提出させる。
③ 違反調査は、消防法第4条に定める資料提出命令権や消防法第35条の13に定める照会による情報収集等の手段により実施されるものであり、関係者の任意の供述や資料提出は認められないものとなっている。
④ 違反調査報告書は、違反事実を確定する上で実況見分調書、質問調書、法人登記事項証明書などを踏まえて、違反処理を留保する理由等を付記し、違反事実に関わる法令条文、違反対象・場所の特定、名宛人などを記載することとなっている。
⑤ 実況見分調書の作成に当たっては事実をありのままに記載することが重要であるが、状況によっては、見分者の意見を記載しておくことも必要とされる。

第 2 章　違反処理

 命令を行う場合の記述であるが、明らかに間違っているものはどれか。

① 消防法第17条の 4 に基づく命令を行った場合の公示の方法は、標識の設置や公報等市町村長が定める方法で行う。
② 消防法第 4 条第 1 項に基づく資料提出命令や報告徴収は、標識の設置はない。
③ 消防法第 3 条による屋外の火災予防措置であっても、第 1 項のたき火の禁止等の措置を命じた際は、標識の設置が消防長又は消防署長に義務付けられている。
④ 消防法第17条の 4 に基づく消防用設備等の設置命令は、利用している賃貸者に対する不利益処分となることから、占有者であるテナントを名宛人として発出するのが通例である。
⑤ 命令の名宛人が法人の代表者の場合は、登記事項証明書等により、法人の所在地等を確認する必要がある。

 次の文章で誤っているものを選べ。

① 行政運営に当たって行政手続法の遵守が求められるのは、行政運営の公正の確保と透明性の向上を図るためである。
② 不利益処分は、法令に基づき、特定の者を名宛人として、直接これに義務を課し、又はその権利を制限するものであり、警告や命令などが該当する。
③ 消防法第 4 条、消防法第16条の 5 の立入検査は、行政調査とされる行為であり、行政手続法の対象とはみなされていない。
④ 行政手続法では、名宛人に対して、不利益処分をする際には、一般的に、その前に聴聞又は弁明の手続の付与をしなければならないこととされている。
⑤ 聴聞は、文書によるやり取りにより、不利益処分の名宛人が意見を提出する手続である。

80

演習問題

2-7 次の文章で誤っているものを選べ。

① 行政救済制度には、金銭によりあがなう国家賠償等、行政の指導等に対して見直し・撤回などを求める行政不服申立て、裁判に訴える行政訴訟がある。
② 消防法第5条の命令に対する取消しの訴えは、60日を経過したときは、提起できないこととなっている。
③ 命令を発する際には、命令文に、不服申立てができる旨、不服申立てをすべき行政庁、不服申立てができる期間を教示しなければならず、教示のない命令書はその要件が不備なものとして無効とされる。
④ 消防法第17条の4による消防用設備等の設置命令が消防署長からなされた場合は、不服審査請求の審査庁は、消防長ではなく最上級行政庁の市町村長となる。
⑤ 消防署長の命令に対して、審査請求においても不服がある場合は、再審査請求が行政不服審査法において認められている。ただし、合理的な理由を付記する必要がある。

2-8 次の文章で誤っているものを選べ。

① スプリンクラー設備の設置命令を行ったが、期限までに改修されることがなかったことから、告発をする前段階として、消防法第5条の2による防火対象物使用禁止等命令を発する必要がある。
② 告発には、命令違反を前提とし罰則を求めるケースと規定違反に対する直接の罰則を求めるケースがある。消防法の罰則に関する規定により定められている。
③ 告発は、犯罪の被害者及び違反事実を知り得た第三者が処罰を求める意思表示である。
④ 吏員又は公吏（公務員）は、その職務を行うことにより犯罪があると思料するときは、告発をしなければならないとして義務付けられている。
⑤ 告発のための調査に際しては、警告書交付時のような違反の構成要件と名宛人の確認だけでなく、犯罪の被疑者の消防法上の違反性と有責性なども調べることが求められる。

第 2 章　違反処理

### 2-9　聴聞と弁明について、誤っているものを選べ。

① 度々の立入検査の拒否に対して、告発するために弁明の機会の付与の手続を開始することとした。
② 消防用設備等の屋内消火栓設備の設置命令を発するに当たり、聴聞の手続を開始することとした。
③ 防火対象物定期点検報告の特例認定で、違反事項が発生したことから認定の取消しをするに当たり、聴聞の手続を開始することとした。
④ 防火管理業務が不適切であることから業務適正執行に関わる警告を発するに当たり、聴聞の手続を開始することとした。
⑤ 相手方の弁明を聴取するものではないことから、聴聞の手続としては、主宰者は必要ないとした。

### 2-10　行政手続法に関して、誤っているものを選べ。

① 行政指導の一般原則として、行政指導は相手方（一般人）の任意の協力により行われるものとなっている。
② 変更許可申請の取下げを指導したが、従わないことから、許可施設に対して使用停止命令の厳しい処分を課することは、認められている行政行為である。
③ 立入検査結果通知書は、行政指導であることから、検査員の職・氏名は記載する必要がある。
④ 複数の一般人が同じ内容のことを聞くことが多い事案の指導文書を編綴して、受付場所に提示することとした。
⑤ 百貨店の階段にいつも物品が置かれているとして、町会役員が訪ねてきたが、一部の人の意見であるとして傾聴するにとどめた。

# Coffee Break　予防技術検定の試験について

## Coffee Break
## 予防技術検定の試験について

　予防技術検定の防火査察は、数ある国家試験制度の中では難易度Cランク（やや易しい）程度とされているが、反面、毎年合格率は50％未満（年によって30％台）である。この試験の攻略法はあるか。

### 1　試験制度の経緯

消防組織法第37条により、消防庁長官は消防に関する事項について「助言を与え、勧告し、指導を行う」ことができるとされ、消防本部等の組織編成に関する「消防力の整備指針」、水利の整備等の「消防水利の基準」などが告示等として出されている（なお、勧告と催告は違っており、勧告は指導に近い意味合いで、催告は法的な裏付けのあるものである。つまり、消防組織法第37条による勧告には指導の意味合いがある。違反処理の催告は、命令後に命令の未履行に対してなされるケースである。）。

「消防力の整備指針」は、昭和36年に「消防力の基準」として出され、整備途中の消防本部等が組織編成する際の基準とされ、併せて、基準財政需要額との関連性も持たせていた。

平成17年の改正により現在の「消防力の整備指針」となり、その中で、消防機関の予防要員の配置等に関しても新たに指針として整備された。その際に、予防要員の専門性に着目する必要があることから、第32条第3項に予防技術資格者の制度が設けられた。

> 3　消防本部及び消防署において、火災の予防に関する業務等を的確に行うため、火災の予防を担当する係又は係に相当する組織には、〔中略〕、火災の予防に関する高度な知識及び技術を有するものとして消防庁長官が定める資格を有する<u>予防技術資格者を一人以上配置する</u>ものとする。

予防技術資格者は、「消防力の整備指針第34条第3項の規定に基づき、予防技術資格者の資格を定める件」の公布について（平成17年10月18日消防予第305号）」で試験制度等が明示された。

予防技術検定は、①防火査察、②消防用設備等、③危険物の3種あり、試験には共通科目（10問）と専攻科目（20問）があり、各科目合計の60％が合格基準とされている。

> **参考**
>
> この試験制度は、一般人（例えば、消防職希望の大学生）が受験することも可能となっているが、一般からの受験生はほとんどない。それは、予防技術検定に合格しただけでは資格者とはならず、資格者となるためには、消防職員として数年の予防従事経験を必要とし、その経験は消防職員であることが前提とされることから忌避されている。
>
> なお、防火査察以外は、消防用設備等では消防設備士の資格、危険物では危険物取扱者の資格を優先して取得する方が国家資格の性格上有用なものとなっている。

## 第2章　違反処理

### 2　試験の範囲

試験範囲に該当しないところは出題されないので、出題範囲を念頭に置く必要がある。本書は、下記範囲以外も含んでいるのでその部分は試験対策上から除外してよい。

---

「予防技術検定の検定科目と出題範囲について」（平成28年9月5日消防庁事務連絡）
　今回の改正は、従前までの範囲と異なっている箇所もあるので注意すること。
防火査察（30問／2時間30分）
共通科目（択一式：10問）
　・予防業務全般に関する一般知識
　　①燃焼の定義、燃焼現象、燃焼に必要な要素
　　②煙の流動性状と制御
　　③消火方法の種類及びその原理、消火剤の種類と消火作用
　　④法第2条から第9条の2まで、第16条の5、第17条から第17条の4まで、第31条から第35条の3の2まで
　　⑤法別表第1（備考を含む。）
　　⑥政令第1条の2、第4条の2の2から第5条の8まで、第6条から第9条の2まで、第34条から第36条まで
　　⑦規則第31条の3から第31条の6まで
　　⑧建基法第2条
　　⑨建基令第1条及び第2条
　　⑩行政手続法第1条、第2条、第32条から第36条の3まで
　　⑪その他
専攻科目（択一式：20問）
　①法第3条から第6条まで、第8条から第9条の2まで、第17条の4
　②政令第2条から第5条の5まで
　③規則第1条から第4条の5まで（第4条の2の5を除く。）
　④行政不服審査法第2条から第6条まで、第9条、第18条、第22条、第54条、第55条、第82条及び第83条
　⑤行政代執行法第2条から第6条まで
　⑥立入検査標準マニュアル
　　・立入検査要領
　　・小規模雑居ビル立入検査時の留意事項
　　・量販店等立入検査時の留意事項
　　・個室型店舗立入検査時の留意事項
　⑦違反処理標準マニュアル
　　・違反処理要領
　　・違反処理基準
　⑧その他

---

　消防用設備等科目は、①法第7条、第17条から第17条の14まで、第4章の2、及び②～⑪の関係法規
　危険物科目は、①法第9条の3、第9条の4、第3章、及び②～⑭の関係法規

## Coffee Break　予防技術検定の試験について

### 3　予防技術検定「防火査察」の対策

(1)　専攻の試験

ア　出題対象

　試験内容は、予防技術検定の事務連絡文書に沿っており、問題は該当の法条文から外れた範囲からの出題はない。

　例えば、防火査察では、消防設備士に関し「消防設備士でなければ行ってはならない工事又は整備（政令第36条の2）」は、法第17条の5を受けている内容なので、試験対象（範囲）とはならない。

　法条文の対象が、法第3条から第17条の4までと条文の数が多く、かつ、その条文に対応する政令・規則も試験範囲の対象とされることから多岐にわたるため、出題はおおむね各条文に対して1問程度となる。

　例えば、法第8条の2（統括防火管理）から1問、第8条の2の3（防火対象物定期点検特例認定）から1問で、第8条の2から2問出題されることはないようになっている。

　専攻分野の参考書としては『予防技術検定のための消防予防概論第2巻防火査察』（日本消防設備安全センター発行）が、立入検査標準マニュアル、違反処理標準マニュアルの全文が掲載され、これらに関連した説明もあり、実際の業務における資料としても有用である。

イ　出題の特徴

　防火査察が対象であることから、立入検査標準マニュアルから2～3問、違反処理標準マニュアルから4～6問が出題されることがある。つまり、違反処理標準マニュアルは、複数出題対象となっており、その内容を細かく知っておく必要がある。また、違反処理標準マニュアルに関係している行政手続法、行政不服審査法、行政代執行法の出題範囲の該当部分が出題される。

　なお、実際の現場ではほとんど扱わない代執行に関することも出題される。

---

**参考**

　全国の消防機関でほとんど扱われない代執行に関しても費用負担や保管の公示期間（14日）などの問題が出されることもある。なお、法第3条、第5条、第5条の3の代執行は、現場の状況や管理権原者の特定の可否によっても扱いが異なるので、注意する必要がある。

　また、立入検査標準マニュアルの用途別の留意事項（例：小規模雑居ビル立入調査時の留意事項など）の内容が、所属地の用途別の実態とは異なっているものもあるが、出題に対する回答としては、通知どおりに捉えることが求められる。

　実況見分調書・質問調書に関しては、消防本部により記載方法が異なることも予想されるため、大まかな調書の捉え方や扱いなどに関することが出題対象とされる。

---

(2)　共通の試験

　共通科目は、消防法、建築基準法等からの広い範囲の出題であるが、おおむね基本といわれる項目から出題される。消防法からは第4条、第16条の5に関連する事項、第8条の防火管理、第17条の消防用設備等、第7章の火災調査、危険物の性状、燃焼性状などから出題される。出題対象として『防火管理講習テキスト』（日本防火・防災協会発行）、『防火対象物点検資格者講習テキスト』（日本消防設備安全センター発行）、『予防技術検定の

第 2 章　違反処理

ための消防予防概論第 1 巻』（日本消防設備安全センター発行）等に掲載されているような事項が、消防の予防担当者として知っておくべき基礎事項として扱われている（全てのテキストを習熟する必要はなく、その中の全般を扱っている事項）。

---

**参考** 問題に対する対応

　問題は、できる限り多く解くことが望まれるが、枝葉末節な問題もあり、あまりこだわらないで多くの問題に接することも必要となる。問題集や『予防技術検定　集中トレーニング』（東京法令出版発行）は、一応試験前に解いて、試験内容の再確認と間違いやすい箇所のチェックをするとよい。

※　実際の試験では、次のような問題もある。

> 例：次の文章の中で、誤りがあるがそれは幾つか。
> ア　○○○
> イ　○○○
> ウ　○○○
> エ　○○○
> 回答　1、誤りは 3 つ　2、誤りは 2 つ　3、誤りは 1 つ　4、誤りはなし

このような受験者を混乱させるような出題方式もある。

---

⑶　落としのないように

　共通科目の試験範囲の中では、行政手続法第32条から第36条の 3 までの「行政指導」に関することから、1 問が該当する。建基法第 2 条と建基令第 1 条、第 2 条から 1 問程度が出題される。

　専攻科目も行政不服審査法、行政代執行法が該当しており、それぞれ出題されるので、普段接しない見慣れない条文であるだけに注意すること。また、最近は、消防用設備等の点検報告制度のあり方に関する見直しの検討がなされていることもあり、規則第31条の 3 から第31条の 6 が試験範囲となっている。このように出題範囲は必ずマークすること。本書ではこれら全てを取り上げていない箇所もあるので、条文のチェックは落ちのないようにすること。

## 4　試験概要

　試験は、（一財）消防試験研究センターが実施する。

　試験会場は都道府県で約 1 か所である。

　結果は、合格発表日にウェブサイトに受検番号で発表され、合格通知のハガキがその後に郵送される。

　受検概要は、消防試験研究センターのウェブサイトに掲載されるので、早めに受検案内を入手し、申込み手続と併せて、試験を目指してスケジュールを作って勉強することが必要である。勉強方法は、法令集の条文を見て覚えるだけでは、試験対策とはならないので、各条文の構成やポイントに留意し、演習問題にも目を通しておくこと。

86

## 3.1　屋外における火災予防措置

# 第3章 火災予防措置

## 3.1　屋外における火災予防措置

（法第3条）

〔屋外における火災の予防又は消防活動の障害除去のための措置命令等〕

第三条　消防長（消防本部を置かない市町村においては、市町村長。第六章及び第三十五条の三の二を除き、以下同じ。）、消防署長その他の消防吏員は、屋外において火災の予防に危険であると認める行為者又は火災の予防に危険であると認める物件若しくは消火、避難その他の消防の活動に支障になると認める物件の所有者、管理者若しくは占有者で権原を有する者に対して、次に掲げる必要な措置をとるべきことを命ずることができる。

一　火遊び、喫煙、たき火、火を使用する設備若しくは器具（物件に限る。）又はその使用に際し火災の発生のおそれのある設備若しくは器具（物件に限る。）の使用その他これらに類する行為の禁止、停止若しくは制限又はこれらの行為を行う場合の消火準備

二　残火、取灰又は火粉の始末

三　危険物又は放置され、若しくはみだりに存置された燃焼のおそれのある物件の除去その他の処理

四　放置され、又はみだりに存置された物件（前号の物件を除く。）の整理又は除去

②　消防長又は消防署長は、火災の予防に危険であると認める物件又は消火、避難その他の消防の活動に支障になると認める物件の所有者、管理者又は占有者で権原を有するものを確知することができないため、これらの者に対し、前項の規定による必要な措置をとるべきことを命ずることができ

ないときは、それらの者の負担において、当該消防職員（消防本部を置かない市町村においては、当該消防団員。第五条第二項及び第五条の三第四項（第五条第二項及び第五条の三第二項において準用する場合を含む。）及び第五条の三第二項において準用する場合を含む。）に、当該物件について前項第三号又は第四号に掲げる措置をとらせることができる。この場合において、物件を除去させたときは、消防長又は消防署長は、当該物件を保管しなければならない。

③　災害対策基本法（昭和三十六年法律第二百二十三号）第六十四条第三項から第六項までの規定は、前項の規定により消防長又は消防署長が物件を保管した場合について準用する。この場合において、これらの規定中「市町村長」とあるのは「消防長又は消防署長」と、「工作物等」とあるのは「物件」と、「統轄する」とあるのは「属する」と読み替えるものとする。

④　消防長又は消防署長は、第一項の規定により必要な措置を命じた場合において、その措置を履行しないとき、履行しても十分でないとき、又はその措置の履行について期限が付されている場合にあつては履行しても当該期限までに完了する見込みがないときは、行政代執行法（昭和二十三年法律第四十三号）の定めるところに従い、当該消防職員又は第三者にその措置をとらせることができる。

【罰則】【命令に従わなかった者】罰金三〇万円以下・拘留（消防法第四四条第一号、両罰（消防法第四五条第三号）【公訴時効】三年（刑事訴訟法第二五〇条・第二五三条）

第3章　火災予防措置

### 3.1.1　趣旨

　屋外における火災予防上危険な行為又は消火、避難その他の消防活動に支障となる状態を排除するために必要な措置命令、代執行等を規定したものである。

　屋外の火災は、火災件数全体のほぼ3分の1（その他の火災と林野火災の合計）を占めている。火災の原因としては、放火を除くと、たき火・たばこ・火入れなど行為者の不注意によるものが多く、屋外での適切な指導により、出火を未然に防止する効果が期待できる。このことから、危険な現場を現認した消防吏員が直接命令を発することができるものとなっている。

### 3.1.2　命令の対象と措置

命令の対象と措置は、次の4項目である。

① 　火遊び・喫煙・たき火・火気使用設備等の使用禁止、停止、制限
② 　残り火、取灰、火粉の始末
③ 　危険物、燃焼のおそれのある物件の除去
④ 　放置され又はみだりに存置された物件の整理、除去

> **参考**
> 　屋外の火災原因となっている**火入れ**は、措置対象のたき火に含めて解釈することが難しいため、周囲の現場状況を勘案して指導されている。

### 3.1.3　命令の要件等一覧

| 条文 | 第1号 | 第2号 | 第3号 | 第4号 |
|---|---|---|---|---|
| 命令対象 | 火遊び・喫煙・たき火・火気使用設備等の使用 | 残り火、取灰、火粉 | 危険物又は放置され若しくはみだりに存置された燃焼のおそれのある物件 | 放置され又はみだりに存置された物件 |
| 命令要件 | 火災の予防に危険であると認める行為 | | 火災の予防に危険であると認める物件<br>消火、避難その他の消防の活動に支障になると認められる物件 | |
| 命令内容 | 禁止、停止、制限、消火準備 | 始末（移動等） | 除去その他の処理 | 整理又は除去 |
| 命令者 | 消防長又は消防署長その他の消防吏員 | | | |
| 受命者 | 行為者、物件の所有者、管理者、占有者で権原を有する者 | | 物件の所有者、管理者、占有者で権原を有する者 | |

88

## 3.1 屋外における火災予防措置

### 3.1.4 命令時の留意事項

(1) 対象

屋外に限られる。屋外とは、敷地の内外を問わない。

(2) 命令の形式

原則として文書による（後日の立証のため）。

文書による場合は、法的根拠（法第3条）、法的性質（措置命令）、法的義務（受命者の取るべき内容）、履行期限が必要となる。

なお、要式行為とされていないので口頭による命令も法的に有効である。

(3) 命令の内容

行為に対する措置命令の内容は、具体的でなければならない。

例えば、「○○川河川敷の喫煙禁止」のような広範囲を包括的に捉えた行為の禁止等は命令内容になじまない。条例（例）第23条の指定場所の禁止行為とは異なることから、制限する行為を火災予防上の危険性から説明できるものとする。

(4) 罰則

命令に従わなかった者に対して罰則（罰金30万円以下又は拘留）（両罰規定あり）がある。

命令の形式としては、文書によるが、実態は具体的な火災危険の排除に基づくものであることから、現場で消防吏員による口頭指導が通常の対応となっている。

### 3.1.5 代執行

法第3条には、次の表のように2種類の代執行がある。

|  | 略式の代執行（第2項） | 行政代執行法による代執行（第4項） |
|---|---|---|
| 措置要件 | 権原を有する関係者が不確知で、必要な措置ができないとき | 権原を有する関係者が実施しないとき（確知）で、必要な措置を命じた場合において、命じられたものが<br>・　その措置を履行しないとき<br>・　履行しても十分でないとき<br>・　期限までに完了する見込みがないとき |
| 措置内容 | 第1項第3号、第4号 | 第1項第1号、第2号、第3号、第4号 |
| 命令者 | 消防長又は消防署長 | 消防長又は消防署長 |
| 実施者 | 消防職員 | 消防職員又は第三者 |
| その他 | 物件を除去したときは保管 | 費用は義務者から徴収 |

参照 ➡ 2.1.2(5)　行政代執行、(6)　略式の代執行、2.6.4(1)　行政代執行、2.6.5　略式の代執行、3.4.3　代執行

第3章　火災予防措置

## 3.1.6　屋外の火災予防措置の流れ

　屋外の火災予防措置は、目前に切迫した危険な行為や放置すると火災予防上危険がある物件、放置すると消火や避難上に支障となる物件がみだりに放置されている状態に対して、その危険性を排除するために行われる命令である。このため、具体的で客観的な危険性がある（警察比例の原則）ことが前提であり、行政手続法の適用を受けることはない（行政手続法第3条第1項第13号）。

　例えば、道路上に放置されたガソリン缶を、その危険性を排除するため道路上から撤去し保管する場合などである。

**屋外の火災予防措置命令フロー図（2.2のフロー図から続く）**

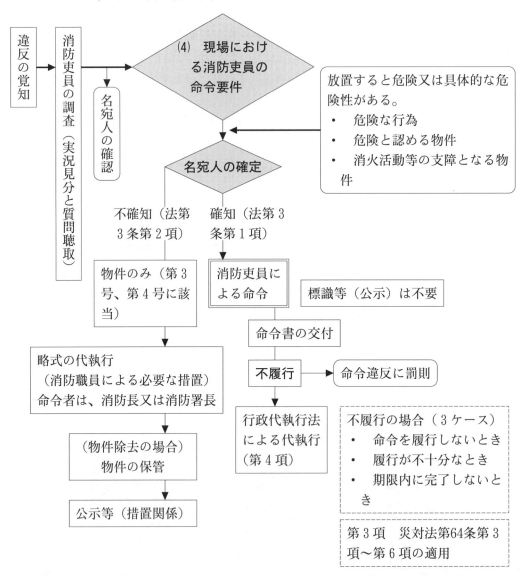

## 3.1 屋外における火災予防措置

### 3.1.7 法第3条の条文上の第1項、第2項、第4項の相違点
① 第1項は、直接、権原を有する関係者に対して行う命令行為
② 第2項は、権原を有する関係者が確知されず命令できないとき、これらの者の負担において、消防職員に当該物件の第1項第3号と第4号の措置をとらせること。物件は保管する。
③ 第4項は、第1項の命令行為が不履行なときの行政代執行の適用

 **ポイント**

第2項：権原を有する関係者（名宛人）が確知でないときに、第1項第3号危険物品等、第1項第4号放置物件の除去を行うもので、正規の手続による行政代執行ではなく、略式の代執行となる（法第5条の3では、公告が必要となるが、第3条はいらない。）。
第2項の略式の代執行の負担行為は権原を有する関係者にある。
第4項の不履行には、三つの該当条件
- 命じられた措置を履行しない。
- 履行しても十分でない。
- （期限があるとき）期限までに完了する見込みがない。

**参考**
- 行政代執行法では、「法律により直接に命ぜられ、又は法律に基づき行政庁により命ぜられた行為について義務者がこれを履行しない」という要件に対して、消防法の代執行時の条件は具体的に定めた内容となっている。参照 ➡ 2.6.4(4) 行政代執行法第2条に基づく代執行の要件と消防法の代執行の要件の相違
- 命令の具体的、客観的な要件として、平成26年2月7日消防予第33号により火災予防条例（例）に基づく「祭礼等における当該条例違反」に対しては、条例違反となっている実態から、法第3条により行為者に対して「行為の禁止、停止、制限等」の命令を発出することは可能である。

# 第3章　火災予防措置

## 3.2　防火対象物の火災予防措置命令

（法第5条）

【防火対象物の火災予防措置命令】

第五条　消防長又は消防署長は、防火対象物の位置、構造、設備又は管理の状況について、火災の予防に危険であると認める場合、消火、避難その他の消防の活動に支障になると認める場合、火災が発生したならば人命に危険であると認める場合その他火災の予防上必要があると認める場合には、権原を有する関係者（特に緊急の必要があると認める場合においては、関係者及び工事の請負人又は現場管理者）に対し、当該防火対象物の改修、移転、除去、工事の停止又は中止その他の必要な措置をなすべきことを命ずることができる。ただし、建築物その他の工作物で、それが他の法令により建築、増築、改築又は移築の許可又は認可を受け、その後事情の変更していないものについては、この限りでない。

② 第三条第四項の規定は、前項の規定により命じた場合について準用する。

③ 消防長又は消防署長は、第一項の規定による命令をした場合においては、標識の設置その他総務省令で定める方法により、その旨を公示しなければならない。

④ 前項の標識は、第一項の規定による命令に係る防火対象物のある場所に設置することができる。この場合においては、同項の規定による命令に係る防火対象物又は当該防火対象物のある場所の所有者、管理者又は占有者は、当該標識の設置を拒み、又は妨げてはならない。

【罰則】【命令に違反した者】懲役二年以下・罰金二〇〇万円以下（消防法第三九条の三の二第一項）、懲役・罰金の併科（消防法第三九条の三の二第二項）、両罰・罰金一億円以下（消防法第四五条第一号）【公訴時効】三年（刑事訴訟法第五五条・第二五〇条・第二五三条）

### 3.2.1　趣旨

防火対象物が火災の予防上危険であると認める場合や消防活動上支障になると認める場合、また、火災が発生したならば人命に危険であると認める場合には、公益優先の見地から一部関係者の権利を制限し、当該防火対象物の改修、移転、工事の停止又は中止その他必要な措置をなすべきことを命ずることができることとしたものである。

### 3.2.2　命令事項

(1) 要件

防火対象物の位置、構造、設備又は管理の状況が、次の①②③に該当する場合である。

① 火災の予防上危険であると認める場合

厨房設備・器具の劣化による炭化、接続部の緩みによる燃料漏れ、変電室内が可燃材で仕上げられている場合、分電盤の器具類に異常過熱が認められる場合など、火災の発生危険がある場合や火災が発生した場合に延焼拡大危険等がある場合である。

② 消火、避難その他の消防の活動に支障になると認める場合

竪穴区画を構成する防火戸、防火シャッターの撤去、壁等の破損、階段や出入口に避難障害となる工作物があるなど、消火、避難その他の消防の活動に支障になると認

## 3.2 防火対象物の火災予防措置命令

める場合である。

> **参考　消火、避難その他の消防の活動**
>
> 公設消防の消防活動だけでなく、当該防火対象物の関係者等が行う消火、避難の活動も含まれる。法第3条の解釈も同じ。
> 「消防法の一部改正に伴う立入検査及び違反処理に関する執務資料についての送付について」（平成14年10月24日消防安第107号）

③　火災が発生したならば人命に危険であると認める場合

　前記の①や②に含まれるが、あえて人命尊重の観点から取り出して規制する場合である。

> **参考　法第5条の命令要件としての考え方**
>
> 法第4条（立入検査）のような一般的、抽象的な火災危険性の存在では不十分であり、客観的、具体的な火災危険性、延焼拡大危険、人命危険があることが説明できなければならない。すなわち、それぞれの事案において、このような命令を発することが、やむを得ないと理解できる程度の具体的な危険性の存在が明確であること。
> なお、自動火災報知設備の未設置の場合は、直ちに法第5条の適用ではなく、法第17条の4により措置命令すべきであるかどうかを検討した上で、火災発生時の人命危険、防火管理者未選任などその他の付加される要因を検討し対応する。

(2) 命令要件の制限

　ただし書きにより、他の法令（建基法など）により当該法令の許認可を受け、その後に事情の変更していないものに対する法第5条による命令発動については、制限されている。

> **参考**
>
> 防火設備等で建基法上の確認申請時に適法であった場合は、それだけを指摘した法第5条の適用は難しい（警察比例の原則）。ただし書きに許可、認可とあり確認の用語はないが、建築確認は法第7条の同意を経ていることから、許可と同等の扱いとなる。

(3) 命令の内容

　防火対象物の改修、移転、除去、工事の停止又は中止その他必要な措置であり、取り得るべき改修等の命令は、ほとんど含まれる。なお、二つ以上の措置を併せて命令することも可能である。

> **ポイント**
>
> 消防法第5条の2に規定されている使用の禁止、停止、使用の制限は、含まれない。

(4) 命令権者
　　消防長又は消防署長（消防本部を置かない市町村は市町村長）

**ポイント**
法第5条第1項命令は、防火対象物に対する規制のため、消防長等である。

(5) 受命者（名宛人）
　① 権原を有する関係者（命令を履行し得る所有者、管理者、占有者）
　② 特に緊急の措置が必要ある場合で権原を有する関係者が現場にいない等の事情から日数を要し、早く命令を伝達しないと、火災予防上重大な支障を生ずる等の理由がある場合は、関係者及び工事の請負人又は現場管理者

**ポイント**
工事中の場合は、請負人や現場管理者も名宛人となり得る。

(6) 命令事項の確認
　　命令に当たっては、関係者に対する事前の説明を行う必要がある。その上で、名宛人の特定、措置内容の妥当性、処分内容の明確性などを確認する。
(7) 命令の形式
　　規定はないが、原則として文書による。命令書の末尾には、教示を必要とする。
　　命令書は、直接交付する。
　　参照 ➡ 2.3フロー図7　命令
(8) 弁明の機会の付与
　　防火対象物の設備等に火災危険がある場合や避難等に支障となる工作物の除去など火災予防上の人命危険が明白である場合以外は、防火対象物の改修、除去等の命令を発するときは、不利益処分として弁明の手続を必要とする。
(9) 教示
　　命令書には、不服申立て等に関する教示を必要とする。
(10) 罰則
　　命令に違反したことに対するもの
　① 2年以下の懲役又は200万円以下の罰金
　② 両罰規定。人に対して200万円以下、法人に対して1億円以下
(11) 命令の効力
　　命令が受命者に到達したとき。
　　一旦有効に到達すれば、その後受領を拒否されても有効となる。

## 3.2 防火対象物の火災予防措置命令

### 3.2.3 標識による公示
(1) 標識による公示

標識の設置は、原則として命令権者の義務となっている。また、命令の公示として、公報への掲載その他市町村長が定める方法により行うこととなっている（規則第1条）。

標識の設置は、防火対象物の出入口に掲出する。参照 ➡ 2.3フロー図7(5) 標識等による公示、第2章 Coffee Break 違反是正の促進 3 標識の公示

公示は市町村の掲示板等に掲出する方法をとっている。市町村の一般市民用公報誌に掲載することは命令の解除等対応が難しいことから実態としては行われていない。

(2) 標識の撤去
① 命令が履行されたとき
② 命令の効力が失われたとき（命令の解除など）

(3) 標識の設置妨害

標識の設置を拒み又は妨げてはならない。

参考
設置妨害等の罰則規定はなく、公務執行妨害罪となるので、標識の設置を拒む等の行為があれば警察官の立会いを求めて公示する。

平成14年の法令改正により設けられた命令の実行性の確保策で、消防法の命令時の特色であり、この標識による公示により命令の履行率は大きく変化している。

### 3.2.4 行政代執行

法第5条第1項の命令を発しても、受命者が履行しない・履行が十分でない・期限内に完了しない場合には、第5条第2項により行政代執行法による代執行を行うことができる。
参照 ➡ 2.1.2(5) 行政代執行、2.6.4(1) 行政代執行

# 3.3 防火対象物の使用の禁止、停止又は制限の命令
（法第5条の2）

【防火対象物の使用の禁止、停止又は制限の命令】

第五条の二　消防長又は消防署長は、防火対象物の位置、構造、設備又は管理の状況について次のいずれかに該当する場合には、権原を有する関係者に対し、当該防火対象物の使用の禁止、停止又は制限を命ずることができる。

一　前条第一項、次条第一項、第八条第三項若しくは第四項、第八条の二第五項若しくは第六項、第八条の二の五第三項又は第十七条の四第一項若しくは第二項の規定により必要な措置が命ぜられたにもかかわらず、その措置が履行されず、履行されても十分でなく、又は履行の期限までに完了する見込みがないため、引き続き、火災の予防に危険であると認める場合、消火、避難その他の消防の活動に支障になると認める場合又は火災が発生したならば人命に危険であると認める場合

二　前条第一項、次条第一項、第八条第三項若しくは第四項、第八条の二第五項若しくは第六項、第八条の二の五第三項又は第十七条の四第一項若しくは第二項の規定による命令によつては、火災の予防の危険、消火、避難その他の消防の活動の支障又は火災が発生した場合における人命の危険を除去することができないと認める場合

② 前条第三項及び第四項の規定は、前項の規定による命令について準用する。

罰則　【命令に違反した者】懲役三年以下・罰金三〇〇万円以下（消防法第三九条の二の二第一項）、懲役・罰金の併科（消防法第三九条の二の二第二項）、両罰・罰金一億円以下（消防法第四五条第一号）【公訴時効】三年（刑事訴訟法第五五条・第二五〇条・第二五三条）

## 3.3.1 趣旨
平成14年の法改正により、防火対象物の使用禁止等の措置命令（命令時の具体的対象）の要件の明確化を図ったものである。

## 3.3 防火対象物の使用の禁止、停止又は制限の命令

### 3.3.2 命令事項
(1) 要件
　防火対象物の位置、構造、設備又は管理の状況について次のいずれかに該当する場合

> **違反法令**
> ① 法第5条第1項　　　　　　防火対象物の火災予防措置命令
> ② 法第5条の3第1項　　　　消防吏員による措置命令
> ③ 法第8条第3項　　　　　　防火管理者選任命令
> ④ 法第8条第4項　　　　　　防火管理業務適正執行命令
> ⑤ 法第8条の2第5項　　　　統括防火管理者選任命令　　┐
> ⑥ 法第8条の2第6項　　　　統括管理業務適正執行命令　├ 罰則なし
> ⑦ 法第8条の2の5第3項　　自衛消防組織設置命令　　　┘
> ⑧ 法第17条の4第1項　　　消防用設備等の設置維持命令
> ⑨ 法第17条の4第2項　　　特殊消防用設備等の設置維持命令

火災・人命危険

　以上の命令がなされた項目が
　A　履行されない
　B　履行されても十分でない
　C　期限内に完了の見込みがない

　引き続き当該防火対象物が以下のような状態であるとき
　a　火災の予防に危険
　b　消火・避難その他消防の活動に支障
　c　火災が発生したならば人命に危険

↓

**法第5条の2　防火対象物の使用禁止等命令**

---

 **ポイント**

　9項目の命令後、履行されず、その上でa～cに該当する具体的な危険性が説明できるケースである。
　このため、違反処理標準マニュアルでは、次の事例を挙げている。
- （店舗で）自動火災報知設備設置命令後、履行されないまま、大規模な売り出しをしている。
- 屋内消火栓設備設置の命令後、主要構造部等の構造違反があり、火災時の人命危険がある。

第3章　火災予防措置

> **参考**
> ・法第17条の違反により、法第17条の4による消防用設備等の設置命令をしても履行されず、火災・人命の危険性が明確でないときは、罰則規定があることから告発を選択する（例えば、作業所などの屋内消火栓設備未設置事案での告発）。

(2) 命令実施上の留意事項
　① 警察比例の原則（防火対象物の使用禁止等措置は、実質的に営業停止の意味合いもあることから、相手側からの提訴を検討した上での対応が求められる。）
　② 火災危険性の実態に応じた措置内容を十分に検討する。

(3) 命令権者・命令の形式・命令の効力
　消防法第5条第1項と同じ。命令の形式は文書による。　参照 ➡ 3.2.2(4) 命令権者、(7) 命令の形式、(11) 命令の効力

(4) 受命者（名宛人）
　防火対象物の使用について権原を有している者（管理権原者）。

(5) 弁明の機会の付与
　防火対象物の使用禁止等を命ずることから、受命者にとって不利益処分となる。このため弁明の機会を付与する。

(6) 標識
　標識を設置して公示する。公報等への掲載も行う。火災時の人命危険もあることから、命令により使用禁止等している旨を周知する必要がある。

(7) 教示
　命令書には、不服申立て等に関する教示を必要とする。

> **ポイント**　第1号と第2号の相違点
> ・第1号は、命令とその命令の履行状況に加えて、火災・人命の危険性を考慮する。
> ・第2号は、命令事項に該当し、命令の履行を待つ暇もないぐらい危険性がある場合となる（緊急切迫している場合）。

(8) 罰則
　命令に違反したことに対するもの。
　① 3年以下の懲役又は300万円以下の罰金
　② 両罰規定。人に対して300万円以下、法人に対して1億円以下

## ３．４　消防吏員による防火対象物における火災の予防又は消防活動の障害除去のための措置命令

（法第５条の３）

【消防吏員による防火対象物における火災の予防又は消防活動の障害除去のための措置命令】

第五条の三　消防長、消防署長その他の消防吏員は、防火対象物において火災の予防に危険であると認める行為者又は火災の予防に危険であると認める物件若しくは消火、避難その他の消防の活動に支障になると認める物件の所有者、管理者若しくは占有者で権原を有する者（特に緊急の必要があると認める場合においては、当該物件の所有者、管理者若しくは占有者又は当該防火対象物の関係者。次項において同じ。）に対して、第三条第一項各号に掲げる措置をとるべきことを命ずることができる。

②　消防長又は消防署長は、火災の予防に危険であると認める物件又は消火、避難その他の消防の活動に支障になると認める物件の所有者、管理者又は占有者で権原を有するものを確知することができないため、これらの者に対し、前項の規定による措置をとるべきことを命ずることができないときは、それらの者の負担において、当該消防職員に、当該物件について第三条第一項第三号又は第四号に掲げる措置をとらせることができる。この場合においては、相当の期限を定めて、その措置を行うべき旨及びその期限までにその措置を行わないときは、当該消防職員がその措置を行うべき旨をあらかじめ公告しなければならない。ただし、緊急の必要があると認めるときはこの限りでない。

③　消防長又は消防署長は、前項の規定による措置をとった場合において、物件を除去させたときは、当該物件を保管しなければならない。

④　災害対策基本法第六十四条第三項から第六項までの規定は、前項の規定により消防長又は消防署長が物件を保管した場合について準用する。この場合において、これらの規定中「市町村長」とあるのは「消防長又は消防署長」と、「統轄する」とあるのは「属する」と、「工作物等」とあるのは「物件」と読み替えるものとする。

⑤　第三条第四項の規定は第一項の規定により必要な措置を命じた場合について、第五条第三項及び第四項の規定は第一項の規定による命令について、それぞれ準用する。

【罰則】

【命令に違反した者】懲役一年以下・罰金一〇〇万円以下（消防法第四十一条第一項第一号）、懲役・罰金の併科（消防法第四十一条第二項）、両罰（消防法第四十五条第三号）【公訴時効】三年（刑事訴訟法第二五〇条・第二五三条）

### ３．４．１　趣旨

平成14年の法改正により、屋外の火災の予防措置と同様の措置命令を防火対象物に対して行えるものとした。消防吏員による速やかな法令違反の解消が主眼となっている。

### ３．４．２　命令事項

(1) 対象

法第３条に掲げる屋外の火災予防措置と同様の内容（屋内としてはあまり想定されない事案も含まれる。）

① 火遊び・喫煙・たき火・火気使用設備等の使用禁止、停止、制限
② 残り火、取灰、火粉の始末
③ 危険物、燃焼のおそれのある物件の除去
④ 放置され又はみだりに存置された物件の整理、除去
　　（②の残り火、取灰は容器等に収納された物も含まれるので、例えば、焼き肉店の炭火の容器収納の始末などが該当する。）

(2) 要件
・火災の予防に危険であると認める行為に対するもの
・火災の予防に危険であると認める物件に対するもの
・消火、避難その他の消防の活動に支障になると認められる物件に対するもの（危険物等と放置され又はみだりに存置された物件）

・命令する内容は、受命者が実行できる範囲のことであり、固定されたロッカーや自動販売機の移動など、業者等でないとできない内容は、法第5条第1項による命令が適当となる。

違反処理標準マニュアル　2　違反処理基準では、【事例】（物件の整理、除去）として、次のように挙げている。
○ 物件が存置されていることにより、一人でさえ通行することが困難なもの
○ 上記のほか、消火、避難その他の消防活動に支障となるもの
　・防火戸の閉鎖障害となる物件存置
　・特別避難階段の附室、非常用エレベータの附室内の消防活動の障害となる物件存置
　・屋内消火栓設備の使用障害となる物件存置
放置物件に対して、普通に通れて、避難その他の消防の活動に支障がない程度であれば、命令ではなく、指導の範ちゅうがふさわしいこととなる。

(3) 命令権者
　消防長、消防署長その他の消防吏員

ポイント
消防吏員であって消防職員ではない。試験に出やすい箇所

(4) 受命者（名宛人）
① 行為者又は物件の権原を有する関係者
② 特に緊急の必要があるとき、物件の所有者等又は当該防火対象物の関係者

3.4 消防吏員による防火対象物における火災の予防又は消防活動の障害除去のための措置命令

> **参考**
> 物件の権原を有する者かどうかは明確でなくとも、所有者又は管理者、占有者であることが判明すれば、受命者（名宛人）となる。また、防火対象物の関係者も受命者（名宛人）となる。
> （受命者（名宛人）が不在の場合は、電話で命令内容を伝え、立会いの従業員等に命令書を交付して物件の撤去等を命じることにより、法令違反の解消を指示することが可能である。）

> **ポイント**
> - 法第3条では、特に緊急の必要の場合の受命者（名宛人）は想定されておらず、受命者（名宛人）が不確知の場合は略式の代執行となる。
> - 特に緊急の必要の場合の受命者は、他に法第5条第1項で関係者及び工事の請負人又は現場管理者となっている。法第5条の3との相違に注意。
> - 特に緊急の場合は、名宛人を当該防火対象物の関係者とすることができる。

(5) **命令の形式**

特段の規定はないが、原則として文書による。

(6) **命令の期限**

原則、即刻となる。

通常は、2時間〜3時間又は翌日の営業時間前までといった内容となる。

(7) **標識**

ア 標識の掲出

法第5条と同じ。即時命令なので、命令の期限内に物品等が片付けられ撤去されれば、命令の効力はなくなるので標識の掲出は必要なく、結果として掲出しないことになる。

イ 標識等の掲出妨害等の禁止

物品が片付けられないため標識を掲示する際には、妨害禁止を指示する。妨害行為の発生時には写真等による実況見分とあわせて警察署へ通報する。

(8) **教示**

命令書には、不服申立て等に関する教示を必要とする（消防本部によっては、教示の記載漏れ等を考慮し、様式化している例もある。）。

(9) **罰則**

命令に違反したことに対するもの

① 1年以下の懲役又は100万円以下の罰金

② 両罰規定。人と法人に対して100万円以下

第3章　火災予防措置

## 3.4.3　代執行

法第５条の３には、次の表のように２種類の代執行がある。

| | 略式の代執行（第２項） | 行政代執行法による代執行（第５項） |
|---|---|---|
| 措置要件 | 受命者（名宛人）不確知の場合 | 受命者（名宛人）確知の場合<br>第１項の規定による命令がなされても、不履行の３原則に該当した場合 |
| 措置内容 | 法第３条第１項第３号と第４号のみ | 法第３条第１項第１号・第２号・第３号・第４号（第２項の略式の代執行に比べ対象範囲が広い。） |
| 命令者 | 消防長又は消防署長 | 消防長又は消防署長 |
| 実施者 | 消防職員 | 消防職員又は第三者 |
| 公示・公告 | 期限を定めて待ち、従わないときは公示して撤去等する（緊急時は不要）。 | |
| その他 | 物件を除去したときは保管 | |

参照 ➡ ２.１.２⑸　行政代執行、⑹　略式の代執行、２.６.４⑴　行政代執行、２.６.５　略式の代執行、３.１.５　代執行

3.4 消防吏員による防火対象物における火災の予防又は消防活動の障害除去のための措置命令

## 3.4.4 防火対象物の消防吏員命令の流れ
防火対象物の措置命令フロー図（2.2のフロー図から続く）

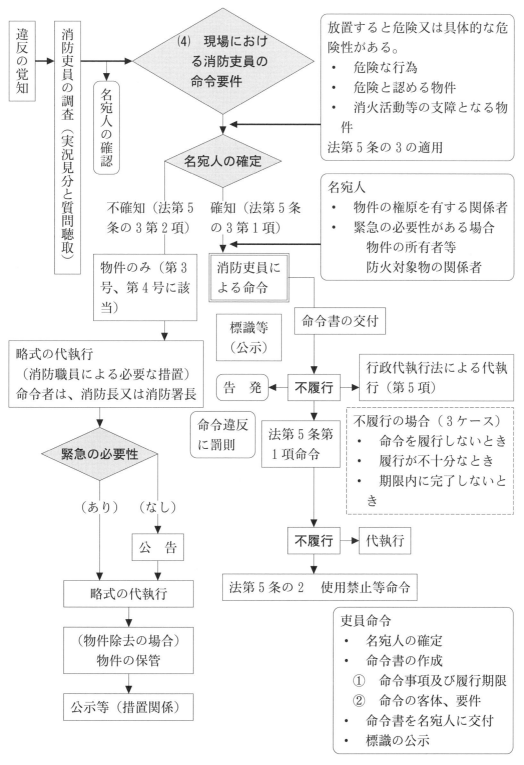

# 3.5　法第5条関係の特例と行政救済措置

（法第5条の4、第6条）

【審査請求期間】

第五条の四　第五条第一項、第五条の二第一項又は前条第一項の規定による命令についての審査請求に関する行政不服審査法（平成二十六年法律第六十八号）第十八条第一項本文の期間は、当該命令を受けた日の翌日から起算して三十日とする。

【訴の提起及び損失補償】

第六条　第五条第一項、第五条の二第一項又は第五条の三第一項の規定による命令又はその命令についての審査請求に対する裁決の取消しの訴えは、その命令又は裁決を受けた日から三十日を経過したときは、提起することができない。ただし、正当な理由があるときは、この限りでない。

② 第五条第一項又は第五条の二第一項の規定による命令を取り消す旨の判決があった場合においては、当該命令によって生じた損失に対しては、時価によりこれを補償するものとする。

③ 第五条第一項又は第五条の二第一項に規定する防火対象物の位置、構造、設備又は管理の状況がこの法律若しくはこの法律に基づく命令又はその他の法令に違反していないときは、前項の規定にかかわらず、それぞれ第五条第一項又は第五条の二第一項の規定による命令によって生じた損失に対しては、時価によりこれを補償するものとする。

④ 前二項の規定による補償に要する費用は、当該市町村の負担とする。

## 3.5.1　審査期間の特例

(1) 救済措置の取扱い

　　法第5条関係の命令は、通常の行政救済制度をそのまま適用すると、火災の発生・人命の危険性が一定期間放置されるおそれがあることから、法的安定性のため迅速な対応を求め特例を設けている。

(2) 審査請求の期間の特例

　　原則は、命令の処分があったことを知った日の翌日から起算して、3か月以内となっている（行政不服審査法第18条）。

　　法第5条第1項、第5条の2第1項、第5条の3第1項の規定による命令については、この原則と異なり、当該命令を受けた日の翌日から起算して30日以内とされる（法第5条の4）。参照 ➡ 2.4.7(6) 教示、2.5.3(3) 審査請求期間

　ポイント

- 行政不服審査法第18条により3か月となっている期間の特例である。
- 行政不服審査法第54条の再調査の請求はない。
- 期間は、命令を発した日ではなく、命令を受けた日の翌日から起算すること。

### 3.5　法第5条関係の特例と行政救済措置

- 審査請求の期間を短縮している理由（目的）は、火災による人命・公共危険の速やかな排除であり、行政機関として、正確な事実確認と迅速な対応が必要となる。

## 3.5.2　訴えの提起と損失補償
(1)　訴えの提起の対象
① 法第5条第1項、第5条の2第1項、第5条の3第1項の規定による命令
② その命令についての審査請求に対する裁決

①②に対する取消の訴えは、命令、裁決を受けた日から30日を経過したときは提起できない。ただし、正当な理由があるときは、この限りでない（法第6条第1項）。

参照 → 2.5.2(3)　出訴期間、2.5.4(2)　訴えの提起期限の特例

- 行政事件訴訟法第14条第1項の期間（6箇月）の特例である。
- 処分又は裁決があったことを知った日（処分の決定があったことを本人が知る知らないにかかわらず）、命令を受けた日から30日以内（翌日から起算）
- これは命令の性質上この命令に早期の安定性を持たせるためである。
- 特例の対象は、法第5条第1項、第5条の2第1項、第5条の3第1項であり、命令事項のみである。

(2)　損失補償の特例
　法第5条第1項、第5条の2第1項の規定による命令を取り消す旨の判決があったとき、当該命令によって生じた損失は時価によりこれを補償する（法第6条第2項）。

参照 → 2.5.5(1)　損失補償の特例

- 損失補償の対象に、法第5条の3第1項は第3条と同じで含まれない。
- 判決により損失補償する。

憲法第17条及び第29条第3項、国家賠償法第1条第1項

(3)　判決によらない損失補償
　法第5条第1項、第5条の2第1項に規定する防火対象物の位置、構造、設備又は管理の状況が消防法等に違反していないときは（第6条第2項に関係なく）、命令によっ

て生じた損失は時価によりこれを補償する（法第6条第3項）。

参照 ➡ 2.5.5(2) 判決によらない損失補償

ポイント

判決とは関係なく、もともと法令に基づいていなかった場合は、損失補償をする。

参考

火災危険や人命危険がある場合に、法令に違反していなくとも法第5条第1項、第5条の2第1項の命令が可能であることから、適法な状態に対する行政行為による損失を補償することにある（法第29条と類似）。

## 3.5.3　不服申立て等の教示

行政庁は不服申立てをすることができる処分をする場合には、処分の相手方に対し、当該処分につき不服申立てができる旨、不服申立てをすべき行政庁、不服申立てができる期間を書面で教示しなければならない（行政不服審査法第82条、行政事件訴訟法第46条）。

参照 ➡ 2.4.7(6) 教示、2.5.2(2) 行政不服申立ての教示、2.5.6 教示

例　教示（法第5条第1項の命令の場合）
　　この命令に不服がある場合は命令を受けた翌日から起算して30日以内に○○市長に対して審査請求をすることができる。
　　また、この命令については、命令を受けた翌日から起算して30日以内に○○市を被告として処分の取消しの訴えを提起することができる。

ポイント

教示がないことは、命令の効力を失うことにはならないが、法第5条の4に基づく審査請求期間の適用とならないことがある。

演習問題

# 第3章　演習問題

**3-1** 消防法第3条に規定する屋外の火災予防措置に関する記述のうち誤っているものはどれか。

① 屋外における火災予防措置は、消防本部を置く市町村では、消防事務に従事する職員が関係者に命じることができる。

② 屋外における火災予防措置は、消防長又は消防署長だけが命ずることができる。

③ 屋外における火災予防措置の関係者が確知できないとき、消防長又は消防署長が関係者の負担において、当該消防職員により危険物品を除去させることができる。

④ 屋外における火災予防措置に関わる命令を発しても履行されないときは、権原を有する者に代わって、消防長又は消防署長が行政代執行法の定めに従い代執行を行うことができる。

⑤ 屋外における火災予防措置において、略式の代執行を行った際は、軽易な事案に限られ、かつ、当該消防職員が行うことから、費用負担は免除されることとなっている。

**3-2** 消防法第3条に規定する屋外の火災予防措置で、消防長又は消防署長その他の消防吏員が措置命令を行う要件として規定されていない（誤っている）ものはどれか。

① 火遊びの行為を禁止する。

② たき火を行っているときに消火の準備をさせる。

③ 残火、取灰の始末をさせる。

④ 多くの人が集まる祭礼場所及びその周辺におけるたき火を制限する。

⑤ 住宅の敷地内に大量の廃棄物が積載され、みだりに存置された物件を整理させる。

107

第3章　火災予防措置

消防法第5条に規定する防火対象物に対する措置命令の内容に関する記述のうち誤っているものはどれか。

① 自動火災報知設備が未設置であることから、防火対象物の使用を禁止する。
② 木製扉に勝手に取り替えた防火対象物の防火戸の構造を改修させる。
③ 防火対象物のガスフライヤー設備が階段の竪穴区画内にあることから、移設させる。
④ 防火対象物の厨房設備の背面が炭化していることから、防火上の措置をさせる。
⑤ 営業中の店舗で竪穴区画の撤去工事をしていたので、工事請負人に中止をさせる。

消防法第5条に規定する防火対象物の火災予防措置命令の内容の記述のうち誤りがあるものはどれか。

① 防火対象物の火気使用設備において、火災の予防上危険であると認める場合は、権原を有する者に対して消防長又は消防署長は、その設備の改修を命じることができる。
② 防火対象物の構造で、火災発生時に避難上支障があると認める場合は、建築確認時に適法とされていても消防長又は消防署長は、その構造の改修を命じることができる。
③ 防火対象物の設備の設置場所が、自衛消防隊の初期消火に際して支障となると認められる場合は、権原を有する者に対して消防長又は消防署長は、その設備の除去（撤去）を命じることができる。
④ 防火対象物の構造上、火災発生時に人命危険があると認められることから、その工事の中止を工事関係者に対して、消防長又は消防署長が命じることができる。
⑤ 防火対象物の防火戸の構造が建築基準法に違反して変更しており、火災時の人命危険から改修命令をするに当たり、標識の公示を断られたので掲出を省略した。

消防法第5条の2に規定する防火対象物の使用の禁止、停止又は制限の命令について、消防長又は消防署長が防火対象物に火災の予防に危険であると認めて権原を有する者に対し必要な措置を命じる要件に当てはまらないものはどれか。

① 命じられた措置を履行しない場合
② 命じられた措置の履行が不十分である場合
③ 命じられた措置の履行の意思が不明確な場合
④ 命じられた措置が履行期限までに完了する見込みがない場合
⑤ 命じられた措置が簡易な内容である場合

演習問題

 消防法第5条の3に規定する防火対象物に対する措置命令の内容に関する記述のうち誤っているものはどれか。

① 命令権者は、消防長、消防署長その他の消防職員である。
② 措置命令の内容は、消防法第3条の屋外の火災予防措置とほぼ同じである。
③ 受命者は、受命内容が実行できる者でなければならないので、物件について権原を有する者と所有者、管理者、占有者に限られる。
④ 命令に対して、措置を命じられた者がその措置を履行しないときは、行政代執行法の定めるところにより、消防職員等にその措置をとらせることができる。
⑤ 消防吏員による火災予防措置命令は、消防活動上支障ある物件の撤去など軽易な内容であることから、標識等の表示は行わなくてもよい。

 消防法第5条の3に規定する防火対象物に対する措置命令の内容に関する記述のうち誤っているものはどれか。

① 消防長又は消防署長が、消防活動に支障となる物件の除去を物件の権原を有する者に命じても、履行されないときの代執行では、戒告及び代執行令書による通知の手続を省略することができる。
② 火気使用設備の使用状態が、火災の予防上危険であると認められたことから、その具体的な理由と条例違反内容を明示し、消防吏員命令として使用の禁止を命じた。
③ 消防活動に支障となる物件の除去は、公設消防隊の活動が確保されることを定めたもので、初期消火など自衛消防隊を想定したものとはなっていない。
④ 消防活動に支障となる物件の除去が急務とされる場合であっても物件の所有、占有、管理に関係する者が名宛人であり、防火対象物の関係者を名宛人とすることはできない。
⑤ 消防法第5条の3により、物件の除去命令を発する際に名宛人が不確知で、人命安全上緊急に必要性があることから、物件を除去して、消防本部で保管を行った。

第3章　火災予防措置

 消防法第6条に規定する同法第5条、第5条の2、第5条の3の規定による消防署長の命令又は審査請求の裁決の取消しを訴える場合の記述のうち誤っているものはどれか。

① 取消しの訴えは正当な理由がある場合を除き、その命令又は裁決を受けた日から60日を経過したときは、提起することができない。
② 命令を取り消す旨の判決があった場合は、その命令によって生じた損失に対して補償される。
③ 命令の取消しの訴えによる審査請求の相手は、処分庁が消防署長である場合には、上級庁の消防長となる。
④ 当該防火対象物の位置、構造、設備又は管理の状況が、この法令又はその他の法令に違反していないときは、命令を取り消す旨の判決にかかわらず、その命令によって生じた損失に対して補償される。
⑤ 消防法第5条の3第1項の命令に際して、教示がなされず審査請求の訴え先と期間の明示がない命令は、命令の取消しに該当する。

 消防法第5条の3に規定する消防吏員による措置命令の内容に関する記述のうち、誤っているものはどれか。

① 立入検査時、3階の窓際の避難器具が撤去されており、避難に支障があることから、名宛人を確定し、吏員命令により改修を命じることとした。
② 吏員命令は、特殊な内容なので、通常、標識を掲出することはない。
③ 吏員命令は、文書によらずに口頭で行うことから、命令事項や履行期限などの内容を記載した書類の作成の必要はない。
④ 吏員命令により、命令書を交付したが履行されないので、危険性が現存するため略式の代執行により物品撤去を行うこととした。
⑤ 吏員命令時の名宛人は、原則は物件の権原を有する関係者であるが、特に緊急の必要性があるときは、物件の所有者等又は防火対象物の関係者を名宛人とすることができる。

Coffee Break 法第5条関係の相違点

## Coffee Break
## 法第5条関係の相違点

 法第5条、第5条の2、第5条の3を比較せよ。

### 1 沿革

平成13年9月新宿区歌舞伎町の小規模雑居ビルにおいて3階の階段付近から出火し、3階と4階が焼損し、44名の火災による死者が発生した。この火災では、階段が一つしかなく、かつその階段に多量の雑品が放置されていたため延焼拡大の要因となるとともに、避難障害、消防活動障害となった。以前から、階段や非常口等の避難障害による火災時の人命危険が問題とされてはいたが、消防法では対応できずに、条例で改修指導をしていた。これらのことから、平成14年に法改正が行われ、法第5条が、法第5条・法第5条の2・法第5条の3の三つに組み直された。

(1) 旧条文

平成14年法律第30号による改正前の法第5条は、次のとおりである。

> 第5条　消防長又は消防署長は、防火対象物の位置、構造、設備又は管理の状況について火災の予防上必要があると認める場合又は火災が発生したならば、人命に危険であると認める場合には、権原を有する関係者（特に緊急の必要があると認める場合においては、関係者及び工事の請負人又は現場管理者）に対し、当該防火対象物の改修、移転、除去、使用の禁止、停止若しくは制限、工事の停止若しくは中止その他の必要な措置をなすべきことを命ずることができる。但し、建築物その他の工作物で、それが他の法令により建築、増築、改築又は移築の許可又は認可を受け、その後事情の変更していないものについては、この限りでない。

(2) 問題点

旧条文では、適用対象が限られていた。

ア　①火災の予防上必要がある場合、②火災発生時に人命危険がある場合には防火対象物に対して、その使用制限等をすることは可能ではあるが、火気使用器具等のように具体的に出火危険が明白な場合以外は、具体的な危険性の立証が難しく、ほとんど適用されてはいなかった。

イ　命令権者が、消防長又は消防署長に限定され、危険性の実態に着目した迅速な執行命令ができなかった。

ウ　受命者が不確知の場合、迅速な対応がとれなかった。

### 2 改正された条文

(1) 改正された法第5条の全体

旧第5条の執行上の問題点を解決するため、法第3条（屋外の火災予防措置）と同じ要領で**防火対象物**に適用できるよう消防吏員の火災予防措置権を法第5条の3に、防火対象物の使用禁止等の措置命令のような強い規制は、具体的な法令違反を踏まえてその延長線上で判断できるよう法第5条の2に規定された。

第 3 章　火災予防措置

新法第 5 条関係（簡略化した表現で図示）

| | | |
|---|---|---|
| 旧法第 5 条 | 法第 5 条 | 消防長等による防火対象物とその建築設備と火気設備等に対する改修等の命令 |
| | 法第 5 条の 2 | 消防長等による防火管理上必要とされる命令に違反し、かつ、火災予防的に危険な場合の防火対象物の使用禁止等の命令 |
| | 法第 5 条の 3 | 消防吏員等による放置物件等の避難障害などの火災予防上の危険を排除するための物件の除去等命令 |

⑵　法第 5 条関係の相違点の一覧

| | 法第 5 条 | 法第 5 条の 2 | 法第 5 条の 3 |
|---|---|---|---|
| 命令権者 | 消防長又は消防署長 | 消防長又は消防署長 | 消防長又は消防署長その他の消防吏員 |
| 受命者 | 権原を有する関係者<br>・緊急時には関係者及び工事請負人、現場管理者 | 権原を有する関係者 | 権原を有する関係者<br>・緊急時には物件の所有者等と防火対象物の関係者 |
| 命令事項 | 防火対象物の改修、移転、除去、工事の停止又は中止等 | 防火対象物の使用の禁止、停止、制限 | 法第 3 条の火災予防措置（火気設備の制限、行為の禁止、放置物件の除去等） |
| 命令要件 | 個別・具体的な火災危険・人命危険等の存在<br>（火気設備不良、階段等の障害物、防火戸撤去など） | Ⅰ　法第 5 条①、第 5 条の 3 ①、第 8 条③、④、第 8 条の 2 ⑤、⑥、第 8 条の 2 の 5 ③、第 17 条の 4 ①、②の命令に違反し、かつ、危険が除去できない場合<br>Ⅱ　各命令では危険性が除去できない場合 | 個別・具体的な火災危険・人命危険等の存在（階段に避難障害となる放置物件等） |
| 代執行 | 行政代執行による | | 命令者は、消防長等のみ<br>①　名宛人が確知できないときは、公告して略式の代執行。法第 3 条①⑶、⑷が対象。保管義務あり<br>②　名宛人が確知できて、命令が履行されないと |

## Coffee Break　法第5条関係の相違点

| | | | きは、行政代執行 |
|---|---|---|---|
| 公示方法 | 標識 | 標識 | 標識（履行されたら撤去） |
| 事前手続 | 即応性なら不要（行政手続法第13条②）、原則は、弁明の機会の付与 | 弁明の機会の付与 | 危険性により法第3条と同じく不要（行政手続法第3条） |
| 申立期間 | 30日以内（命令を受けた日の翌日から起算） | | |

(3) 法第5条関係の罰則の相違点
各条文の罰則の違い

| 命令条文 | 違反概要 | 罰則規定 | 罰則内容 |
|---|---|---|---|
| 第3条① | 屋外の火災予防措置命令に従わなかった場合 | 第44条(1) | 30万円以下の罰金・拘留 |
| | | 第45条(3) | 両罰：本条の罰金 |
| 第5条① | 防火対象物の措置命令（改修等）に従わなかった場合 | 第39条の3の2① | 2年以下の懲役 200万円以下の罰金 |
| | | 第45条(1) | 両罰：1億円以下の罰金 |
| 第5条の2① | 防火対象物の措置命令（使用禁止等）に従わなかった場合 | 第39条の2の2① | 3年以下の懲役 300万円以下の罰金 |
| | | 第45条(1) | 両罰：1億円以下の罰金 |
| 第5条の3① | 防火対象物の措置命令（火災の予防又は消防活動の障害除去）に従わなかった場合 | 第41条①(1) | 1年以下の懲役 100万円以下の罰金 |
| | | 第45条(3) | 両罰：本条の罰金 |

※命令（違反の悪質性）により、罰金額が異なる。

第3章 火災予防措置

 **Coffee Break**
法第5条の3の執行

 防火対象物に対する消防吏員による措置命令は、どのように進められるか。

1 沿革

平成13年9月新宿区歌舞伎町ビル火災を契機として、平成14年の法改正で第5条の3が追加され、法第3条と同じように、防火対象物の屋内でも、消防吏員がその場で避難障害となっている物件に対し除去命令を発令できることとなった。

(1) 旧法令

階段は、建築基準法では居室ではなく、階段に物を置くことはないことが前提であり、可燃物があること自体が想定されておらず、可燃物の除去を具体的に命ずる手立てがなかったといえる。

しかし、階段に可燃物が置かれていたために火災時の死者発生要因となった火災事例は多く、例を挙げてみる。

昭和47（1972）年5月13日　大阪・千日デパートビル火災（死者118名）では、3階から出火し、7階キャバレーの客、店員が、階段を避難に使用できずに逃げ遅れている。

昭和48（1973）年11月29日　熊本・大洋デパート火災（死者103名）では、可燃物の置かれていた3階階段室から出火し、売場に延焼拡大している。

平成2（1990）年3月18日　尼崎・スーパー長崎屋火災（死者15名）では、4階のインテリア売場から出火し、4階に拡大し、5階で濃煙により死者発生。階段等に段ボール類があり、防火戸の閉鎖障害となり、階段から避難できなかった。

(2) 命令の対象

法第5条の3の措置命令は、法第3条第1項各号の4項目を踏襲している。

ア　命令対象
① 喫煙、火を使用する設備器具等の行為の禁止、停止若しくは制限
② 残火、取灰又は火粉の始末
③ 危険物又は放置され、若しくはみだりに存置された燃焼のおそれのある物件の除去その他の処理
④ 放置され、又はみだりに存置された物件の整理又は除去

イ　命令要件

> 火災の予防に危険であると認める行為と物件
> 消火、避難その他の消防の活動に支障になると認める物件

2 消防吏員の措置命令

(1) 実施項目

> ☐ 命令書の作成
> ・命令内容、履行期限を決める。

## Coffee Break　法第 5 条の 3 の執行

> ・　名宛人（誰か）、命令事項を確認する。
> ・　当該消防吏員が命令書を作成し、自署、押印する。
> □　命令書の交付
> 　命令書を名宛人に直接交付し、受領書を求める。
> □　標識等による公示

(2)　物件除去
　ア　執行のフロー
　①　法第 4 条の立入検査
　②　事実の発見　　　→　階段に避難障害となる物件の視認
　③　違反調査　　　　→　違反事実の実態調査（実況見分、写真・計測、質問）
　④　除去の指導　　　→　名宛人に対して、法令違反事実に基づき除去等を指示
　　　⇩　速やかに除去されない。
　⑤　命令書の作成
　　　命令書の交付　　→　受領書を受領する。
　　　標識の掲示（標識は〇〇消防署長名となる。）
　⑥　命令後の措置内容の確認。除去されたときは、標識等撤去
　イ　どのようなケースが対象となるか
　　　店舗・飲食店などで、売り場・通路・階段に存置され陳列又は保管されている商品類、廃棄物等
　　　具体例
　◎　階段室、廊下、通路等避難施設内を倉庫又は置き場代わりに使用し、段ボール・ビールケース、ワゴン等の**多量の可燃物が存置されている**もの
　◎　物件が存置されていることにより、一人でさえ**通行することが困難**なもの
　◎　防火戸の閉鎖障害となる物件存置、屋内消火栓設備の使用障害となる物件存置
　ウ　裁判の判例から
　　　法第 5 条の 3 の命令に対する処分取消しの抗告訴訟の判決内容（例）
　　　「…消火、避難その他の消防の活動の支障になると認める物件とは、消火、避難等の消防活動の支障となると認められる物件一般をいうものと解され、これらの物件に該当するか否かは、火災予防上の危険や消防活動上の支障が一般的・抽象的に認められるだけでは足りない。
　①　当該物件の性状及びその設置状況
　②　当該防火対象物の状況
　③　当該防火対象物の防火上の管理状況など
　　　これらの諸事情を勘案した上で、当該物件が存在することにより、当該防火対象物内において、火災の発生ないし延焼・拡大に至る危険が<u>具体的に認められる</u>か、又は、避難、消火などの消防活動上の支障が<u>具体的に認められる</u>ことが必要であるが、火災の発生等に至る現実的な危険があることや、避難、消火などの消防活動上の支障が著しいことまでは必要ないと解するのが相当である。…」
　エ　命令書の見本
　　　違反処理標準マニュアル［作成例⑲「吏員による措置命令」］から

第3章　火災予防措置

○○○第　　○○号
＿○○年○○月○○日

○○県○○市○○町○丁目○番○号
　　株式会社　○　○　○　○
　　代表取締役社長　○○○○　殿

　　　　　　　　　　　　　　　○○市消防本部○○消防署
　　　　　　　　　　　　　　　（階級）　○　○　○　○　印

命　　令　　書

所　在　○○県○○市○○町○丁目○番○号
名　称　△△△（○○○ビル）
用　途　○○○
　火災の予防に危険であること並びに消火、避難その他の消防の活動に支障となることが認められるので、消防法第5条の3第1項の規定により下記のとおり命令する。
　なお、本命令に従わない場合は、消防法第41条第1項第1号の規定により処罰されることがある。

記

1　命令事項
　　2階階段室内におけるロッカー、段ボール、ビールケースを即時に除去すること。
2　命令の理由
　　2階階段室内にロッカー2本、段ボール15個、ビールケース3個が存置されていることが火災の予防に危険であること並びに消火、避難その他の消防の活動に支障となることと認めること。

　教　示
　この命令に不服のある場合は、命令を受けた日の翌日から起算して30日以内に○○市長に対して審査請求をすることができる。
　また、この命令については、命令を受けた日の翌日から起算して30日以内に○○市（代表は○○市長）を被告として処分の取消しの訴えを提起することができる。
　なお、この命令について審査請求をした場合には、当該審査請求に対する裁決を受けた日の翌日から起算して30日以内に○○市を被告として処分の取消しの訴えを提起することができる。

オ　その後の対応
　　除去命令により、物件が除去整理されたことを確認後、標識を撤去し、後日、管理権原者に対して法第8条による防火管理適正遵守命令の警告書を交付することが考慮される。

## Coffee Break
### 法第5条関係の実際

防火対象物に対して、法第5条関係の命令等に関わる事例には、どのようなものがあるか。

### 1 建基法違反に対して消防法第5条第1項違反で命令した事例

(1) 経緯

耐火建築物地上5階建ての飲食店等雑居ビルにおいて、階段は1系統で、風俗店もテナントとして入居していた。2階から5階までの各階のテナントが、入居時に出入ロドアを特定防火設備から木製ドアに取り替えて営業していたので、建基令第112条の竪穴区画の不適として、警告書を交付した。

その後、全く改修する意向が見られないことから、現場の実況見分、質問調書を作成し、法第5条第1項に基づき、火災時に延焼拡大の危険性があり消防活動上支障となることから、防火戸の改修命令を発した。建築行政庁は指導書を交付した。

建物の全景
耐火5/0、階段一つで出入口一つ。
⒃項イ 各階のテナントは、飲食店等

テナントの木製ドアと階段に通ずる通路
建築時は特定防火設備（自閉式）であったものを入居時木製ドアに取り替えている。

(2) 改修

命令に先立って、弁明の機会の付与の手続を行う。営業中であることと資金難を理由とする弁明書が提出されたが、正当な理由とはならないので命令書を交付し、出入口に標識を掲出した。標識により客の減少と金融機関等からの問合せなどが施主（オーナー）等にあり、催告後に改修計画書が出され、全てのドアを改修し、違反が是正された。

## 第3章　火災予防措置

### 2　消防用設備等不備から法第17条の4により命令した事例

(1)　経緯

耐火建築物地上6階建て、1階駐車場、2階から5階飲食店、6階事務所の⒃項イの小規模雑居ビルで、自動火災報知設備が故障し、誘導灯も不適であったことから、立入検査通知書で指導した。改修されないことから、消防用設備等の維持管理不適で警告書を交付した。

改善の意思が見られないことから、再度の実況見分実施と関係者等との話合いの経緯を踏まえ、弁明の機会の付与を経て、法第17条の4による命令書を交付した。

(2)　改修

命令に基づき標識を掲出した。改修の意思が見られないことから、建物の使用により火災時の人命危険が大きいと判断し、警察官立会いのもとに法第5条の2に基づく建物の使用禁止命令を発動することをテナントを含めた関係者に説明した。

その後、改修報告書が提出され、自動火災報知設備、誘導灯の設置がなされ、命令事項が履行されたことから標識を取り外した。

### 3　措置命令と不作為

(1)　判例

国又は公共団体の公務員による規制権限の不行使は、その権限を定めた法令の趣旨、目的や、その権限の性質等に照らし、具体的事情の下において、その不行使が許容される限度を逸脱して著しく合理性を欠くと認められるときは、その不行使により被害を受けた者との関係において、国家賠償法第1条第1項の適用上違法となるものと解するのが相当である。

参考　平成元年11月24日　最高裁判所第二小法廷昭和61㈲1152　損害賠償
　　　平成7年6月23日　最高裁判所第二小法廷平成1㈲1260　損害賠償
関連　平成16年10月15日　最高裁判所第二小法廷平成13㈲1194　損害賠償、仮執行の原状
　　　回復等請求上告、同附帯上告事件

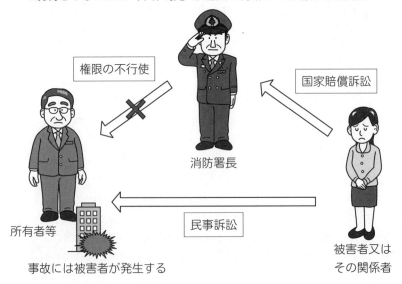

「規制をしないこと（不作為）」が違法と判断される場合の法関係

Coffee Break　法第5条関係の実際

(2)　社会の動向

　　従来から、行政の不作為を賠償請求しても権限の不行使が具体的な賠償の原因となった事実（因果関係）を立証することが難しいとされている。

　　しかし、最近は、長期にわたって立入検査をしてこなかったことや飲食店の客として消防職員が利用しているにもかかわらず立入検査の権限行使をしていないことが火災による死者の発生の遠因となっているとされ、社会的な指弾を含めて不作為を問う事案もある。

　　今後は、行政姿勢に対してより厳しい世論が向けられることから、立入検査とその後の違反是正に向けて厳正な姿勢を保つ必要がある。

## 4　法第5条の2による使用禁止命令がなされなかったことに対する不作為の訴えの事例

(1)　経緯

　　深夜に、S市内の木造3階建てアパートから出火し、2階と3階が焼失した。

　　この火災で、3階の入居者Aが死亡し、親族が「当該建物は、木造3階建てで建基法違反、かつ、避難設備、消防用設備等が未設置であったことから、消防法違反により法第5条の2を発しておれば火災によりAが死亡することはなかった。」として、市が損害賠償請求訴訟を提起された。

(2)　結果

- ・　火災の原因が2階の居住者（Aと別人）の失火によること。
- ・　消防用設備等（自動火災報知設備）は設置され、他の住人は鳴動音を聞いて、避難していること。
- ・　死亡したAは、火災時に泥酔状態であったこと。
- ・　耐火建物であったとしても、Aの死因がガス中毒死で、助かったかどうかは、分からないこと。

　　以上のことから、死亡した事実と、建物の使用禁止処分との因果関係はないとされ、原告敗訴となった。

## 5　法第5条の2による命令に対して審査請求がなされた事例

(1)　事案

　　特別養護老人ホームに対して、自動火災報知設備未設置として法第17条の4による設備の設置命令を発した。しかし、設備設置が履行されず、かつ、防火管理及び建築物の構造等の危険性を考え、法第5条の2による建物の使用禁止命令を発した。

　　この命令に対して、受命者が審査請求を提起した。

　　請求の主たる要因

- ・　使用禁止は、入居者の居住権の侵害で生存権を無視したものである。
- ・　消防の勧告等が、ほとんど行われていなかった。
- ・　猶予期間が短く、移転の準備ができないことから法第5条の裁量を誤っている。

(2)　経過

　　施設は、建基法を無視して度々増改築を行い、増築等により多数の者を収容しているが経営状況が悪く、安全面での十分な人と設備の配慮がなく、このために消防用設備等が設置できず放置されたままとなっている。消防の検査は、過去3回の立入検査で不備事項を文書で指摘しており、翌年に自動火災報知設備設置の命令を発出している。法第5条の2の立入禁止命令に際しては、事前に命令遵守の催告、さらに再催告をし、その上で使用禁止命令を発している。

第 3 章　火災予防措置

　　これらのことから、請求人の主張に理由がない（棄却）とされた。

　　なお、使用禁止命令を無視して営業を続けたことから、消防本部は刑事告発をしたが、翌年、死傷者を出す火災が発生した。

**6　設置命令に対する審査請求の事例とその対応の流れ**

⑴　審査請求の例

　　消防用設備等の設置命令に対して、審査請求人（受命者）、代理人弁護士により、審査請求書が審査庁（現行は市町村長）になされる。

　（例）　既存遡及によりボーリング場（⑵項ロ）にスプリンクラー設備の設置命令を行ったケース

　　審査請求の主な理由

- ・　建築後一貫して賃借人が使用して消防用設備等の維持管理を継続して行っており、今回の遡及として必要とされる消防用設備等も賃借人が名宛人となるべきである。
- ・　建基法ではボーリング場は体育館、スケート場と同じ用途の特殊建築物として扱われている。しかし、通達の解釈により消防だけがボーリング場を遊技場とし遡及の対象としている。
- ・　スプリンクラー設備の設置は、建物全体に関わる工事を必要とし、莫大な費用負担を強いられ、かつ、長期の工事期間中の休業により収入も絶たれる。
- ・　工事により天井の位置変更が必要となり、天井高さが建基法第21条に反することから工事の実施が不可能である。また、スプリンクラー配管は重みがあり、配管吊りの支柱を新たに設けることが技術的に難しい。
- ・　法令改正に伴う設置の指導書を2回発したのみで、改修期間を2年半しか与えなかったことは、実質的に費用の工面等からも準備期間が短く不当である。等

⑵　消防署長の弁明書の作成

　　審査庁から請求人の審査書が送付されるので、その内容について、処分庁（消防署長）が、審査庁に対して弁明書を作成する。

　　必要事項、経緯などを記載して、請求人の理由の事実の認否を理由を付記して記載し提出する。

　　弁明書　事実の認否

- ・　名宛人の間違いとの主張については否認する。

　　　賃借人は占有する部分の管理行為を有するが、スプリンクラー設備の設置では建物全体の処分権を求められることから、所有者が権原を有する者で名宛人となる。

- ・　ボーリング場について、建基法の分類に対し、不特定多数の者の出入りする遊技場の判断は、消防法上の必要性により判断されるものである。等

　　弁明書の意見　弁明書の末尾に処分庁の本件に対する意見を付記する。

⑶　反論書等

　　弁明書に対する請求人からの反論書（一般、民事裁判での"準備書面"となる。）

　　反論書に対し再弁明書、再弁明書に対して再反論書がなされることがある。

⑷　裁決

　　審査庁による請求事項の裁決（請求の棄却等）。

　　なお、行政不服審査法の改正により、以前は命令者が消防署長のときは、審査庁は消防長であったが、現在は市町村長であり、審査の公平性を保つことから、審査会に付議されることがあり、審査会の場で処分庁側から説明することもある。

## Coffee Break　法第5条関係の実際

(5)　その後

　　請求人は、審査請求で棄却されたときは、行政事件訴訟法による命令の処分の取消し訴訟を提起することができる。原告：受命者（請求人）、被告：〇〇市長（命令書の教示に記載されている。）となる。この場合は原告から訴状が出された内容に対して答弁書を作成し提出する。

---

**参考**

　以上のように、命令を発出することにより、様々なやり取りが続くことから、命令の前段階である警告書の作成段階から、適用条文や違反事実の確認、名宛人などに誤りのないように心掛け、順次法的手続を踏む必要がある。また、審査請求や訴訟等では、過去の立入検査結果通知書、実況見分調書等関係文書の提出も求められることとなる。現行の行政不服審査法は、請求人の立場を考慮したものとなっており、審査会もおおむね第三者委員も参画するものとなるなど、違反事実の説明責任が求められることを念頭に置く必要がある。

---

**参考　防火管理責任に係る判決の有罪例**

①　磐光ホテル火災（昭和44（1969）年2月、引火火災、30名死亡。）

　　ホテルの管理部長が管理権原者として、総務課長が防火管理者として、防火管理の業務上過失責任が問われた。管理部長は管理権原者でないとされた。総務課長は、防火管理者の届出だけでなく、消防計画作成、避難訓練等を行っていることから、社内で「防火管理の権原委任がなされず、その職をなす立場になかった」と主張したが、包括的な意味合いで「防火管理者」であるとして、有罪となった。

　　（なお、死者数は火災後死者1名が追加され、31名と表記されていることもある。）

②　椿グランドホテル火災（昭和47（1972）年2月、出火原因不明、宿泊客3名死亡）

　　防火管理者を選任していたとしても、管理権原者が消防法上の防火管理に関する履行責任を負うとともに従業員に対する指揮監督責任があることから、ホテルの代表取締役に業務上過失責任があるとされ有罪となった。

③　川治プリンスホテル火災（昭和55（1980）年11月、工事中火災、宿泊客含め45名死亡）

　　ホテルの経営内容から、社長のほか社長の妻の専務が実質的な管理権原者で、防火管理責任があることから業務上過失責任があるとされ有罪となった。

　　なお、防火管理者の届出、消防計画の届出や避難訓練は行われていない。

④　長崎屋尼崎店火災（平成2（1990）年3月、原因不明、客と従業員15名死亡）

　　防火戸の維持管理不適や避難誘導訓練の未実施など業務上の注意義務を怠っていたとして、店長と総務マネージャーに業務上過失責任があるとされ有罪となった。

⑤　新宿歌舞伎町・明星56ビル火災（平成13（2001）年9月、放火の疑い、客と従業員44名死亡）

　　防火戸、避難階段の維持管理不適、自動火災報知設備の鳴動停止、避難訓練等未実施など雑居ビル全体と各テナントの防火管理に不備があるとされ、建物の実質経営者、ビル所有会社社長、テナントの経営者2名、店長の5名に業務上過失責任があるとされ有罪とされた。

⑥　宝塚・カラオケボックス火災（平成19（2007）年1月、揚げ物火災、客3名死亡）

第 3 章　火災予防措置

　　経営者が倉庫をカラオケ店に無届出で増築・改装して営業しており、設備を含めて防火管理に必要とされることを怠っていたことから、経営者と出火行為者の従業員に業務上過失責任があるとされ有罪となった。

　　上記①～⑥に例を示したが、違反是正は、法令内容に精通しているだけでなく、過去の火災事例や判例等の知識も活用して、関係者に自主的に改修させることが必要となる。

**参考**

　違反是正の事例については、次の文献等が出されており参考となる。
- 　消防大学校編　『新　消防関係判例解説』
- 　違反是正支援センター編　『消防関係等判例集』平成18年度版～21年度版
- 　日本消防設備安全センター発行月刊『フェスク』　違反是正事例
- 　ウェブサイト［違反是正支援センター］　月刊フェスク・違反是正事例バックナンバー掲載

## 4.1 防火管理制度

# 第4章 防火管理

## 4.1 防火管理制度

（法第8条）

〔防火管理者〕

第八条 学校、病院、工場、事業場、興行場、百貨店（これに準ずるものとして政令で定める大規模な小売店舗を含む。以下同じ。）、複合用途防火対象物（防火対象物で政令で定める二以上の用途に供されるものをいう。以下同じ。）その他多数の者が出入し、勤務し、又は居住する防火対象物で政令で定めるものの管理について権原を有する者は、政令で定める資格を有する者のうちから防火管理者を定め、政令で定めるところにより、当該防火対象物について消防計画の作成、当該消防計画に基づく消火、通報及び避難の訓練の実施、消防の用に供する設備、消防用水又は消火活動上必要な施設の点検及び整備、火気の使用又は取扱いに関する監督、避難又は防火上必要な構造及び設備の維持管理並びに収容人員の管理その他防火管理上必要な業務を行わせなければならない。

② 前項の権原を有する者は、同項の規定により防火管理者を定めたときは、遅滞なくその旨を所轄消防長又は消防署長に届け出なければならない。これを解任したときも、同様とする。

③ 消防長又は消防署長は、第一項の防火管理者が定められていないと認める場合には、同項の権原を有する者に対し、同項の規定により防火管理者を定めるべきことを命ずることができる。

④ 消防長又は消防署長は、第一項の規定により同項の防火対象物について同項の防火管理者の行うべき防火管理上必要な業務が法令の規定又は同項の消防計画に従つて行われていないと認める場合には、同項の権原を有する者に対し、当該業務が当該法令の規定又は当該消防計画に従つて行われるように必要な措置を講ずべきことを命ずることができる。

⑤ 第五条第三項及び第四項の規定は、前二項の規定による命令について準用する。

**罰則**

【届出を怠った者】罰金三〇万円以下・拘留（消防法第四四条第八号）（公訴時効）三年（刑事訴訟法第五五条・第二五三条）

【第三項の命令に違反した者】懲役六月以下・罰金五〇万円以下（消防法第四二条第一項第一号）、懲役・罰金の併科（消防法第四二条第二項）、両罰（消防法第四五条第三号）（公訴時効）三年（刑事訴訟法第五五条・第二五三条）

【第四項の命令に違反した者】懲役一年以下・罰金一〇〇万円以下（消防法第四一条第一項第二号）、懲役・罰金の併科（消防法第四一条第二項）、両罰（消防法第四五条第三号）（公訴時効）三年（刑事訴訟法第五五条・第二五三条）

### 4.1.1 趣旨

**(1) 変遷**

　　防火対象物の防火管理責任の所在を明確にして、関係者が自主的に火災等を予防することを目的とした防火管理者制度が設けられている。消防法制定時から法第8条の防火

第4章　防火管理

管理者制度は設けられており、一定規模以上の建物は、防火管理者を通じて施設全体の安全を確保させるものとなっている。

その後、大阪の千日デパート火災、熊本の大洋デパート火災、東京のホテルニュージャパン火災等が発生し、その裁判により、建物の管理権原者と防火管理者の職務権限や過失責任などに関する判例が出され、これらを踏まえる形で条文等の一部改正がなされてきた。

反面、現在、防火管理者・統括防火管理者・防災管理者・自衛消防組織の統括管理者などが防火管理制度の中で規定されており、さらに、防火管理者資格が甲乙に区分され、再講習があるなど複雑化しているため、一般の施設の防火管理者が、防火管理講習の講義内容を十分に理解できなくなっており、法令の理解不足による消防法違反も見受けられるようになっている。

(2) 防火管理者の立場

防火管理の制度を図示すると下記のようになる。

防火管理制度

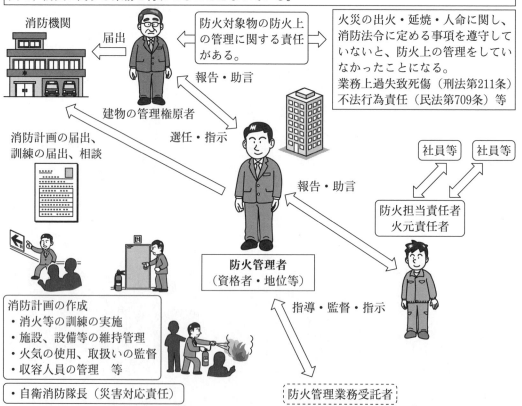

防火対象物の管理責任は、管理権原者にあり、火災発生時には刑事・民事の両面からその責任が問われる。その下で働く防火管理者にも相応の責任が求められるが、消防法では、防火管理者に対する罰則規定の条文は設けられていない。

## 4.1　防火管理制度

防火管理者としての法文上の最も大きな責務は、消防計画を作成し、その内容を遵守して、防火管理業務を遂行することにある。法第8条第4項の防火管理遵守命令も法令違反と消防計画に基づく業務不履行について例示されている。

なお、防火管理違反に関する名宛人は、管理権原者であるが、建物等の不動産の証券化により施設管理上の責任の所在が曖昧になってきており、このため、管理について権原を有する者に関する通知が出されている。参照 ➡ 4.1.3　管理権原者、Coffee Break　法第8条防火管理関係について

### (3)　防火管理制度が該当する防火対象物の一覧

| 建物の用途 | | 防火管理者 | 統括防火管理者 | 防災管理者、自衛消防組織 |
|---|---|---|---|---|
| (1)項 | イ | 収容人員30人以上 | 高層建築物で管理権原が分かれている防火対象物 | ・11階以上で1万㎡以上<br>・5階以上10階以下で2万㎡以上<br>・4階以下で5万㎡以上 |
| | ロ | | | |
| (2)項 | イ | | 管理権原が分かれ、3階以上、30人以上 | |
| | ロ | | | |
| | ハ | | | |
| | ニ | | | |
| (3)項 | イ | | | |
| | ロ | | | |
| (4)項 | | | | |
| (5)項 | イ | | | |
| | ロ | 収容人員50人以上 | 非該当 | 非該当 |
| (6)項 | イ | 収容人員30人以上 | 管理権原が分かれ、3階以上、30人以上 | ・11階以上で1万㎡以上<br>・5階以上10階以下で2万㎡以上<br>・4階以下で5万㎡以上 |
| | ロ | 収容人員10人以上 | 管理権原が分かれ、3階以上、10人以上 | |
| | ハ | 収容人員30人以上 | 管理権原が分かれ、3階以上、30人以上 | |
| | ニ | | | |
| (7)項 | | 収容人員50人以上 | 非該当 | |
| (8)項 | | | | |
| (9)項 | イ | 収容人員30人以上 | 管理権原が分かれ、3階以上、30人以上 | |
| | ロ | 収容人員50人以上 | 非該当 | |
| (10)項 | | | | |
| (11)項 | | | | |
| (12)項 | イ | | | |
| | ロ | | | |
| (13)項 | イ | | | 非該当 |
| | ロ | | | |
| (14)項 | | | | ・11階以上で1万㎡以上<br>・5階以上10階以下で2万㎡以上<br>・4階以下で5万㎡以上 |
| (15)項 | | | | |

| | | | | |
|---|---|---|---|---|
| (16)項 | イ | 収容人員30人以上 | 管理権原が分かれ、3階以上、30人以上 | 対象用途の部分が<br>・11階以上で1万㎡以上<br>・5階以上10階以下で2万㎡以上<br>・4階以下で5万㎡以上 |
| | | ((6)項ロを含む)<br>収容人員10人以上 | 管理権原が分かれ、3階以上、10人以上 | |
| | ロ | 収容人員50人以上 | 管理権原が分かれ、5階以上、50人以上 | |
| (16の2)項 | | 収容人員30人以上 | 管理権原が分かれ、消防長等が指定するもの | 1,000㎡以上 |
| | | ((6)項ロを含む)<br>収容人員10人以上 | | |
| (16の3)項 | | 非該当 | 管理権原が分かれるもの | 非該当 |
| (17)項 | | 収容人員50人以上 | 高層建築物で管理権原が分かれるもの | ・11階以上で1万㎡以上<br>・5階以上10階以下で2万㎡以上<br>・4階以下で5万㎡以上 |
| (18)項<br>(19)項<br>(20)項 | | 非該当 | 非該当 | 非該当 |

| 区　分 | 防火管理者 | 統括防火管理者 | 自衛消防組織 |
|---|---|---|---|
| 根拠法令 | 法第8条 | 法第8条の2 | 法第8条の2の5 |
| 防火対象物 | 政令第1条の2 | 政令第3条の3 | 政令第4条の2の3 |
| 管理の資格 | 政令第3条 | 政令第4条 | 政令第4条の2の8 |
| 選任人員 | 1名 | 1名 | 統括管理者　1名<br>(班長4名、告示による。) |

## 4.1.2　選任義務対象物

(1)　同一敷地の扱い

　同一敷地内で、管理権原者が同一の者である複数の防火対象物がある場合は、防火管理上は一の防火対象物とみなされる（政令第2条）。

**ポイント**

　主に(7)項学校、(12)項工場・スタジオが対象とされるが、用途は特定されていない。
　(7)項は、敷地内に事務棟、寄宿舎などがあっても全体を学校として一人の防火管理者が、一括管理する。

(2)　棟単位の扱い

　防火対象物の選任義務は、建築物の棟を単位として防火対象物の用途と収容人員により決められる。

　選任義務のない対象物は、(16の3)項、(18)項から(20)項である。

4.1　防火管理制度

　ポイント

　防火管理者の選任が該当しない用途として、(16の3)項準地下街、(18)項アーケード、(19)項山林、(20)項舟車がある。特に、(16の3)項と(18)項は非該当で、(17)項文化財は該当するところが、出題されやすい。

(3)　収容人員の算定
　規則第1条の3に用途別に定められている方法により算定される。

(4)　選任義務対象
　選任義務のある防火対象物は、次のとおりである（政令第1条の2第3項）。

| 防火対象物の用途等 | 収容人員 |
| --- | --- |
| (6)項ロ★※1の防火対象物 | 10人以上 |
| 特定用途の防火対象物※2（(6)項ロ★を除く。） | 30人以上 |
| 非特定用途の防火対象物※3 | 50人以上 |
| 新築の工事中の建築物（地階除く11階以上延べ面積10,000㎡以上、延べ面積50,000㎡以上、地階の床面積5,000㎡以上） | 50人以上 |
| 建造中の旅客船（進水後のぎ装中）（甲板数11以上） | 50人以上 |

※1　(6)項ロ★は、(6)項ロ（(16)項イ及び(16の2)項で、(6)項ロの用途があるものを含む。）をいう。以下第4章において同じ。
※2　**特定用途**とは、(1)項～(4)項、(5)項イ、(6)項、(9)項イ、(16)項イ、(16の2)項であり、地下街も含まれる。(16の3)項は該当しない。
※3　**非特定用途**は、(5)項ロ、(7)項、(8)項、(9)項ロ、(10)項～(15)項、(16)項ロ、(17)項で、(17)項文化財も含まれる。

　ポイント

・　工事中の建築物、建造中の旅客船には、防火管理者の選任義務があることに注意。

　前記の表が法令等による選任であるが、条例により危険物施設や駐車場等に選任を義務付けていることもある。

(5)　防火管理者の選任義務の決定手順
　①　敷地単位の決定
　②　棟全体の用途の決定
　③　棟全体の収容人員の決定
　④　選任義務の決定
　⑤　（複数の場合を含め）事業所の管理権原者の確認

第4章　防火管理

### 4.1.3　管理権原者

　管理権原者とは、防火対象物又はその部分における火気の使用又は取扱いその他法令に定める防火の管理に関する事項について、法律、契約又は慣習上当然行うべき者をいう。
　「防火対象物等の「管理について権原を有する者」について」（平成24年2月14日消防予第52号）
　管理権原者は、防火対象物について正当な管理権を有する者のことであり、建物の所有者、管理者、占有者がこれに該当する。　参照 ➡ 4.1.1⑵　防火管理者の立場、Coffee Break　法第8条防火管理関係について

### 4.1.4　防火管理者の資格の要件

⑴　防火管理者の選任
　防火管理業務を適切に遂行できる場合（政令第3条第1項）
　次の二つの要件を満たす。
① 　防火管理上必要な業務を適正に遂行できる**管理的又は監督的な地位**にある者
② 　防火管理に関する講習を修了した者又は学識・経験を有する者

 **ポイント**

- 防火管理者の要件（政令第3条第1項）と統括防火管理者の要件（規則第3条の3）は、少し表現が異なっている。

⑵　防火管理者の業務の外部委託
　ア　業務の外部委託の対象
　　防火管理業務を適切に遂行できない場合（政令第3条第2項）
　　共同住宅等において、管理・監督的地位の者が遠隔地勤務の場合やその他の事由により、消防長等が認めることにより**防火管理者の業務の外部委託**ができる。

> 業務の外部委託の対象（政令第3条第2項、規則第2条の2）
> ①　共同住宅又は複合用途の共同住宅
> ②　複数の防火対象物で管理権原者が同一である場合の防火対象物
> ③　管理権原が分かれる次の部分（テナントとして入居している施設）
> 　・⑹項ロ★で10人未満
> 　・特定用途（⑹項ロ★を除く。）で30人未満
> 　・非特定用途で50人未満
> ④　特定資産又は不動産特定共同事業契約に係る不動産に該当する防火対象物

　イ　業務の外部委託時の条件（防火管理者として選任される条件）
　　防火管理上必要な業務を適切に遂行するために必要な権限及び知識を有するものとして総務省令で定める要件を満たすもの（規則第2条の2第2項）
　①　防火管理上必要な業務を行う防火対象物の管理権原者から、防火管理上必要な業

## 4.1 防火管理制度

務を適切に遂行するために必要な**権限が付与**されていること。

② 防火管理上必要な業務を行う防火対象物の管理権原者から、防火管理上必要な業務の内容を明らかにした**文書を交付**されており、かつ、当該内容について十分な知識を有していること。

③ 防火管理上必要な業務を行う防火対象物の管理権原者から、当該防火対象物の位置、構造及び設備の状況その他防火管理上必要な事項について**説明を受けて**おり、かつ、当該事項について十分な知識を有していること。

---

**参考**

政令第3条は、第1項が防火対象物の区分に応じた防火管理者の資格、第2項が防火管理者の業務の外部委託、第3項が管理権原が分かれている甲種防火対象物内の小規模施設の防火管理の資格、第4項が防火管理講習に関する事項、となっている。

防火管理の業務の一部委託は、規則第3条第2項に規定されている。

---

**参考** 消防職員も一般人も間違いやすい言葉

防火管理において、その業務の一部を他の者に委託することはよくあることで、規則第3条第2項に委託している場合の消防計画についての規定がある。しかし、防火管理者として行うことを委託することは、本来的にはないこととなっている。このため、政令では、防火管理者の変則的な選任方法を可能としている。法解説等では、それを「防火管理者の業務の外部委託」という法と政令の考え方と異質な言葉で説明している。このため一般のビル管理者等の誤解を受けるものとなっている。

法令上、防火管理者の選任に関わることから、「**一般的な選任**」に対する「**変則的な選任**」とすべきであったと思う。「委託」とは本来「外部」に対するものであり、言葉として「外部委託」は意味をなさない用語となるが、これが防火管理者資格取得用テキストでも使用され、一部委託と外部委託のように横並びで扱われている。

そのため、本書でも「防火管理者の業務の外部委託」「防火管理の業務の一部委託」としているが、この違いが分かりにくい。試験でもよく間違えやすいので、政令と規則の規定の違いを理解しておこう。

---

⑶ **資格の取得条件**

① 都道府県知事、消防本部又は総務大臣登録講習機関（日本防火・防災協会）が行う講習の受講

② 消防職員で監督的な地位の者

③ 学識経験者
   ・ 安全管理者、甲種危険物取扱者免状を有する危険物保安監督者、警察職員、消防団員で監督的な職の者など

第4章　防火管理

> **参考**
>
> 　上の②と③による防火管理者は、再講習の必要がない。もともと講習を受けていないので再講習の対象となりえない。

## ４．１．５　防火管理者の責務及び業務

(1)　**責務**（政令第3条の2）
① 　消防計画の作成・届出（第1項）
② 　消防計画に基づく防火管理業務の実施（第2項）
③ 　誠実な職務遂行（第3項）
④ 　消防用設備等の点検整備と火気使用等に関する火元責任者その他の防火管理業務従事者への指示（第4項）

(2)　**業務**（法第8条第1項、政令第3条の2第2項）
① 　消防計画の作成・届出
② 　消火・通報・避難訓練の実施
③ 　消防用設備等の点検整備
④ 　火気の使用等の監督
⑤ 　避難又は防火上必要な構造及び設備等の維持管理
⑥ 　収容人員の管理
⑦ 　その他防火管理上必要な業務

(3)　**消防計画**（規則第3条）
　　消防計画に定めるべき事項
① 　自衛消防組織
② 　火災予防上の自主検査
③ 　消防用設備等の点検整備
④ 　避難施設等の維持管理
⑤ 　防火区画・防火壁等の維持管理
⑥ 　定員及び収容人員の適正な管理
⑦ 　防火管理上必要な教育
⑧ 　消防訓練の定期的な実施
⑨ 　災害発生時の消火活動等
⑩ 　消防機関等との連絡
⑪ 　工事中の防火安全管理

## ４．１．６　防火管理義務対象物の区分の一覧

　防火対象物と防火管理者の選任資格の甲種、乙種の区分は、次のとおりである（政令第3条）。

130

## 4.1 防火管理制度

|  | 甲種防火対象物 | | | 乙種防火対象物 | |
|---|---|---|---|---|---|
|  | (6)項ロ★ | 特定用途<br>((6)項ロ★を除く。) | 非特定用途 | 特定用途<br>((6)項ロ★を除く。) | 非特定用途 |
| 延 面 積 |  | 300㎡以上 | 500㎡以上 | 300㎡未満 | 500㎡未満 |
| 収容人員 | 10人以上 | 30人以上 | 50人以上 | 30人以上 | 50人以上 |
| 資格区分 | 甲種防火管理者 | | | 乙種防火管理者（又は甲種） | |

- 新築工事中の建物、建造中の旅客船は、甲種防火管理者に限る。

### 4.1.7　防火対象物の区分による防火管理者講習

(1)　**防火対象物区分による選任**（政令第3条）

　　甲種防火対象物は、甲種防火管理者とする。

　　乙種防火対象物は、甲種又は乙種防火管理者とする。

(2)　**防火管理者の講習区分**（規則第2条の3）

　　甲種防火管理者　　10時間の講習

　　乙種防火管理者　　5時間の講習

(3)　**複合用途建物の扱い**

　　全体が**複合用途の甲種防火対象物**で、その中の**小規模テナント**（収容人員が(6)項ロ★で10人未満、特定用途（(6)項ロ★を除く。）30人未満、非特定用途50人未満）の場合、甲種ではなく**乙種防火管理者でもよい**とされている（政令第3条第3項、規則第2条の2の2）。

### 4.1.8　甲種防火管理者の再講習

　　甲種防火管理者のみ**再講習**（2時間）の制度がある（規則第2条の3）。

　　再講習（5年以内（受講日を基準日として年度扱い））は、**特定用途の300人以上の防火対象物の甲種防火管理者**（テナントも甲種防火管理者の選任が必要とされる場合は、該当する。）で、講習受講により資格を取得した者のみが該当する（学識経験者の資格者は非該当）。また、4.1.7(3)に該当している小規模テナントの甲種防火管理者は、再講習義務がない。

　　なお、防火対象物点検資格者、消防設備点検資格者のように講習が業務遂行の資格要件となっている場合は、再講習が規則に明記され免状発行により確認されるが、防火管理者は再講習の未受講により資格取消しとなる規定はない。

> ☞ **ポイント**
>
> - 収容人員300人以上の複合ビルの小規模テナントの場合は、乙種防火管理者でもよいことから、甲種防火管理者が選任されていても再講習の必要がない。

# 第4章　防火管理

## 4.2　統括防火管理制度

（法第8条の2）

【統括防火管理者】

第八条の二　高層建築物（高さ三十一メートルを超える建築物をいう。第八条の三第一項において同じ。）その他政令で定める防火対象物で、その管理について権原が分かれているもの又は地下街（地下の工作物内に設けられた店舗、事務所その他これらに類する施設で、連続して地下道に面して設けられたものと当該地下道とを合わせたものをいう。以下同じ。）でその管理について権原が分かれているもののうち消防長若しくは消防署長が指定するものの管理について権原を有する者は、政令で定める資格を有する者のうちからこれらの防火対象物の全体について防火管理上必要な業務を統括する防火管理者（以下この条において「統括防火管理者」という。）を協議して定め、政令で定めるところにより、当該防火対象物の全体についての消防計画の作成、当該消防計画に基づく消火、通報及び避難の訓練の実施、当該防火対象物の廊下、階段、避難口その他の避難上必要な施設の管理その他当該防火対象物の全体についての防火管理上必要な業務を行わせなければならない。

② 統括防火管理者は、前項の規定により同項の防火対象物の全体についての防火管理上必要な業務を行う場合において必要があると認めるときは、同項の権原を有する者（前条第一項の規定により、同項の権原を有する者が同条同項の規定によりその権原に属する当該防火対象物の部分ごとに定めた同項の防火管理者に対し、当該

③ 前条第一項の規定により前項に規定する防火管理者が作成する消防計画は、第一項の規定により統括防火管理者が作成する防火対象物の全体についての消防計画に適合するものでなければならない。

④ 第一項の権原を有する者は、同項の規定により統括防火管理者を定めたときは、遅滞なくその旨を所轄消防長又は消防署長に届け出なければならない。これを解任したときも、同様とする。

⑤ 消防長又は消防署長は、第一項の規定により統括防火管理者が定められていないと認める場合には、同項の権原を有する者に対し、同項の規定により統括防火管理者を定めるべきことを命ずることができる。

⑥ 消防長又は消防署長は、第一項の規定により同項の防火対象物の全体について統括防火管理者の行うべき防火管理上必要な業務が法令の規定又は同項の消防計画に従って行われていないと認める場合には、同項の権原を有する者に対し、当該業務が当該法令の規定又は同項の消防計画に従って行われるように必要な措置を講ずべきことを命ずることができる。

⑦ 第五条第三項及び第四項の規定は、前二項の規定による命令について準用する。

### 4.2.1　趣旨

　共同防火管理制度は、昭和44年4月に施行され、高層建築物（高さ31m超）や地下街等で管理権原が分かれている防火対象物に対して**共同防火管理協議会**を設置し、建物全体の管理権原者が相互に協議しながら管理していく仕組みが法第8条の2に定められた。協議すべき事項（規則旧第4条の2）で協議会の設置、運用や統括防火管理者の選任が規定されていた。

　しかし、その後大阪の雑居ビル火災や東日本大震災を契機に、共同防火管理から**統括防**

## 4.2 統括防火管理制度

火管理者制度に変更され、平成26年4月施行となった。これは、各管理権原者から選任され、資格を有する者が統括防火管理者として、建物全体に係る防火管理を実施する制度で、他の防火管理者に対して全体の防火管理に関する指示（法第8条の2第2項）ができることが明示され、全体を一体化した防火管理ができるように定められた。

従来の共同防火管理協議会制度による統括防火管理者の選任を引き継いでいる防火対象物も多数あることから、共同防火管理協議会の運営において機能させてもよいように運用されている。また、従前の共同防火管理が合議による取決め的なもので罰則規定がなじまないこともあり、統括防火管理制度も罰則が設けられていない。

参照 → Coffee Break 法第8条の2について

### 4.2.2 統括防火管理義務対象物
一つの防火対象物で複数の管理権原者が存するもののうち次に該当するもの
(1) **法令指定**（法第8条の2）
   ① 高層建築物（高さ31mを超えるもの）
   ② 地下街（消防長又は消防署長が指定するもの）（16の2）項
(2) **政令指定**（政令第3条の3）
   ① (6)項ロ、(16)項イ（(6)項ロの用途がある場合）のうち3階以上（地階を除く。）、かつ、収容人員が10人以上
   ② 特定用途（(6)項ロの用途を除く。）で、3階以上（地階を除く。）で、かつ、収容人員が30人以上のもの
   ③ (16)項ロ（非特定用途）に掲げる防火対象物のうち5階以上（地階を除く。）で、かつ、収容人員が50人以上のもの
   ④ 準地下街（(16の3)項）

**ポイント**
- 地下街は指定されたものが対象、準地下街は指定でなく全て対象となる。
- 項の用途で指定されるものは、地階が階数の算定から除かれる。
- 統括防火管理は、全ての複数管理権原者の建物に適用されるものではなく、非特定用途は**複合用途**（(16)項ロ）だけに限られているので、間違えないように。例えば、単独用途の防火対象物の場合、(3)項の飲食店で管理権原者が複数の場合は統括防火管理が該当するが、(15)項の事務所は管理権原者が複数でも非該当となる。ただし、高層建築物は別に考えること。

(3) **統括防火管理義務対象物一覧表**

| | | 用　　途 | 構　造 | 収容人員 |
|---|---|---|---|---|
| 管理権原が分 | 特定用途 | (6)項ロ、(16)項イ（(6)項ロの用途がある場合のみ） | 地階を除く | 10人以上 |

第4章　防火管理

| かれているもの | | (1)項〜(4)項、(5)項イ、(6)項イ、ハ、ニ、(9)項イ、(16)項イ（(6)項ロの用途がない） | 階数3以上 | 30人以上 |
|---|---|---|---|---|
| | 非特定用途 | (16)項ロ | 地階を除く階数5以上 | 50人以上 |
| | 高層建築物 | 用途に関係なし | 31mを超える建築物 | 全て |
| | 地下街(16の2)項 | 消防長又は消防署長の指定対象 | | |
| | 準地下街(16の3)項 | 全て | | |

### ４．２．３　統括防火管理者の選任

(1)　選任方法

各管理権原者は、協議して統括防火管理者を選任する必要がある。

平成26年4月施行以降も従前の共同防火管理協議会を継続して運用する場合もあるので、選任方法は次の三つのケースがあるが、順次、③に移行している。

①　共同防火管理協議会で各管理権原者が委任している代表者が選任

②　共同防火管理協議会で協議して統括防火管理者を選任

③　共同防火管理協議会とは関係なく、管理権原者全員の協議で承認し選任

(2)　**統括防火管理者の資格**（政令第4条）

ア　立場

防火対象物の全体についての防火管理上必要な業務を適切に遂行するために必要な権限及び知識を有するもの

> 統括防火管理者の資格の要件
>
> 必要な権限と知識を有するとは（規則第3条の3）
>
> ①　管理権原者から、それぞれが有する権限のうち、防火対象物の全体についての防火管理上必要な業務を適切に遂行するために必要な**権限が付与**されていること。
>
> ②　管理権原者から、防火対象物の全体についての防火管理上必要な**業務の内容について説明**を受けており、かつ、その内容について十分な知識を有していること。
>
> ③　管理権原者から、防火対象物の位置、構造及び設備の状況その他防火対象物の全体についての防火管理上必要な**事項について説明**を受けており、かつ、その事項について十分な知識を有していること。

イ　統括防火管理者の甲種、乙種の資格要件

甲種防火管理者と乙種防火管理者の資格を要する対象物の指定

4.2 統括防火管理制度

(この表の適用は、全て複数管理権原者の防火対象物)

|  |  | 甲種防火管理者 | 乙種防火管理者<br>又は甲種防火管理者 |
|---|---|---|---|
| 高層建築物 | (6)項ロ、(16)項イ ((6)項ロの用途がある場合) | 全て |  |
|  | 特定用途 ((6)項ロの用途を除く。) | 300㎡以上 | 300㎡未満 |
|  | 非特定用途 | 500㎡以上 | 500㎡未満 |
| 地下街<br>準地下街 | (6)項ロの用途あり | 全て |  |
|  | (6)項ロの用途なし | 300㎡以上 | 300㎡未満 |
| (6)項ロ、(16)項イ ((6)項ロの用途がある場合) ⇒高層建築物、地階を除く階数3以上、10人以上 || 全て |  |
| 特定用途 ((6)項ロの用途を除く。) ⇒地階を除く階数3以上、30人以上 || 300㎡以上 | 300㎡未満 |
| (16)項ロ⇒地階を除く階数5以上、50人以上 || 500㎡以上 | 500㎡未満 |

 **ポイント**

　甲種、乙種の対象区分が分かりにくいが、大雑把には、防火管理で定める甲種・乙種の資格指定と同じ仕組みで、その中で階層数が、特定用途で3階・30人以上、(16)項ロで5階・50人が加わると考える。
　(分かりにくい仕組みであるが、4.1.6の防火管理者の区分を基に、階数による条件を加えると説明しやすい。なお、実態的に高層建築物は全て甲種防火管理者となる。)

## 4.2.4　統括防火管理者の責務（政令第4条の2）

① 防火対象物の全体についての防火管理に係る消防計画を作成し、消防長又は消防署長に届け出なければならない。
② 消防計画に基づいて、消火、通報及び避難の訓練の実施、防火対象物の廊下、階段、避難口その他の避難上必要な施設の管理その他防火対象物の全体についての防火管理上必要な業務を行わなければならない。
③ 必要に応じ管理権原者の指示を求め、誠実にその職務を遂行しなければならない。

全体の消防計画作成・変更　　消防訓練等の実施　　　避難施設の管理

## 4.2.5　消防長等による命令事項
① 統括防火管理者の選任命令（法第8条の2第5項）
② 統括防火管理の業務不適正時の遵守命令（法第8条の2第6項）
  ・ 全体の消防計画の作成
  ・ 業務の適正執行命令

> **参考**
> ・ 法第8条の2第5項と第6項に罰則はないが、法第5条の2の防火対象物の使用禁止等命令の適用条項となっている。罰則の担保がないが、命令を視野に入れた対応となる。

## 4.2.6　防火管理と統括防火管理の相違
(1) 資格者の組織内の位置付け
  ア　防火管理者の資格要件（政令第3条）
    防火対象物において防火管理上必要な業務を遂行することができる管理的又は監督的な地位にあるもの…
  イ　統括防火管理者の資格要件（政令第4条）
    防火対象物の全体についての防火管理上必要な業務を適切に遂行するために必要な権限及び知識を有するもの…

>  **ポイント**
> ・ 防火管理者は、管理的又は監督的な地位にあるもの
> ・ 統括防火管理者は、必要な権限及び知識を有するもの（地位は不問）
> ・ 統括防火管理の場合、複数の管理権原者が存在するが、法人格の代表者である管理権原者が変更となっても、法人そのものの変更ではないことから、統括防火管理者の選任届や全体の消防計画の変更の届出は必要ないとされている。

## 4.2　統括防火管理制度

⑵　**資格者が行う業務の相異（責務）**

　ア　防火管理者の責務（政令第3条の2）

　　①　消防計画の作成・届出

　　②　消防計画に基づく、消火・通報・避難訓練の実施、消防用設備等の点検整備、火気使用取扱い監督、避難施設等の維持管理、収容人員の管理等

　　③　管理権原者に指示を求め、誠実に職務を遂行

　　④　消防用設備等の点検整備、火気使用等に関する火元責任者等への指示

　イ　統括防火管理者の業務（責務）（政令第4条の2）

　　①　全体についての消防計画の作成・届出

　　②　消防計画に基づく訓練、避難上必要な施設等の管理等全体についての防火管理上必要な業務

　　③　全体についての防火管理上必要な業務を行うときは、管理権原者の指示を求めて誠実に職務を遂行

---

**参考**

- テナントの防火管理者に対する指示は、法第8条の2第2項に規定されている。
- 統括防火管理者は、防火対象物のオーナーの管理会社の社員等が選任されるケースがあることから、地位に関わる制約が除かれている。

# 第4章　防火管理

## 4.3　防火対象物定期点検報告制度

（法第8条の2の2）

【防火対象物の点検及び報告】

第八条の二の二　第八条第一項の防火対象物のうち火災の予防上必要があるものとして政令で定めるものの管理について権原を有する者は、総務省令で定めるところにより、定期に、防火対象物における火災の予防に関する専門的知識を有する者で総務省令で定める資格を有するもの（次項、次条第一項及び第三十六条第四項において「防火対象物点検資格者」という。）に、当該防火対象物における防火管理上必要な業務、消防の用に供する設備、消防用水又は消火活動上必要な施設の設置及び維持その他火災の予防上必要な事項（次項、次条第一項及び第三十六条第四項において「点検対象事項」という。）がこの法律又はこの法律に基づく命令に規定する事項に関し総務省令で定める基準（次項、次条第一項及び第三十六条第四項において「点検基準」という。）に適合しているかどうかを点検させ、その結果を消防長又は消防署長に報告しなければならない。ただし、第十七条の三の三の規定による点検及び報告の対象となる事項については、この限りでない。

②　前項の規定による点検（その管理について権原が分かれている防火対象物にあつては、当該防火対象物全体（次条第一項の規定による認定を受けた部分を除く。）についての前項の規定による点検）の結果、防火対象物点検資格者により点検対象事項が点検基準に適合していると認められた防火対象物には、総務省令で定めるところにより、点検を行つた日その他総務省令で定める事項を記載した表示を付することができる。

③　何人も、防火対象物に、前項に規定する場合を除くほか同項の表示を付してはならず、又は同項の表示と紛らわしい表示を付してはならない。

④　消防長又は消防署長は、防火対象物で第二項の規定によらないで同項の表示が付されているもの又は同項の表示と紛らわしい表示が付されているものについて、当該防火対象物の関係者で権原を有する者に対し、当該表示を除去し、又はこれに消印を付すべきことを命ずることができる。

⑤　第一項の規定の認定を受けた防火対象物については、次条第一項の規定は、適用しない。

罰則
【報告せず、又は虚偽の報告をした者】罰金三〇万円以下・拘留（消防法第四四条第一号）、両罰（消防法第四五条第三号）【公訴時効】三年（刑事訴訟法第二五〇条・第二五三条）
【第三項の規定に違反した者】罰金三〇万円以下・拘留（消防法第四四条第二号）、両罰（消防法第四五条第三号）【公訴時効】三年（刑事訴訟法第二五〇条・第二五三条）
【第四項の命令に違反した者】罰金三〇万円以下・拘留（消防法第四四条第一七号）【公訴時効】三年（刑事訴訟法第五五条・第二五〇条・第二五三条）

### 4.3.1　制度の概要

　平成13年9月新宿区歌舞伎町で発生したビル火災を教訓として制度化された防火対象物の点検制度で、一定の規模、用途の防火対象物に対し、防火対象物点検資格者に防火管理に関する事項を点検させ、基準に適合している場合は**防火基準点検済**の表示をすることができる。消防用設備等の点検報告制度（法第17条の3の3）がハード面の点検に対して、ソフト面の点検を自主管理として行わせ、防火対象物の火災危険及び人命危険を排除しようとするものである（「防火対象物に係る表示制度の実施について」（平成25年10月31日消

## 4.3 防火対象物定期点検報告制度

防予第418号通知))。

　この制度の施行に伴い消防機関の検査による適マーク制度が平成15年9月に廃止された。
　なお、平成25年10月からホテル、旅館等を対象とした適マーク制度が条例で規定されるようになって復活している（東京消防庁管轄下では、平成18年に火災予防条例で優良防火対象物認定表示制度（優マーク制度）を導入しているが、国の適マーク制度とは点検内容や審査等が異なる。）。

**防火対象物定期点検報告制度（法第8条の2の2）**

消防機関

管理権原者
← 報告
点検を依頼 →

点検の実施

防火対象物点検資格者

主な点検項目
- 防火管理上必要な事項（防火管理者、消防計画、統括防火管理等）
- 消防用設備等の設置
- 避難設備等の維持管理
- 防炎対象物品
- 各種消防関係の届出等

 参考
防火対象物定期点検報告は管理権原者が、消防用設備等点検報告は関係者が行う。

### 4.3.2　点検対象となる防火対象物
(1) **法令で定める対象物**（法と政令で二重に指定）

法第8条第1項の防火対象物（防火管理義務対象物）
① (6)項ロ★で10人以上
② 特定用途（(6)項ロ★を除く。）で30人以上
③ 非特定用途で50人以上

　　　　　　　　　　　　　　　　　　　　　　　　二重に指定

法第8条の2の2で定める対象物
防火管理義務対象物で政令第4条の2の2に該当するもの

特定用途（地下街も含む。）で次に該当するもの
① 収容人員が300人以上
② 特定一階段※であるもの

非特定は該当しない

第4章　防火管理

※　特定一階段＝階段が一つしかなく避難階以外の階（1階と2階は除く。）に特定の用途（(1)項～(4)項、(5)項イ、(6)項、(9)項イ）があるものを便宜上呼称する（規則第23条で定める特定一階段等防火対象物とは異なる。）。参照 ➡ 7.7㊽　特定一階段等防火対象物

(2)　点検の対象物
① 特定用途の防火対象物で、収容人員300人以上のもの
② 特定用途の防火対象物で、収容人員30人以上で、特定一階段のもの
③ 特定用途の防火対象物で、収容人員10人以上で、特定一階段で、その防火対象物に(6)項ロに供する部分があるもの

(3)　特定一階段
・ 地階又は3階以上の階で特定の用途に使用されている。
・ 屋内の直通した階段が一つの防火対象物
　階段が2系統あっても行き来できなければ、1系統として扱う。
　（屋外階段は、開放されていることから除外される。）
参照 ➡ 6.1.7(1)　特定一階段

 **ポイント**

特定一階段は、3階以上の階又は地階に特定の用途があること。

点検報告が必要な防火対象物のイメージ

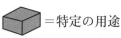

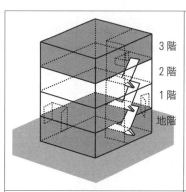
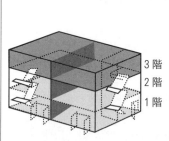
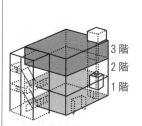

| 地階又は3階以上の階に特定の用途があり、階段が屋内階段で一つしかない建物 | 階段が二つあっても中で仕切られており（開口部がない）、実態として行き来ができない建物 | 屋外階段の場合は非該当となる。 |

4.3　防火対象物定期点検報告制度

> **参考**　避難階以外の階の捉え方（政令第4条の2の2）
> …避難階以外の階（1階及び2階を除くものとし、総務省令で定める避難上有効な開口部を有しない壁で区画されている部分が存する場合にあっては、その区画された部分とする。…）

　通常は避難階というと1階と考えるが、この場合に定義されている避難階以外の階は、括弧書きで1階と2階を除くものとしており、避難階以外の階は**避難階プラス2階を除いた用語**となっている。

　さらに、避難上有効な開口部を有しない壁があれば別の棟とされるが、その避難上有効な開口部は、規則第5条の3で定める無窓階の内容ではなく、第4条の2の2で定める内容である（単純には1個開口部があればよい。）。

**ポイント**
避難階以外の階とは、通常1階と2階を除く、3階以上又は地階のことである。

**ポイント**
政令第2条の同一敷地内に特定の用途と非特定用途がある場合、非特定用途は防火対象物の点検基準の一部（届出等以外の点検）が適用されない（規則第4条の2の6第2項）。

```
┌──────────────┐
│  店舗、食堂棟  │
│              │
│   事務所棟    │　　事務所棟は点検基準の一部が適用されない。
└──────────────┘
```

> **参考**　特定一階段の防火対象物の例
> ・　3階以上の階に歯医者がある小規模ビル
> ・　地階に飲食店が入っている小規模ビル

## 4.3.3　点検内容

　点検内容は、次のとおりである（規則第4条の2の6、平成14年11月28日消防庁告示第12号）。

① 防火管理に係る届出状況
② 消防計画による防火管理の実施状況
③ 統括防火管理の実施状況
④ 避難上必要な設備の管理
⑤ 防炎対象物品の表示の有無

⑥　消防用設備等の設置状況
⑦　その他

### 4.3.4　点検者
受講要件を満たしている者が、防火対象物点検資格者講習を受講して資格者となる。資格には、消防設備点検資格者と同等に規則により資格喪失要件等が定められている（規則第4条の2の4第4項、第5項）。

### 4.3.5　点検と報告
1年に1回点検し、消防機関に報告する。ただし、新型インフルエンザ等その他の消防庁長官が定める事由により、その期間ごとに点検を行うことが困難であるときは、消防庁長官が当該事由を勘案して定める期間ごとに当該点検を行う（法第8条の2の2第1項、規則第4条の2の4）。

点検基準の適合の表示をすることができる（法第8条の2の2第2項、規則第4条の2の7）。

- 非該当、不適合の対象物は、表示してはならない（法第8条の2の2第3項）。
  また、紛らわしい表示をしてはならない（法第8条の2の2第4項）。
- 防火管理維持台帳に記録、保存する（規則第4条の2の4第2項）。
- 防火セーフティマークの記載事項は、管理権原者氏名、点検を行った日、次回点検予定日、点検を行った者の氏名となっている（実態としては、あまり掲出されていない。）。

# 4.4　防火対象物定期点検報告の特例認定

（法第8条の2の3）

【防火対象物の点検及び報告の特例】

第八条の二の三　消防長又は消防署長は、前条第一項の防火対象物であって次の要件を満たしているものを、当該防火対象物の管理について権原を有する者の申請により、同項の規定の適用につき特例を設けるべき防火対象物として認定することができる。

一　申請者が当該防火対象物の管理を開始した時から三年が経過していること。

二　当該防火対象物について、次のいずれにも該当しないこと。

イ　過去三年以内において第五条第一項、第五条の二第一項、第五条の三第一項、第八条第三項若しくは第四項、第八条の二の五第三項又は第十七条の四第一項若しくは第二項の規定による命令（当該防火対象物の位置、構造、設備又は管理の状況がこの法律若しくはこの法律に基づく命令若しくはその他の法令に違反している場合又はされるべき事由が現にある場合に限る。）がされたことがあり、又はされるべき事由が現にあること。

ロ　過去三年以内において第六項の規定による取消しを受けたことがあり、又は受けるべき事由が現にあること。

ハ　過去三年以内において前条第一項の規定にかかわらず同項の規定による点検若しくは報告がされなかったことがあり、又は同項の報告について虚偽の報告がされたことがあること。

三　前号に定めるもののほか、当該防火対象物について、この法律又はこの法律に基づく命令の遵守の状況が優良なものとして総務省令で定める基準に適合するものであると認められること。

②　申請者は、総務省令で定めるところにより、申請書に前項の規定による認定を受けようとする防火対象物の所在地その他総務省令で定める事項を記載した書類を添えて、消防長又は消防署長に申請し、検査を受けなければならない。

③　消防長又は消防署長は、第一項の規定による認定をしたとき、又は認定をしないことを決定したときは、総務省令で定めるところにより、その旨を申請者に通知しなければならない。

④　第一項の規定による認定を受けた防火対象物について、次のいずれかに該当することとなったときは、当該認定は、その効力を失う。

一　当該認定を受けてから三年が経過したとき（当該認定を受けてから三年が経過する前に当該防火対象物について第二項の規定による申請がされている場合にあっては、前項の規定による通知があったとき。）。

二　当該防火対象物の管理について権原を有する者に変更があったとき。

⑤　第一項の規定による認定を受けた防火対象物について、当該防火対象物の管理について権原を有する者に変更があったときは、当該変更前の権原を有する者は、総務省令で定めるところにより、その旨を消防長又は消防署長に届け出なければならない。

⑥　消防長又は消防署長は、第一項の規定による認定を受けた防火対象物について、次のいずれかに該当するときは、当該認定を取り消さなければならない。

一　偽りその他不正な手段により当該認定を受けたことが判明したとき。

二　第五条第一項、第五条の二第一項、第五条の三第一項、第八条第三項若しくは第四項、第八条の二の五第三項又は第十七条の四第一項若しくは第二項の規定による命令（当該防火対象物の位置、構造、設備又は管理の状況がこ

の法律若しくはこの法律に基づく命令又はその他の法令に違反している場合に限る。）がされたとき。

三　第一項第三号に該当しなくなったとき。

⑦　第一項の規定による認定を受けた防火対象物（当該防火対象物の管理について権原が分かれているものにあっては、当該防火対象物全体が同項の規定による認定を受けたものに限る。）には、総務省令で定めるところにより、同項の規定による認定を受けた日その他総務省令で定める事項を記載した表示を付することができる。

⑧　前条第三項及び第四項の規定は、前項の表示について準用する。

【罰則】
【第五項の規定の届出を怠った者】過料五万円以下（消防法第四六条の五）
【第八項の規定に違反した者】罰金三〇万円以下・拘留（消防法第四四条第三号）、両罰（消防法第四五条第三号）〔公訴時効〕三年（刑事訴訟法第五五条・第二五〇条・第二五三条）
【第八項の命令に違反した者】罰金三〇万円以下・拘留（消防法第四四条第一七号）〔公訴時効〕三年（刑事訴訟法第五五条・第二五〇条・第二五三条）

## 4.4.1　制度の概要

　一定の期間継続して消防法令を遵守し、防火対象物点検を実施しソフト面、ハード面において良好と認められる防火対象物に対し、消防機関に申請して、その検査を受け認定されると定期点検報告の義務を3年以内に限り免除する制度である。

　従来の法令の中では、たとえ優良とされる防火対象物であっても義務を免除するような規定は見られなかったが、防火対象物定期点検報告制度ではこの仕組みが取り入れられ、かつ、防火優良認定証を掲出する表示制度ともなっている。

　実態としては、（300人以上の収容人員の）ホテル・百貨店などの施設で活用されている。

**特例認定の流れ　管理権原者の対応内容（消防法第8条の2の3）**

## 4.4 防火対象物定期点検報告の特例認定

### 4.4.2 特例認定の要件

① 防火対象物の管理権原者（申請者）が管理を開始してから3年以上経過していること。

② 次の項目に該当すること。

- 過去3年以内に、消防法の命令を受けていない（受ける事由もない。）。
- 過去3年以内に、特例認定の取消しを受けたことがない（受ける事由もない。）。
- 過去3年以内に、防火対象物定期点検報告を怠っていない（虚偽報告もない。）。
- 過去3年以内に、防火対象物定期点検で基準に適合しないと認められたことがない。

③ 消防法令の遵守状況が優良なものとする一定の基準に適合していること（規則第4条の2の8第1項）。

主な項目

- 防火管理者の選任及び消防計画の作成の届出がされている。
- 消火及び避難訓練を年2回以上実施し、消防機関に通報している。
- 消防用設備等の点検報告がされている。

> **参考**
>
> 実質的には、上記の①②に比べて、③が認定されない理由（消防訓練の未実施や消防用設備等点検等の不備指摘など）となることが多い。なお、この中に**火災の発生**はないが、火災時の発見・通報・初期消火等で消防計画に従って行われていないとされるときは③を適用して、認定されないこととなる。

### 4.4.3 特例認定の手続

認定は、防火対象物の管理権原者が、防火対象物点検報告特例認定申請書に必要な書類を添えて、消防長（又は消防署長）に申請し、審査を経て行われる（規則第4条の2の8第2項）。管理について権原が分かれる防火対象物にあっては、テナントが個別に申請することができる。ただし、全体に関わる統括防火管理や消防用設備等の項目が審査対象となる。

### 4.4.4 特例認定の表示

防火対象物の点検が必要とされる全ての用途部分で、特例認定された場合には、**防火優良認定証**を表示できる（法第8条の2の3第7項）。

> **参考** **特例認定関係の通知等**
>
> 「消防法第8条の2の3に定める特例認定に係る運用について」（平成14年11月29日消防安第117号）

## 4.4.5　特例認定の失効
① 認定を受けてから3年が経過したとき
② 当該防火対象物の管理権原者に変更があったとき

 **ポイント**

- 特例認定は、失効と取消しの違いがよく出題される。
- 法第8条の2の3第4項第2号に管理権原者の変更により失効するとあるが、この場合は法人そのものの変更であり、法人の代表者の変更はこの条文に該当しない。法人の代表者の変更は、変更届出を必要としない。
- 人事異動で定期的に交替するチェーン店の店長等は、その店長に財産の管理処分権や従業員等に対する指揮監督権等を委任されていないときは、特例認定の申請者（管理権原者）とはならない。
- テナントが多数入居するショッピングセンターは、テナントの法人の変更が多いことから、特例認定の申請はしないケースが多い。

**参考　特例認定関係の質疑応答等**

「防火対象物定期点検報告制度に関する執務資料について」（平成14年12月12日消防安122号）問12・問34〜問37
「防火対象物定期点検報告制度に関する執務資料について」（平成15年4月2日消防安第16号）問18・23・24

## 4.4.6　特例認定の取消し
① 不正な手段により認定を受けたことが判明したとき
② 防火対象物の位置、構造、設備又は管理の状況が法令に違反（立入検査で指摘されれば直ちにではない。）、又は命令を受けたとき
③ 基準に適合しなくなったとき
　　基準とは、法第8条の2の3第6項第3号に定める同第1項第3号の基準（規則第4条の2の8第1項）
- 規則第4条の2の6第1項に規定する基準に適合（防火対象物の点検基準）
- 消防用設備等が設備等技術基準等により設置維持
- 法第17条の3の3の基準適合（消防用設備等の点検基準）
- 法又は法に基づく命令に規定する事項に関し市町村長の定める基準に適合

認定の取消しには、行政手続法による聴聞の機会の付与が必要

## 4.4 防火対象物定期点検報告の特例認定

---

**参考**

③の「基準に適合しない」とされる範囲は、①②に比べて、対象が広くなっている。

例 「カーテンの数枚に防炎物品の表示がない」「誘導灯の不点灯あり」「自動火災報知設備の未警戒箇所があった」などが基準不適合の対象となるが、直ちに取消しとするかは、聴聞手続等により個々に判断すべきこととなる。

---

**参考** 同じようなマークの扱い

| | 防火優良認定証（特例認定） | 適マーク |
|---|---|---|
| 表　示 | 防火優良認定証 適 管理権原者の氏名： 認定を受けた日：　　年　月　日 認定が失効する日：　　年　月　日 認定をした者：　　　消防本部（消防署） | 適 年　月　表示基準適合 〇〇消防本部 |
| 根拠法令 | 法第8条の2の3 | 防火対象物に係る表示制度の実施について（通知）（平成25年10月31日消防予第418号）に基づく条例 |
| 対　象 | 　防火対象物定期点検報告の対象物で3年以上適正な建物 　防火対象物定期点検報告の対象物＝特定用途の防火対象物で次の建物 ア　収容人員300人以上 イ　収容人員30人以上300人未満、特定一階段 ウ　収容人員10人以上30人未満、(6)項ロありで特定一階段 | （各自治体の条例により異なる） 　収容人員が30人以上で、地階を除く階数が3階以上の宿泊施設 |

第4章　防火管理

4-1　次の防火対象物のうち防火管理者を選任する義務を有するものはどれか。

① お客と従業員の合計（収容人員）が20人のコンビニエンスストア
② 社員、俳優等（収容人員）が40人の映画スタジオ
③ 麻雀卓6台で従業員の合計（収容人員）が26人の麻雀店
④ お客と従業員の合計（収容人員）が23人のサウナ
⑤ 要介護者と従業員の合計（収容人員）が14人の特別養護老人ホーム

4-2　次の防火対象物のうち防火管理者を選任する義務を有するものはどれか。

① 収容人員として計上されている人数が80人のアーケード街
② 甲板の数が九つあり、作業員が80人の建造中の旅客船
③ 地階を除く階数が11以上で、延べ面積が1万㎡以上ある新築工事中の建築物
④ 医師等従業員が5人おり、12床のベッドがある有床診療所
⑤ 収容人員が40人の文化財に指定されている建造物

4-3　防火管理者に関する事項として誤っているものはどれか。

① 防火管理者は、消防計画に基づく消防訓練などの実施、消防用設備等の点検整備、火気使用器具等の取扱いの監督など防火に関する多くの業務を行う立場にある。
② 防火対象物の管理権原者は、防火管理者から防火管理上の指示を求められることがある。
③ 防火対象物の管理権原者は、選任した防火管理者と作成した消防計画を消防長又は消防署長に届け出る必要がある。
④ 防火管理者は、火元責任者その他の防火管理業務従事者に防火管理上の指示を与えなければならない。
⑤ 防火管理者は、防火管理に関して誠実にその職務を遂行しなければならない。

演習問題

消防法第8条に規定する防火管理制度についての記述のうち誤っている事項はどれか。

① 防火対象物の管理権原者は、学校などの用途に供され、かつ、一定規模の政令で定める防火対象物には、資格を有する防火管理者を選任しなければならない。
② 防火対象物の管理権原者は、防火管理者に消防計画の作成や避難訓練などの防火管理上必要な業務を行わせなければならない。
③ 防火対象物の管理権原者は、消防法第8条で選任した防火管理者について、消防長又は消防署長に届け出なければならない。
④ 消防長又は消防署長は、消防法第8条第1項の規定に定める消防計画に従った防火管理業務を行っていないときは、防火対象物の防火管理者に対して必要な措置を講ずべきことを命じることができる。
⑤ 消防法第8条で防火管理者を選任しなければならない防火対象物の管理権原者に対して、消防長又は消防署長は防火管理者の選任を命じることができる。

統括防火管理に係る次の記述のうち誤っているものはどれか。なお、設問の防火対象物にはいずれも複数の管理権原者が存するものとする。

① 高層建築物（31mを超える。）のホテルは、収容人員が300人以上であっても統括防火管理者の選任を必要としない。
② 消防法施行令（以下「政令」という。）別表第1(6)項ロ及び(16)項イに掲げる防火対象物（同表(16)項イに掲げる防火対象物にあっては(6)項ロに掲げる防火対象物の用途に供される部分が存するものに限る。）のうち地階を除く階数が3以上で、かつ、収容人員が10人以上のものは統括防火管理者を選任する義務がある。
③ 政令別表第1(1)項から(4)項まで、(5)項イ、(6)項イ、ハ及びニ、(9)項イ並びに(16)項イに掲げる防火対象物（同表(16)項イに掲げる防火対象物にあっては(6)項ロに掲げる防火対象物の用途に供される部分が存するものを除く。）のうち地階を除く階数が3以上で、かつ、収容人員が30人以上のものは統括防火管理者を選任する義務がある。
④ 政令別表第1(16)項ロの防火対象物のうち地階を除く階数が5以上で、かつ、収容人員が50人以上のものは統括防火管理者を選任する義務がある。
⑤ 政令別表第1(16の3)項に該当する防火対象物は、消防長又は消防署長の指定がない施設は、統括防火管理者を選任する対象から除かれる。

第 4 章　防火管理

消防法第 8 条の 2 に規定する統括防火管理制度についての記述のうち誤っている事項はどれか。

① 複数の管理権原者がいる高層建築物では統括防火管理者を選任しなければならない。
② 複数の管理権原者がいる地下街では統括防火管理者を選任しなければならない。
③ 複数の管理権原者がいるアーケード街では統括防火管理者を選任しなければならない。
④ 複数の管理権原者がいる特定用途の防火対象物のうち消防法施行令で定めるものは統括防火管理者を選任しなければならない。
⑤ 統括防火管理者は、防火対象物の用途、規模により乙種防火管理者の資格者でもよい場合がある。

消防法第 8 条の 2 の 2 に規定する防火対象物定期点検報告制度に係る次の記述のうち誤っているものはどれか。

① 消防法施行令（以下「政令」という。）別表第 1 (1)項から(4)項まで、(5)項イ、(6)項又は(9)項イ、(16)項イ及び(16の 2 )項に掲げる防火対象物であって、収容人員が300人以上の防火対象物は、火災の予防上必要な定期点検を行わなければならない。
② 政令別表第 1 (1)項から(4)項まで、(5)項イ、(6)項又は(9)項イに掲げる防火対象物の用途に供される部分が避難階以外の階に存する防火対象物で当該避難階以外の階から避難階又は地上に直通する階段が 2 箇所（屋外階段で消防法施行規則で定める構造の場合は 1 箇所）以上設けられていないものは、火災の予防上必要な定期点検を行わなければならない。
③ 防火対象物定期点検報告を必要とする防火対象物の管理権原者は、火災の予防に関する必要な知識を有する消防設備点検資格者に点検をさせなければならない。
④ 防火対象物定期点検報告により点検基準に適合しているときは、管理権原者は防火基準点検済証の表示をすることができる。
⑤ 防火対象物定期点検報告の結果は、消防用設備等点検結果とは別に、その結果を消防長又は消防署長に報告しなければならない。

演習問題

 **防火対象物定期点検報告に関する記述の中で誤っているものはどれか。**

① 特定用途の防火対象物で3階以上であっても屋外階段の構造であれば点検は不要である。
② 特定用途の防火対象物の3階以上で、特定一階段の防火対象物であっても収容人員が30人未満であれば点検は不要である（消防法施行令別表第1(6)項ロ関係を除く。）。
③ 屋内階段が一つしかないが、2階しかない特定用途の防火対象物は、収容人員に関係なく点検は不要である。
④ 地下1階地上3階の防火管理が必要な建物で、屋内に一階段の複合用途防火対象物の場合、地下以外は非特定用途の防火対象物であっても地階に飲食店等特定用途があると点検が必要となる。
⑤ 地上3階の防火対象物で、避難階でない2階を飲食店としているが、他は事務所で、階段が一つの複合用途防火対象物は、点検は不要である。

 **消防法第8条の2の3に規定する防火対象物定期点検報告の特例認定制度に係る次の記述のうち誤っているものはどれか。**

① 過去3年以内に、消防法第5条第1項等の命令を受けたことがない場合は、特例認定の申請をすることができる。
② 特例認定は、防火対象物の管理権原者が消防長又は消防署長に申請し、検査を受けることとなっている。
③ 特例認定の申請により消防長又は消防署長が検査をした結果は、申請者の管理権原者に認定の可否の結果として通知することとなっている。
④ 特例認定の申請は、管理権原者が当該防火対象物の管理を開始してから5年以上経過しないと申請できない。
⑤ 過去5年間、防火対象物定期点検の基準に適合しており、違反等もないことから特例認定の申請を防火対象物の管理権原者がすることができる。

# 第 4 章 防火管理

## Coffee Break
## 法第 8 条防火管理関係について

法第 8 条に定める防火管理者を実際に指導する際の考え方をまとめよ。

### 1 沿革

防火管理は、戦前の市町村条例時代からある制度として、消防法制定時に引き継いで設けられた。制定当時の内容は「第 8 条 学校、工場、興行場、百貨店、危険物の製造所又は処理所その他市町村長の指定する建築物その他の工作物の所有者、管理者又は占有者は防火責任者を定め、消防計画を立てその訓練を行わなければならない。」とされ、主に消防計画に基づく訓練の実施責任者という位置付けであった。

現在では、職責の位置付けとして「防火管理上必要な業務を適切に遂行することができる管理的又は監督的な地位にあるもの」とされ、その業務内容も法第 8 条には「消防計画の作成」「消火、通報及び避難の訓練の実施」「消防用設備等、消火活動上必要な施設の点検、整備」「火気の使用又は取扱いに関する監督」「避難又は防火上必要な構造及び設備の維持管理」「収容人員の管理」等施設の防火管理に関する事項の全てがその責務とされている。

この違いは、制定後のデパート、ホテル火災等による死者の発生に対し、防火管理者がどのような責任の下に火災の未然防止に努めていたかが問われたことにより、変化したものである。

### 2 防火管理制度

(1) 責任の所在

消防法の中に、防火管理者に対して直接指示や命令を出す根拠や罰則がないように、防火対象物の防火責任は管理権原者に集約されている。これは、刑法、民法など他の法律関係からも建物の防火責任は管理権原者に求められるからである。

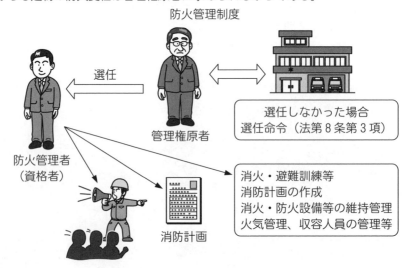

152

## Coffee Break　法第8条防火管理関係について

(2) 役割分担

実際の事業の運営に当たっては、防火管理者が様々な役割を担うため、実質的には階層的に組み立てた中で、管理的な立場を担う者となっている。

① 管理権原者は、法律的な責任者（実際には、当該建物にいないことも多い。）
② 防火管理者は、法第8条で定められ、資格は政令第3条で規定している当該建物の責任のある立場（地位）の者（主に常駐しているか又はそれに近い勤務形態）、かつ、一定の知識（資格）を有する者
③ 防火担当責任者は、消防計画等で使用されているが消防法にはない名称で、立場は、防火管理者に直属する職務上の中間管理者となる。
④ 火元責任者は、政令第3条の2（防火管理者の責務）の第4項で、防火管理者が指示する相手として明記されている。しかし、責任者とはいえ、法律的な責務を遂行すべき立場とはなっていない（古くは、労働現場の火災等職場安全担当者の位置付けであった。）。

消防計画の中での各担当者の位置付け

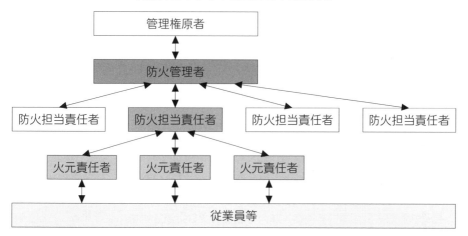

| 役割 | 任務 | 担当範囲等 |
|---|---|---|
| 防火管理者 | ・施設の防火管理業務の総括責任者<br>・防火担当責任者と火元責任者に対する指導監督を行う。 | 防火管理の区分内で1人（資格者） |
| 防火担当責任者 | ・防火区域の火災予防について責任をもつとともに、火元責任者に対する指導監督を行う。<br>・防火管理者を補佐する。 | 各階・区域（指定しなくてもよい。） |
| 火元責任者 | ・担当区域の火災予防について、自主チェック表などに基づき確認し、防火管理者に報告する。 | 階ごとのエリア、部屋等 |

予防業務的な任務分担の位置付けとして防火担当責任者、火元責任者が定められる。火災時等の自衛消防隊の編成としては、防火担当責任者が各階の地区隊長としての役割を担う編成となる。

(3) 消防計画

消防計画の主な内容（受講者テキストなどに提示されている。）

① 消防計画の目的と適用範囲
② 管理権原者と防火管理者の業務の範囲

③ 消防機関との連絡等　届出書類など
④ 火災予防上の点検・検査（自主検査）
　・ 消防用設備等の点検・整備、建築物の防火設備等の維持管理
⑤ 従業員と防火管理者等の遵守すべき事項
　・ 防火対策、放火防止対策等
⑥ 自衛消防隊等
⑦ 休日、夜間の防火管理体制（営業時間外の対応）
⑧ 地震対策（南海トラフ地震対策等も含む。）
　・ 地震被害の予防対策、地震時の対策、帰宅困難者の対応など
⑨ その他の災害対策（大雨、津波等の災害対策）
⑩ 防災教育
⑪ 消防訓練
　おおむね、これらのことが当該防火対象物の実態に沿って計画されていることが望ましい。

　消防計画の届出に際しては、消防本部の担当者により、当該本部のひな形の模倣を強要するケース、自衛消防組織や緊急時連絡などに全ての社員氏名や携帯電話番号などの個人情報の記入を求めるケース、消防本部独自の内容が記載されていないとして届出を受理しないケースなど、行政手続としてふさわしくない事案も見られることがある。

(4) 防火管理者の業務の外部委託と防火管理の業務の一部委託
　ア　外部委託（政令第3条第2項）
　　　共同住宅その他規則第2条の2第1項で定める防火対象物で、管理的又は監督的な地位にある者のいずれもが防火管理上必要な業務を適切に遂行することができないと消防長又は消防署長が認める場合、防火管理上必要な業務を適切に遂行することができる管理的又は監督的な地位になくとも要件を満たす者であれば、防火管理者として選任することができる（**外部委託**）。
　　　外部委託の要件（規則第2条の2第2項）
　　① 必要な権限が付与されている。
　　② 業務の内容を明らかにした文書が交付されて、内容について十分な知識を有している。
　　③ 防火対象物の位置、構造及び設備等の説明を受けて、当該事項の知識がある。
　　　この外部委託した防火管理者が、管理権原者の意向を受けて防火管理業務を実施することとなる。

　実態として、共同住宅の火災に際して、住戸から選任されている防火管理者が消防計画に基づく役割を担った例はほとんどない。
　また、賃貸の共同住宅は一般的な防火対象物の学校、百貨店、工場などと異なり、共同住宅の建物管理をする会社等に防火管理の業務を委託することが多い。このため、県営住宅等では数棟で同一の職員が選任されている例もある。これら共同住宅では、住民の共同体意識の低下の要因ともなりかねないので、建物の訓練に際しては、自治活動と同様の自助、共助の姿勢をアピールするよう心掛けた指導が求められる。

# Coffee Break　法第8条防火管理関係について

イ　一部委託（規則第3条第2項）
　防火管理者が選任されている防火対象物の施設管理部門が会社組織から切り離されている場合や夜間帯で事業縮小がなされる場合などで、事業所の出火防止業務（火気使用箇所の点検監視など）、避難又は防火上必要な構造及び設備の維持管理、消防・防災設備等の監視・操作業務や緊急時初動対応等自衛消防活動に関わる事項等の防火管理業務を**一部委託**するものである。この場合は、規則第3条第2項に規定された防火管理業務の一部委託として、その委託内容を消防計画に記載する。この一部委託には、常駐方式・巡回方式・遠隔移報方式等があり、業務も多岐にわたり、実質的に建物全体の防火管理業務のほとんどを委託するケースもある。

 **ポイント**

　一般的な選任のほかに、防火管理者の選任を含め業務を委託するケース（**外部委託**）とビル管理業者に業務の一部を委託するケース（**一部委託**）の2通りがある。外部委託は政令で、一部委託は規則で規定されている。消防計画の指導時に混乱しないように注意する。

## 3　法律から政令等への委譲

　法第8条と第8条の2は、政令へ委譲している部分が多くあるので、その仕組みを示す。
　これは、共同防火管理協議会制度とされていた内容を統括防火管理者制度に切り替えたことから、法第8条の防火管理者制度と横並びになるように改正されたためである。

| 法第8条　防火管理制度 | 政令部分 |
|---|---|
| 1　学校、病院、工場、事業場、興行場、百貨店（これに準ずるものとして①政令で定める大規模な小売店舗を含む。以下同じ。）、複合用途防火対象物（防火対象物で②政令で定める二以上の用途に供されるものをいう。以下同じ。）その他多数の者が出入し、勤務し、又は居住する防火対象物で③政令で定めるものの管理について権原を有する者は、④政令で定める資格を有する者のうちから防火管理者を定め、⑤政令で定めるところにより、当該防火対象物について消防計画の作成、当該消防計画に基づく消火、通報及び避難の訓練の実施、消防の用に供する設備、消防用水又は消火活動上必要な施設の点検及び整備、火気の使用又は取扱いに関する監督、避難又は防火上必要な構造及び設備の維持管理並びに収容人員の管理その他防火管理上必要な業務を行わせなければならない。 | ①大規模小売店舗<br>　政令第1条の2第1項<br>②複合用途<br>　政令第1条の2第2項<br>③防火管理の対象<br>　政令第1条の2第3項<br>④防火管理者の資格<br>　政令第3条<br>⑤業務の内容<br>　政令第3条の2 |
| 法第8条の2　統括防火管理者制度 | 政令部分 |
| 1　高層建築物（高さ31メートルを超える建築物をいう。第8条の3第1項において同じ。）⑥その他政令で定める防火対象物で、その管理について権原が分かれているもの又は地下街（地下の工作物内に設けられた店舗、事務所その他これらに類する施設で、連続して地下道に面して設けられたものと当該地下道とを合わせたものをいう。以下同じ。）でその管 | ⑥統括防火管理の対象<br>　政令第3条の3<br>⑦統括防火管理者の資格<br>　政令第4条<br>⑧業務の内容<br>　政令第4条の2 |

## 第4章　防火管理

理について権原が分かれているもののうち消防長若しくは消防署長が指定するものの管理について権原を有する者は、⑦政令で定める資格を有する者のうちからこれらの防火対象物の全体について防火管理上必要な業務を統括する防火管理者（以下この条において「統括防火管理者」という。）を協議して定め、⑧政令で定めるところにより、当該防火対象物の全体についての消防計画の作成、当該消防計画に基づく消火、通報及び避難の訓練の実施、当該防火対象物の廊下、階段、避難口その他の避難上必要な施設の管理その他当該防火対象物の全体についての防火管理上必要な業務を行わせなければならない。

まとめると、平成24年10月の政令改正時に相似性をとって、政令の条文を動かしている。

| 法第8条　防火管理者制度 | | 法第8条の2　統括防火管理者制度 | |
|---|---|---|---|
| 防火管理の対象 | ③政令第1条の2第3項 | 統括防火管理の対象 | ⑥政令第3条の3（旧第4条の2） |
| 防火管理資格者 | ④政令第3条 | 統括防火管理資格者 | ⑦政令第4条（追加） |
| 防火管理の業務内容 | ⑤政令第3条の2（旧第4条） | 統括防火管理の業務内容 | ⑧政令第4条の2（追加） |

## 4　火災事例が教訓とされ変遷した防火管理制度

### ⑴　千日デパートビル火災

| 概　要 | 状　況 | 被告人 |
|---|---|---|
| 昭和47（1972）年5月13日<br>7／1　⒃項イ<br>建築面積　3,770㎡<br>延べ面積　25,923㎡<br>死者　118人<br>傷者　81人<br>焼損面積　8,763㎡ | 　工事中の3階店舗の改装工事現場から出火<br>　エスカレーター開口部から2階、4階に延焼拡大<br>　7階キャバレー内が濃煙熱気となり、死者が発生 | ビルの管理権原者A<br>ビル管理会社が防火管理を実施<br>ビル管理部課長（防火管理者）B<br>キャバレー代表取締役（管理権原者）C<br>キャバレー支配人（防火管理者）D |

| 裁判所 | 判決日 | 判決等 |
|---|---|---|
| 地　裁 | 昭和59（1984）年5月16日 | （ビルの管理権原者Aは死亡により公訴棄却）<br>C、Dの過失責任を否定（**全員無罪**） |
| 高　裁 | 昭和62（1987）年9月28日 | B－禁錮2年6月（執行猶予3年） |
| 最高裁 | 平成2（1990）年11月29日 | C及びD－禁錮1年6月（執行猶予2年）<br>**有罪判決**となり、最高裁も上告棄却 |

［平成2年11月29日事件番号　最高裁昭和62（あ）1480　業務上過失致死傷］

## Coffee Break 法第8条防火管理関係について

**地裁判決理由（概略）**

これだけの大規模火災には多くの複合的要因が関連し、拡大し、り災者が出たものであり、数人の者に刑事罰としての業務上過失致死傷罪を問うのは酷といえる、として無罪。

**最高裁判決理由（概略）**

店舗が閉店後に工事し、その間、上階でキャバレーを営業するのであれば、火災が発生したら容易に拡大するおそれがあったことから、火災拡大防止に向けた法令上の規定の有無を問わず、可能な限りの措置を講ずるべき義務があった、として有罪。

★　法令改正

防火管理者の選任義務が、一律、収容人員50人以上などとなっていたが、本火災を踏まえて、昭和47年12月政令と規則が改正され、政令第1条（現、政令第1条の2）で防火管理者の選任は「特定用途30人、非特定用途50人」、政令第3条で防火管理者が「管理的又は監督的な地位」、政令第4条（現、政令第3条の2）で防火管理者の誠実義務規定等が定められ、ほぼ現行の防火管理制度へと切り替わった。

⑵　大洋デパート火災

| 概　　要 | 状　　況 | 被告人 |
|---|---|---|
| 昭和48（1973）年11月29日<br>　9／1　　⑷項<br>建築面積　2,170㎡<br>延べ面積　19,074㎡<br>死者　103人<br>傷者　121人<br>焼損面積　12,581㎡ | 建物は工事中<br>2階階段室から出火<br>3階売り場に拡大<br>防火戸、防火シャッターが<br>作動せず延焼拡大 | 代表取締役A<br>常務取締役B<br>人事部長（防火担当責任）C<br>3階売場課長（火元責任者）<br>D<br>営繕課員（防火管理者）E |

| 裁判所 | 判決日 | 判決等 |
|---|---|---|
| 地　　裁 | 昭和58（1983）年1月31日 | （AとBは、公判中死亡）C、D、Eの過失責任を否定（**全員無罪**） |
| 高　　裁 | 昭和63（1988）年6月28日 | C、D、Eの過失責任が認められる |
| 最高裁 | 平成3（1991）年11月14日 | C、D、Eの過失責任を否定（無罪） |

［平成3年11月14日事件番号　最高裁昭和63（あ）1064　業務上過失致死傷］

**最高裁判決理由（概略）**

人事部長Cは、職責上の防火管理に関わる事務所管ではあるが、防火管理責任者ではない。3階の売場課長（火元責任者）Dは、延焼拡大防止と避難誘導を行うことは難しい立場である。営繕課員Eは、防火管理者として職場の防火管理を成し得る立場になかった。

無罪の要件

○　火災時に刑法第211条（業務上過失致死傷罪）にいう業務を行う者として、（職責上での人事部長、充て職の防火管理者は）従事していたとはいえない。

○　業務上必要な注意を怠ったとはいえない。
　　被告3名は、業務上過失致死傷罪には該当しない。

第4章　防火管理

★　法令改正

　　防火管理者の業務内容が、管理権原者の意向に委ねられていることから、昭和49年6月消防法が改正され、法第8条第4項の追加で消防長（又は消防署長）による防火管理業務適正執行命令ができることとなった。これにより防火管理業務が実質的になし得ない者が防火管理者となった場合や消防計画に定められたことが遵守されない場合は管理権原者に対して、防火管理業務適正の命令によりその業務が実行されるように指導できることとなった。

⑶　ホテル・ニュージャパン火災

| 概　要 | 状　況 | 被告人 |
|---|---|---|
| 昭和57（1982）年2月8日<br>　10／2　　⑸項イ<br>　建築面積　5,287㎡<br>　延べ面積　46,697㎡<br>　死者33人<br>　傷者34人<br>　焼損面積　4,186㎡ | 　9階宿泊者のたばこから出火<br>　9階、10階に延焼拡大 | ホテル代表取締役（管理権原者）A<br>支配人（防火管理者）B |

| 裁判所 | 判決日 | 判決等 |
|---|---|---|
| 地　裁 | 昭和62（1987）年5月20日 | A―禁錮3年（実刑）<br>B―禁錮1年6月（執行猶予5年） |
| 高　裁 | 平成2（1990）年8月15日 | Aが一審の判決を不服として控訴、棄却の判決 |
| 最高裁 | 平成5（1993）年11月25日 | Aが上告、棄却の判決。確定 |

〔平成5年11月25日事件番号　最高裁平成2（あ）946　業務上過失致死傷〕

**最高裁判決理由（概略）**

- 　ホテルの管理主体は、会社（法人）であり、管理権原者は法人の会社そのものであるとの訴えに対して、管理権原者は自然人とされた。参照 ➡ 第2章　Coffee Break　違反是正の促進
- 　会社経営の代表取締役社長は、多忙で火災時の刑事責任を問われる立場にはないとの訴えに対して、代表取締役として実質的権限の保有者として防火管理上の注意義務があるとされた。

⑷　これらの判決を踏まえた防火管理関係の届出受理時の手続

①　防火管理者が、その防火対象物の防火管理上の管理的又は監督的地位のある者であることを審査した上で届出の受理をする。

②　消防計画上にその計画の範囲、管理権原者・防火管理者の業務と権限を明記させて、その内容を管理権原者により届出させる。

③　必要とされる業務内容をできる限り明確に記載させることが必要となる。

　　なお、平成13（2001）年9月1日新宿区歌舞伎町ビル火災では、遠隔地にあっても実質的な建物所有者が、当該建物の管理権原者として、所有会社の代表取締役と同等の判

# Coffee Break　法第 8 条防火管理関係について

決を受けている。

　防火管理制度は、これらの火災とその判決等により、より具体的な管理権原者等の管理内容が定まってきたものといえる。

## 5　防火管理制度の効果

　防火管理者の存在は、火災予防に影響しているか検証してみる。

表　防火管理者制度の違いによる火災統計（東京消防庁平成18年～22年 5 年間）

|  | ①火災件数 | ②従事件数 | ③成功件数 | ④従事率 | ⑤成功率 |
|---|---|---|---|---|---|
| 防火対象物全体 | 12,060 | 8,858 | 6,933 | 73.4% | 78.3% |
| 防火管理該当対象物 | 5,725 | 4,288 | 3,690 | 74.9% | 86.1% |
| 防火管理非該当対象物 | 6,335 | 4,570 | 3,243 | 72.1% | 71.0% |

（※　④従事率＝②／①、⑤成功率＝③／②）

　単純に「防火管理制度の該当建物」の火災と「防火管理制度の非該当建物」の火災を比較する（なお、火災件数等の母数が少ないと逆転することもある。）。

①　火災時の初期消火従事率では、約 3 ポイントの差がある。

②　その中で、初期消火の成功率は約15ポイントの差が生じている。

> 　火災時の対応は、防火管理の該当・非該当による差は、大きな差とはいえない。
> 　初期消火の成功率の違いは、防火管理制度のある施設は、相対的に従業員の火災時対応や消防設備管理などにおいて差が生じると思われる。

　さらに、法令遵守の違いを拾ってみる。

表　防火管理者の選任の有無による火災統計の違い（東京消防庁平成18年～22年 5 年間）

|  | ①火災件数 | ②従事件数 | ③成功件数 | ④従事率 | ⑤成功率 |
|---|---|---|---|---|---|
| 防火管理該当対象物 | 5,725 | 4,288 | 3,690 | 74.9% | 86.1% |
| ［法令遵守］施設<br>防火管理者・消防計画<br>届出 | 5,172 | 3,906 | 3,397 | 75.5% | 87.0% |
| ［法令不適切］施設<br>防火管理者・消防計画<br>届出なし | 553 | 382 | 293 | 69.1% | 76.7% |

①　防火管理該当対象物の中で、法令遵守と不適切な対象物について比較すると、火災時の初期消火従事率では、約 6 ポイントの差がある。

②　初期消火の成功率は約10ポイントの差が生じている。

> 　防火管理制度の中で、法令を遵守して防火管理者・消防計画を届けている施設は、不適切な施設に比べて成功率で10ポイントと有意な差が見られる。火災統計からこのようにハード面では同じ程度であってもソフト面の充実が欠かせないことが分かる。

第4章　防火管理

## 6　管理権原者

　管理権原者は、建物の施設等の管理処分権を有する者となるが、一般的には所有者であり、名宛人となる。また、名宛人は自然人であることとなっている。

　しかし、建物が証券化されているような現在の情勢下では管理権原者が分かりにくいことから、消防庁から目安とすべき通知（「防火対象物等の「管理について権原を有する者」について」（平成24年2月14日消防予第52号））が発出されている。

　管理権原者の代表的な例（業務執行上知っておくとよい）

⇒　管理権原者とは、「防火対象物又はその部分における火気の使用又は取扱いその他法令に定める防火の管理に関する事項について、法律、契約又は慣習上当然行うべき者」をいう。代表的な例としては、防火対象物の所有者、占有者等が想定される。

⇒　⑶　複合用途防火対象物における管理権原者

　管理権原者の判断が困難である事例が多く見られる複合用途防火対象物については、上記の整理により、その管理権原は複数が基本であり、単一となるのは、次のいずれかの場合と考えられる。

　ア　防火対象物全体としては複合用途防火対象物であるが、当該防火対象物を1人の管理権原者が使用していると認められる場合

　イ　管理権原者と各賃借人との間で、以下のように防火管理の責務を遂行するために必要な権限がすべて付与される取り決めが確認でき、統一的な防火管理を行うことができる場合

　　㋐　管理権原者が、各賃貸部分を含め防火対象物全体の防火に関する権限を有していること。

　　㋑　管理権原者又は管理権原者が選任した防火管理者が、防火管理上、必要な時に防火対象物の部分に立ち入ることができること。

　　㋒　管理権原者又は管理権原者が選任した防火管理者が、各賃借人に対する防火に係る指示権限を有していること。

| 形　態 | 管理権原者 | |
| --- | --- | --- |
| | 共有部分 | 専有部分 |
| ○所有者自身が管理する場合（防火及び防災業務の一部を委託する場合、総合ビル管理会社に管理全般を委託する場合を含む。）<br>○親会社所有の防火対象物等を子会社に管理委託する場合 | ・防火対象物等の所有者 | ・防火対象物等の所有者<br>・所有者との賃貸借契約により入居している事業主 |
| ○所有者からビルを一括して不動産会社等が長期間借り上げて（マスターリース）、管理・運営を行うとともに、借り上げた不動産会社等が第三者に賃貸契約を結び転貸（サブリース）する場合 | ・防火対象物等の所有者<br>・ビルを一括して借りる事業主 | ・防火対象物等の所有者<br>・ビルを一括して借りる事業主との賃貸借契約により入居している事業主 |

Coffee Break　法第8条防火管理関係について

| ○区分所有や共有の場合 | ・防火対象物等の所有者<br>・管理組合<br>※契約において区分所有者が組合等を設置し、その代表者にビル管理・運営に関する権限を与えている場合 | ・防火対象物等の所有者<br>・所有者等との賃貸借契約により入居している事業主 |
|---|---|---|
| ○信託する場合（所有権が所有者から信託会社に移転の場合） | ・信託会社 | ・信託会社との賃貸借契約により入居している事業主 |

（以下略）

参照 ➡ ４．１．１⑵　防火管理者の立場、４．１．３　管理権原者、６．１．６⑵　機能的従属

## 7　防火管理者選任義務非該当施設火災の判決

群馬県渋川市老人ホーム火災

| 概　　要 | 状　　況 | 被告人 |
|---|---|---|
| 平成21（2009）年3月19日<br>木造1／0　　⑹項ロ<br>　（入居型介護施設）<br>本館A　　152㎡<br>本館B　　101㎡<br>本館C　　28㎡<br>本館D　　82㎡<br>死者　10人　傷者　1人<br>焼損面積　340㎡ | 出火時16名入所、職員1名<br>本館A〜Cが全焼<br>本館D半焼<br>その他隣接建物3棟部分焼<br>原因：入居者のタバコと推定 | 理事長A<br>理事（介護士）B |

| 裁判所 | 判決日 | 判決等 |
|---|---|---|
| 地　裁 | 平成25（2013）年1月18日 | A－禁錮2年（執行猶予4年）<br>B－無罪 |

［平成25年1月18日事件番号　前橋地裁平成22(わ)91　業務上過失致死被告事件］

**判決内容**

　　収容人員30人未満のため、当時の法令基準では、防火管理者選任義務非該当、自動火災報知器設置義務非該当の施設であった。

　　しかし、判決では、防火管理者選任義務非該当であっても「……消防法8条1項の基礎にある考え方に照らすと、相当数の入居者を収容している〔施設〕についても、その事業主に入居者に対する防火管理上の注意義務があることは明らかである……」とされた。①消防訓練等を行っていなかったこと、②消防用設備に無線式の住宅用防災警報器を設置し、③介護者を1名でなく2名当直につかせていれば、入居者のうち5名は救助されたとして、この5名の死亡に関わる業務上過失致死罪が適用された。なお、理事Bは防火管理業務を行っていたとは認められないとして無罪。

第4章　防火管理

 **Coffee Break**
**法第8条の2について**

 共同防火管理制度から統括防火管理制度への移行について考察しよう

### 1　共同防火管理制度

(1)　経緯

　　共同防火管理の制度は、死傷者が多い小規模雑居ビル火災が多発したため、昭和43年6月の消防法改正により法第8条の2に規定された。

　　昭和41年～43年の⒃項イの火災事例

|  | 発生年月 | 階数 | 延べ面積 | 用　　途 | 死者（傷者） | 焼損面積 | 出火階 |
|---|---|---|---|---|---|---|---|
| 川崎市・金井ビル火災 | 昭和41年1月 | 6／1 | 1,398㎡ | 飲食店・遊技場・キャバレー等 | 12名（14名） | 691㎡ | 3階 |
| 北九州市・喫茶田園火災 | 昭和43年1月 | 4／1 | 409㎡ | 飲食店・寄宿舎・倉庫 | 5名（3名） | 80㎡ | 2階 |
| 豊島区・ブロンズ会館火災 | 昭和43年3月 | 9／3 | 2,312㎡ | 飲食店・カフェー・住宅等 | 0名（14名） | 1,105㎡ | 1階 |
| 千代田区・有楽町ビル火災 | 昭和43年3月 | 12／5 | 41,936㎡ | 飲食店・特殊浴場・映画館等 | 3名（5名） | 34㎡ | 2階 |

(2)　仕組み

　　昭和43年に制定された法第8条の2は、次のようになっていた（括弧書きは省略）。

> 　高層建築物その他政令で定める防火対象物で、その管理について権原が分かれているもの又は地下街でその管理について権原が分かれているもののうち消防長若しくは消防署長が指定するものの管理について権原を有する者は、前条第1項に規定する消防計画の作成その他の防火管理上必要な業務に関する事項のうち自治省令で定めるものを、協議して、定めておかなければならない。（昭和44年4月1日施行）

　　防火対象物で権原が分かれているものは、防火管理に関して**共同防火管理協議会**を設けて代表者を選出し、**統括防火管理者**を選任して、建物の全体の防火管理に当たることとなった。細部は政令第4条の2で定めている。統括防火管理者の選任とその者を中心とする建物全体の防火管理は、昭和44年の共同防火管理制度が発足した時点から行われていたため、現行の制度（平成24年改正）に移行する際には、大部分の複合用途の雑居ビルは、すでに制度条件の多くをクリアしていた。

　　次図のとおり、現行法令とほぼ同じように共同防火管理協議会の設置対象物は、協議して建物全体の防火管理を資格を有する統括防火管理者に行わせることを協議事項において担保して実行する仕組みとなっていた。

# Coffee Break　法第8条の2について

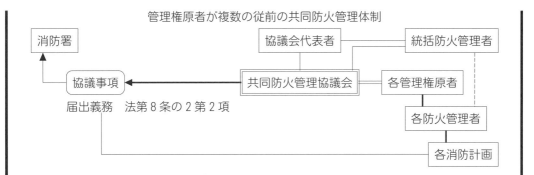

管理権原者が複数の従前の共同防火管理体制

## 2　統括防火管理者制度
(1)　経緯
　　平成20年・21年の(16)項イの火災事例

|  | 発生年月 | 階数 | 延べ面積 | 状況 | 死者（傷者） | 焼損面積 | 概要 |
|---|---|---|---|---|---|---|---|
| 大阪市・個室ビデオ店火災 | 平成20年10月 | 7／0 | 1,318㎡ | 単独防火管理 | 16名（9名） | 約200㎡ | 1階個室ビデオ室で放火。自動火災報知設備のベルが鳴動後、管理人によりベル停止<br>　火災原因の放火被告人は平成26年最高裁で死刑確定 |
| 杉並区・高円寺南雑居ビル火災 | 平成21年11月 | 5／2 | 1,030㎡ | 協議会設置対象 | 4名（12名） | 189㎡ | 2階居酒屋から出火。ビル所有者、ビル統括防火管理者、飲食店経営者が有罪<br>　業務上過失致死傷罪適用 |

　これらの火災から、各階・部屋で様々な用途に利用されている雑居ビルでは、共同防火管理協議会だけでは、建物全体としての効果的な防火管理がなされないと考えられた。
　消防法を平成24年6月法律第38号で改正し、**統括防火管理者**を主体とする制度とした。ただし、仕組みとしては、共同防火管理を踏襲しており、法第8条の2第5項の選任命令、第6項の業務適正執行命令を発するこ

とはできるが、罰則はない条文となっている。相違点として、統括防火管理者が各テナントの防火管理者に指示できるとされたことである。

参照 ➡ 4．2　統括防火管理制度

(2) 仕組み

オーナーと各テナントの管理権原者が協議して、ビル全体を統括する統括防火管理者を選任する。

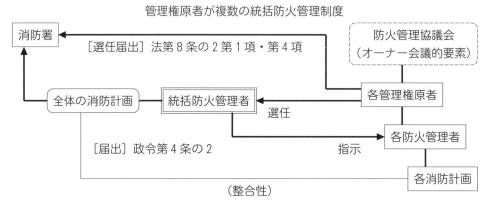

管理権原者が複数の統括防火管理制度

(3) 指示権

法第8条の2第2項により、第8条の2第1項に示す防火対象物の全体の防火管理に関して、法第8条により各管理権原者から選任された各防火管理者は、統括防火管理者からの指示を受けることとなっている。

この制度は、実質的には、雑居ビルの消防に対する窓口担当が統括防火管理者であると考え、雑居ビルの防火管理等の問題や相談があるときは地元の消防と連係して、緊密な関係の中で地域の安全を高めることができる。

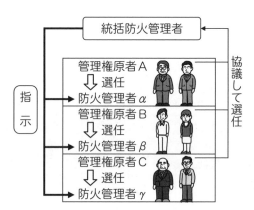

(4) 運用上の有効性

改正前と比べて、改善された点は、次のとおりである。

① 建物全体の消防設備点検時等に際して、統括防火管理者を通すことにより円滑にできる。

② テナント個別では消防計画の訓練などができなかったが、統括防火管理者の下で、一括して訓練ができ、消防署との窓口役になってもらえる。

③ 階段等共有部分の管理が不適切な場合に統括防火管理者を通して一律的に指導できる。

管理権原者が複数の防火対象物では、建物全体に対して窓口役となる責任者が明確でないケースがあったことから、これらの点では大きく改善された。なお、従来からの共同防火管理協議会により建物の防火防災に対する安全確保を維持している防火対象物に対しては、それらの経緯を踏まえて指導することとなっている。

5.1 避難上必要な施設等の管理

# 第5章 防火防災対策

## 5.1 避難上必要な施設等の管理

（法第8条の2の4）

> 【避難上必要な施設等の管理】
> 第八条の二の四　学校、病院、工場、事業場、興行場、百貨店、旅館、飲食店、地下街、複合用途防火対象物その他の防火対象物で政令で定めるものの管理について権原を有する者は、当該防火対象物の廊下、階段、避難口その他の避難上必要な施設について避難の支障になる物件が放置され、又はみだりに存置されないように管理し、かつ、防火戸についてその閉鎖の支障になる物件が放置され、又はみだりに存置されないように管理しなければならない。

### 5.1.1　趣旨
　新宿区歌舞伎町ビル火災に関連した平成14年の法改正時に新たに制定された。
　避難通路等の管理は、火災予防条例で定めている市町村もあったが、特に、法令では規定されていなかった。
　罰則はないが、防火管理上の法第8条と関連して活用されるものとなっている。

### 5.1.2　執行上の要点
(1)　義務付けられる防火対象物
　　政令別表第1に掲げる防火対象物で、(18)項～(20)項は除かれる（政令第4条の2の3）。

　防火管理者選任対象物の用途が対象となっている（(18)項～(20)項は非該当）。

(2)　義務者
　　管理権原者
(3)　避難上必要な施設の管理
　①　廊下、階段、避難口等の施設－避難の支障となる物件
　②　防火戸－閉鎖の支障となる物件

(4) 罰則
　　なし
(5) 執務上の取扱い
　　この条文の内容は、消防計画を作成した際の防火管理者の責務（政令第3条の2第2項）で求められる内容と類似する。政令第3条の2が、法第8条第4項の防火管理業務適正執行命令を発出するときの具体的要件とされることから、法違反として捉え管理権原者の責任を本条文で規定して、明確にした。

> 政令第3条の2第2項
> 　防火管理者は、前項の消防計画に基づいて、当該防火対象物について消火、通報及び避難の訓練の実施、消防の用に供する設備、消防用水又は消火活動上必要な施設の点検及び整備、火気の使用又は取扱いに関する監督、避難又は防火上必要な構造及び設備の維持管理並びに収容人員の管理その他防火管理上必要な業務を行わなければならない。

　また、法第8条の防火管理者選任対象物の用途以外の管理権原者に対する防火管理の義務としても同様に捉えて指導する条文となっている。

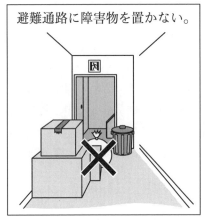
避難通路に障害物を置かない。

防火戸の周囲には物を置かない。

［防火戸の閉鎖障害］
有床診療所火災において、3階の防火戸のドアノブが手すりに紐で結わえられ、ドアストッパーが設けられ常時開放されていたために、上階への濃煙熱気の拡散に関与したと推定されている。
「福岡市博多区診療所で発生した火災への国土交通省の対応等」（消防庁　有床診療所火災対策検討部会資料）から引用

## 5.1 避難上必要な施設等の管理

 **ポイント**

- 義務者は、防火管理者ではなく管理権原者である。
- 防火管理者の選任義務のある防火対象物に対しては、防火管理業務の適否を明確にし、防火管理者の選任義務のない防火対象物に対しては、日常の火災予防上の指針として、指導する際の根拠とする。
- 試験にはあまり出題されない。

**参考　条例に定める避難上必要な施設等の管理**

火災予防条例は地域により異なるが、おおむね下記の事項が規定されている。

○　避難施設の管理

　防火対象物の避難口、廊下、階段、避難通路その他避難のために使用する施設は、次に定めるところにより、避難上有効に管理しなければならない。

(1) 避難のために使用する施設の床面は、避難に際し、つまづき、すべり等を生じないように維持すること。

(2) 避難口に設ける戸は、外開きとし、開放した場合において廊下、階段等の有効幅員を狭めないような構造とすること。

(3) 前号の戸には、施錠装置を設けてはならない。ただし、非常時に自動的に解錠できる機能を有するもの又は屋内からかぎ等を用いることなく容易に解錠できる構造であるものにあっては、この限りでない。

　（法との相違：法第8条の2の4が物件等に対する避難通路の確保を規定しているのに対し、条例は床面や戸の構造について規定している。）

○　避難通路の幅員管理

　地域によっては百貨店等及び地下街の「売場や展示場等の避難通路の幅員」を定めるところもある。

　なお、この幅員基準は、東京都は、該当床面積600㎡以上のものには1.8m以上、千葉市は1,000㎡以上のものには2.4m以上、京都市は150㎡以上のものには1.2m以上など、該当床面積も面積ごとの通路幅員も異なっている。また、主たる避難通路以外に補助避難通路を定めているところもある。

## 5.2　自衛消防組織

（法第8条の2の5）

【自衛消防組織】

第八条の二の五　第八条第一項の防火対象物のうち多数の者が出入するものであり、かつ、大規模なものとして政令で定めるものの管理について権原を有する者は、政令で定めるところにより、当該防火対象物に自衛消防組織を置かなければならない。

② 前項の権原を有する者は、同項の規定により自衛消防組織を置いたときは、遅滞なく自衛消防組織の要員の現況その他総務省令で定める事項を所轄消防長又は消防署長に届け出なければならない。当該事項を変更したときも、同様とする。

③ 消防長又は消防署長は、第一項の自衛消防組織が置かれていないと認める場合には、同項の権原を有する者に対し、同項の規定により自衛消防組織を置くべきことを命ずることができる。

④ 第五条第三項及び第四項の規定は、前項の規定による命令について準用する。

平成21年6月に施行され、同時に施行された法第36条の**防災管理制度**と関連性があることから、防災（地震・テロ災害等）に対する大規模事業所の自主対応力の向上策として制定された。そのため、防災管理と横並びの基準となっている。

### 5.2.1　設置対象
(1)　単独用途の防火対象物（政令第4条の2の4第1号）

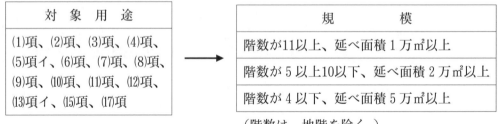

単独用途の防火対象物の場合

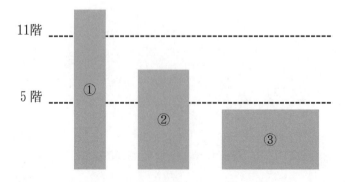

① 11階以上の階があり、延べ面積が1万㎡以上
② 5階以上10階以下の階で、延べ面積が2万㎡以上
③ 4階以下で、延べ面積が5万㎡以上

## 5.2 自衛消防組織

(2) 複合用途防火対象物（(16)項）（政令第4条の2の4第2号）

　ア　11階以上の三つのケース

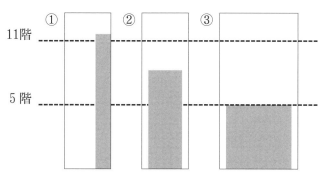

　イ　5階以上10階以下の二つのケース

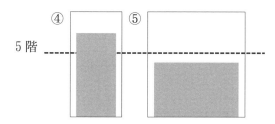

　ウ　4階以下の一つのケース

　　　5階　⑥
　　　------------------------------

上図のような六つのケースが考えられる。

| ケース | | 対象用途がある階 | 用途部分の床面積合計 |
|---|---|---|---|
| ア　11階以上の防火対象物 | ① | 11階以上に全部又は一部 | 1万㎡以上 |
| | ② | 10階以下（11階以上には対象用途がない。） | 2万㎡以上 |
| | ③ | 4階以下のみ（5階以上には対象用途がない。） | 5万㎡以上 |
| イ　5階以上10階以下の防火対象物 | ④ | 5階以上に全部又は一部 | 2万㎡以上 |
| | ⑤ | 4階以下のみ（5階以上には対象用途がない。） | 5万㎡以上 |
| ウ　4階以下の防火対象物 | ⑥ | | 5万㎡以上 |

(3) 地下街（政令第4条の2の4第3号）

　　(16の2)項地下街は、延べ面積1,000㎡以上

第 5 章　防火防災対策

 **ポイント**
- 非該当となるのは、(5)項ロ共同住宅、(13)項ロ格納庫、(14)項倉庫の三つのみである。
- 同一敷地内の管理権原者が同一の場合も適用される。政令第 2 条と同じ。
- 複合用途防火対象物の場合、建物の階数・規模に関係なく、6 通りのケースにより対象が決められるので設置の要否判定には注意する。

## 5.2.2　自衛消防組織を置かなければならない者

① 単独用途では、その防火対象物の管理権原者（政令第 4 条の 2 の 5）
② 複合用途では、対象用途の部分の管理権原者（複数者のときは、共同で組織する。）

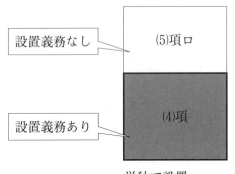
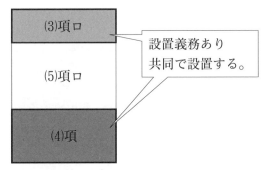

## 5.2.3　業務内容

(1) 防火管理者の業務

当該防火対象物（又はその部分）の防火管理者は、消防計画で自衛消防組織の業務に関わる事項を定める（政令第 4 条の 2 の 6、規則第 4 条の 2 の10）。

ア　消防計画に定める事項
① 自衛消防組織の活動要領に関すること
② 教育と訓練

イ　共同して運営される自衛消防組織が定める事項
① 自衛消防組織に関する協議会の設置及び運営
② 統括管理者の選任
③ 自衛消防組織の業務を行う防火対象物の範囲

(2) 業務

消防計画の業務内容に基づき活動する（政令第 4 条の 2 の 7）。

5.2　自衛消防組織

(3) 自衛消防組織の要員
　ア　統括管理者
　　自衛消防組織を統括する者で、資格（自衛消防業務講習受講等）が必要（政令第4条の2の8）
　　防火管理者（防火・防災管理者、統括防火・防災管理者、防災センター長等）が統括管理者を兼務することもある。
　　自衛消防業務講習は12時間、再講習は4時間（規則第4条の2の14）
　イ　自衛消防組織の編成
　　初期消火班・通報連絡（情報）班・避難誘導班・応急救護班の4班を設置し、各班は2名以上配置で、各班に告示で定める班長を置く（規則第4条の2の11）。
　　告示班長は、自衛消防業務講習修了者を配置する（平成20年消防庁告示第13号）。

(4) 自衛消防組織設置の届出
　法第8条の2の5に基づき、自衛消防組織を設置したときは、自衛消防組織の内部組織の編成や資機材等6項目の内容を規定の様式により届け出る（変更時も含む。）（規則第4条の2の15）。

 **ポイント**

- 法令設置の自衛消防組織は、**統括管理者**という隊長が必要となり、資格を要する。
- 自衛消防組織には、4班が必要とされ、班に班長がおり、各班には班長を含め2名の**要員が必要**。
- 統括管理者と班長（4名）は、自衛消防業務講習を修了した者が従事する。
- 法令上、資格が必要なのは、政令第4条の2の8により統括管理者だけであるが、平成20年消防庁告示第13号により規則第4条の2の10の要員の教育として、各班の班長に講習を受けさせることとしている。

## 5.2.4　自衛消防組織の設置命令

消防長（又は消防署長）は、自衛消防組織が置かれていないと認める場合には、管理権原者に対し、自衛消防組織を置くべきことを命ずることができる（法第8条の2の5第3項）。

**参考**

- 命令を履行しなくても罰則はない。命令したときは、標識を設ける必要がある。同様に、罰則のない命令として法第8条の2第5項統括防火管理者選任命令があり、この場合も含めて法第5条の2の対象となっている。
- 「消防法の一部を改正する法律等の運用について」（平成21年1月29日消防予第48号）を参照

# 第5章 防火防災対策

## 5.3 防災管理制度

（法第36条）※予防技術検定出題範囲外

> 〔防災管理者等〕
> 第三六条　第八条から第八条の二の三までの規定は、火災以外の災害で政令で定めるものによる被害の軽減のため特に必要があるる建築物その他の工作物として政令で定めるものについて準用する。この場合において、次の表の上欄に掲げる規定中同表の中欄に掲げる字句は、それぞれ同表の下欄に掲げる字句に読み替えるものとする。〔以下略〕

法第36条における法第8条関係への読み替え例

| 第8条第1項 | 政令で定める資格 | 火災その他の災害の被害の軽減に関する知識を有する者で政令で定める資格 |
|---|---|---|
| | 防火管理者 | 防災管理者 |
| | 消火、通報及び避難の訓練の実施、消防の用に供する設備、消防用水又は消火活動上必要な施設の点検及び整備、火気の使用又は取扱いに関する監督、避難又は防火上必要な構造及び設備の維持管理並びに収容人員の管理その他防火管理上 | 避難の訓練の実施その他防災管理上 |
| 第8条第2項及び第3項 | 防火管理者 | 防災管理者 |
| 第8条第4項 | 防火管理者 | 防災管理者 |
| | 防火管理上 | 防災管理上 |

（法第8条の2、第8条の2の2、第8条の2の3は略）

### 5.3.1　制度の概要

　大規模建築物における大規模地震等災害時の備えと自衛消防力の確保を目的とするものである（法第36条）。
　東日本大震災後、南海トラフ巨大地震（東海・東南海・南海の3連動地震）が注目されるとともに、首都直下地震に対する懸念も増大していることから、一定規模以上の建物に災害への対応を自主的に行わせることとしたもので、この法令とリンクして自衛消防組織の制度も施行された。

5.3 防災管理制度

（平成13年9月ニューヨーク世界貿易センタービルテロ、平成16年9月に施行された「武力攻撃事態等における国民の保護のための措置に関する法律」、平成19年7月新潟県中越沖地震など、地震とテロに対する防災上の視点から、事業所の自主防災管理の推進のために制定された。ただ、東日本大震災や台風被害等の災害に対しては、通常の防火管理制度の延長上でも機能できる範囲内で対処しており、テロ対策は企業防衛の視点で防犯部門が主力となっている。）

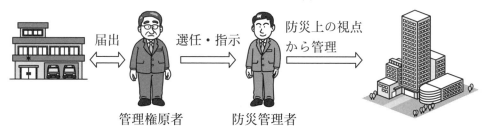

防災管理制度（法第36条）

主な防災管理上の項目
- 防災管理上必要な事項
- 防災に関する消防計画の作成
- 地震・テロ等の対策・訓練

## 5.3.2 防災管理を要する災害
① 地震（政令第45条）
② 毒性物質の発散等特殊な災害（テロ災害＝毒性物質、生物剤、毒素、放射性物質）（規則第51条の3）

## 5.3.3 防災管理を要する建築物
政令第46条⇒政令第4条の2の4＝自衛消防組織設置対象物
参照 → 5.2.1 設置対象

(1) 単独用途の防火対象物

| 対象用途 | 規模 |
|---|---|
| (1)項、(2)項、(3)項、(4)項、(5)項イ、(6)項、(7)項、(8)項、(9)項、(10)項、(11)項、(12)項、(13)項イ、(15)項、(17)項 | 階数が11以上、延べ面積1万㎡以上 |
|  | 階数が5以上10以下、延べ面積2万㎡以上 |
|  | 階数が4以下、延べ面積5万㎡以上 |

（階数は、地階を除く。）

## 第5章　防火防災対策

(2) 複合用途防火対象物

| 対象用途に供する部分 | 防火対象物全体の中で、対象用途に供される部分の床面積の合計 |
|---|---|
| 11階以上にある防火対象物 | 11階以上も含めて対象用途の合計が1万㎡以上 |
| 5階以上10階以下の階にある防火対象物 | 5階以上10階以下の階に存する用途を含めて対象用途の合計が2万㎡以上 |
| 4階以下の階にある防火対象物 | 4階までの対象用途の合計が5万㎡以上 |

(3) 地下街

　　(16の2)項地下街は、延べ面積1,000㎡以上

> **参考**
> 　政令第1条の2等火災予防上の表現としては**防火対象物**と表記されるが、防災管理ではその対象を**建築物その他の工作物**と表記している。

> **ポイント**
> - 非該当となるのは、(5)項ロ共同住宅、(13)項ロ格納庫、(14)項倉庫となる。
> - (16の3)項準地下街は、対象外

(4) 防災管理者の選任と自衛消防組織設置義務との相違

**防災管理**

複合用途で、対象用途の床面積の合計が規定以上で防災管理対象物となると、建物全体が防災対象物となり、各管理権原者に防災管理者選任義務が生じ、消防計画等も全体に関係する。
(5)項ロに防災管理者が必要

**自衛消防組織**

複合用途で、対象用途の床面積の合計が規定以上だと自衛消防組織設置対象物となるが、自衛消防組織の設置義務となるのは、対象用途部分のみとなる。
(5)項ロに自衛消防組織は不要

　この複合用途防火対象物の場合は、各管理権原者に防災管理者を選任させて、統括防災管理者により全体の防災管理に係る消防計画が作成される。自衛消防組織は、該当する場合の対象用途のみに設置（(5)項ロは不要）され運用される。

## 5.3.4 防災管理制度のまとめ

(1) 防災管理者の資格

防災管理者は、資格が必要である。講習は、防火・防災管理新規講習としてまとめて実施しているケースが多い（政令第47条）。

(2) 防災に関する消防計画の作成と届出

防火管理者として作成する消防計画の中に、地震等に関する事項を追加することにより火災以外の災害に関する消防計画を作成したこととなる（規則第51条の8）。

実態として、防火管理の延長線上に新たにテロ対策（地震対策は既に防火管理としても入っている。）が挿入されたものとなる。

(3) 防災管理点検報告

防災管理点検報告は、法第8条の2の2に定める防火対象物定期点検報告制度を防災管理が必要となる大規模建築物等に適用するものである（法第36条第1項）。防火対象物定期点検報告は、対象が**特定用途**に限られるが、防災管理点検報告は、特定・非特定にかかわらず政令で定める大規模建築物等である。

- 防災管理を要する建築物等が該当する。
  このことから、建築物等に入居しているテナントも防災管理点検報告の対象となる。
- **防災管理点検資格者**に実施させ、報告する。
- 1年に1回点検と報告（防火対象物定期点検と同じ扱い）
- 防災管理点検及び報告（規則第51条の12）
- 防災管理点検の点検基準（規則第51条の14）
- 届出関係（消防計画、防災管理者選解任、自衛消防組織）
- 消防計画の遵守
- 避難施設、設備の維持管理

(4) 点検済の表示

防災管理点検報告は、防火対象物定期点検報告と同様に点検済の表示を行うことができる。ただし、防火対象物定期点検報告と防災管理点検報告の両方が該当する防火対象物にあっては、いずれの点検基準も適合していないと表示できない（法第36条第4項、規則第51条の15、第51条の18）。

(5) 特例認定

防火対象物定期点検報告の特例認定と同じ制度である（規則第51条の17）。

防火と防災の両方の点検が義務付けられている場合は、防火対象物定期点検報告と防災管理点検報告の両方が特例認定されなければ優良認定証が掲出できない（法第36条第5項、規則第51条の19）。

第5章　防火防災対策

特例認定の要件、失効、取消しも防火対象物定期点検報告の制度と同じである。

>
> - 建築物等の管理面から見ると防火対象物定期点検と防災管理点検の点検項目等は両方とも同じような内容となっている。
> - 地震やテロ対策の防災面からすれば、建築物等の所有者が実施主体となるが、建築物内の多数のテナントも点検が必要となる。これらは、防火対象物定期点検と同様に共同して点検する方法もとられている。

(6)　防災管理における自衛消防組織の業務

　法令設置の自衛消防組織は、防災管理対象物と一致していることから、火災以外の地震等の災害に対応する業務を行うこととなる（法第36条第7項）。

> 参考
> 　防災管理関係については、消防庁告示が平成20年9月24日第17号から第23号まで公布されている。併せて「消防法施行規則の一部を改正する省令の公布に伴う関係告示の公布について」（平成20年9月24日消防予第238号）が発出されている。

## 5.4　防炎規制

（法第8条の3）

【防炎対象物品の防炎性能】
第八条の三　高層建築物若しくは地下街又は劇場、キャバレー、旅館、病院その他の政令で定める防火対象物において使用する防炎対象物品（どん帳、カーテン、展示用合板その他これらに類する物品で政令で定めるものをいう。以下この条において同じ。）は、政令で定める基準以上の防炎性能を有するものでなければならない。

② 前項の防炎性能を有するものの材料で（第四項において「防炎物品」という。）には、総務省令で定めるところにより、前項の防炎性能を有するものである旨の表示を付することができる。

③ 何人も、防炎対象物品又はその材料に、前項の規定による表示を付する場合及び産業標準化法（昭和二十四年法律第百八十五号）その他政令で定める法律の規定により防炎対象物品又はその材料の防炎性能に関する表示で総務省令で定めるもの（次項及び第五項において「指定表示」という。）を付する場合を除くほか、前項の表示又はこれと紛らわしい表示を付してはならない。

④ 防炎対象物品又はその材料は、第二項の表示又は指定表示が付されているものでなければ、防炎物品として販売し、又は販売のために陳列してはならない。

⑤ 第一項の防火対象物の関係者は、当該防炎対象物品若しくはその材料に同項の防炎性能を与えるための処理をさせ、又は第二項の表示若しくは指定表示が付されている生地その他の材料からカーテンその他の防炎対象物品を作製させたときは、総務省令で定めるところにより、その旨を明らかにしておかなければならない。

罰則 【第三項の規定に違反した者】罰金三〇万円以下・拘留（消防法第四四条第三号）、両罰（消防法第四五条第三号）【公訴時効】三年（刑事訴訟法第五五条・第二五〇条・第二五三条）

### 5.4.1　趣旨

　昭和44年4月から施行され、火災の際人命に危険が及ぶ可能性の高い防火対象物では、火災が発生した際に延焼拡大の要因となるカーテン等を防炎対象物品とし、防炎性能がある製品を使用することになった。これらの製品は建物構造材とは異なり交換や改修等が容易であることからも規制しやすいといえる。

(1)　どん帳等の火災

　昭和43年の法改正前に東京都内で劇場等の火災が発生している。
- 昭和31（1956）年2月23日　共立講堂火災（負傷者11人）（千代田区）
- 昭和32（1957）年4月2日　明治座火災（負傷者9人）（中央区）
- 昭和33（1958）年2月1日　東京宝塚劇場火災（死者3人、負傷者25人）（千代田区）

　これらの火災の中には、舞台部の垂れ下がったどん帳等が延焼拡大の要因となったものもある。

　諸外国では防炎製品に対する認識が高く、ＩＳＯによる試験方法なども規定されている。また、欧米では寝具類（パジャマなど）や子供衣類などを防炎製品としている例も

ある。
(2) 防炎製品の火災時奏功事例

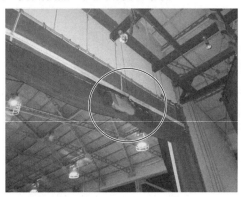

　学校の体育館のどん帳が照明灯により着火したが、防炎製品だったため拡大しないで消えた事例である。
　どん帳、建築シート、垂れ幕のような大判の生地は、防炎性能を有することにより延焼拡大の防止が図られるようになった。

## 5.4.2　対象等の概要
(1) 防炎規制の防火対象物

| | 規制の対象物 | 根拠 | 備考 |
|---|---|---|---|
| ① | 高層建築物 | 法第8条の3第1項 | 防炎防火対象物 |
| ② | 地下街（(16の2)項） | | |
| ③ | (1)項～(4)項、(5)項イ、(6)項、(9)項イ、(12)項ロ、(16の3)項 | 政令第4条の3第1項 | |
| ④ | (16)項のうち前③の用途に供される部分 | 政令第4条の3第2項 | |
| ⑤ | 工事中の建築物その他の工作物で次のもの<br>　a　建築物（都市計画区域外の住居専用住宅は除く。）<br>　b　プラットホームの上屋<br>　c　貯蔵槽<br>　d　化学工業製品製造装置<br>　e　c・dに類する工作物 | 規則第4条の3 | |

5.4　防炎規制

**ポイント**

- ①②③は、防炎防火対象物と呼称される。
- 防炎規制の対象としては、①〜⑤まであることを理解しておくこと。
- 防炎規制の対象は特定用途（⑯項イを除く。）以外に、高層建築物（用途を問わないので⑸項ロの共同住宅も含まれる。）と、⑿項ロの映画スタジオ又はテレビスタジオが含まれる。
　　この⑿項ロと高層建築物は試験によく出る。
- 規則で定める⑤は、防炎防火対象物とはならないが、試験に出されることがある。実際には工事中の建築物で工事用シートが該当する。

(2) 防炎対象物品

　法第8条の3で、どん帳、カーテン、展示用合板その他これらに類する物品で政令で定めるものと規定しているが、政令で再度カーテン等を提示している。

| 政令第4条の3で指定する製品 | 規則第4条の3で定める製品 |
|---|---|
| カーテン | |
| 布製ブラインド | |
| 暗幕 | |
| じゅうたん等 | じゅうたん（織りカーペット（だん通を除く。））<br>毛せん（フェルトカーペット）<br>タフテッドカーペット等<br>ござ<br>人工芝<br>合成樹脂製床シート<br>床敷物のうち毛皮製床敷物、毛製だん通及びこれらに類するもの以外のもの |
| 展示用合板 | |
| どん帳 | |
| 舞台において使用する幕及び大道具用の合板 | |
| 工事用シート | |

第5章　防火防災対策

　じゅうたんは全て該当するのではなく、だん通といわれる毛の長いじゅうたんは除かれる。試験問題で「全てのじゅうたん」と書かれていると間違いとなる。どん帳、工事シートは全て該当する。なお、防炎対象物品は大きさの規定がない。

参考
　防炎製品は、多種多数（テント、展示用パネル、防護ネット等）あるが、防炎規制は特定用途や工事中の建物などの防火対象物等に限られている。

　ガステーブルや灯油ストーブによる着衣着火火災が発生しているが、寝具類の防炎製品の普及には至っていないのが現状である。

(3)　防炎表示
- 防炎物品（防炎対象物品又はその材料で防炎性能を有するもの）には、防炎表示を付することができる（法第8条の3第2項、規則第4条の4）。
- 指定表示は、産業標準化法等により付される防炎性能を有する旨の表示で、政令で定める基準と同等以上の防炎性能を有する旨の表示として消防庁長官が指定したもの（法第8条の3第3項、政令第4条の4、規則第4条の4第8項）。
- 防炎物品には、防炎表示と指定表示以外の表示や紛らわしい表示を付してはならない。防炎表示を付する者は、登録された者であること（規則第4条の4）。
- 登録を受けようとする者は、登録確認機関の確認を受ける（規則第4条の5）。
- 性能を有していることを確認する登録確認機関は、（公財）日本防炎協会と（一財）日本繊維製品品質技術センター（規則第4条の6）。

## 5.4 防炎規制

表示についての違反には罰則規定がある。

［認定マークの例］

(4) 表示外製品の販売禁止
　防炎表示又は指定表示が付されていないものは、防炎物品として販売、販売目的の陳列はできない（法第8条の3第4項）。

(5) 防炎性能（政令第4条の3第4項、第5項）
　防炎対象物品に着火して、次の項目に係る基準に適合することにより、性能の有無を判定する。
- 残炎時間
- 残じん時間
- 炭化面積
- 炭化長
- 接炎回数

 **ポイント**

　防炎規制に関することは、ほぼ1問が出題される。細かい内容に関することが多く、特に対象となる用途等は注意。政令・規則の細かい事項も含めて学習しておくこと。

**参考**

　防炎防火対象物以外の防炎規制の対象は、政令と規則で二重否定となっている。
　政令第4条の3第1項後段で、工事中の建築物その他の工作物は、総務省令で定めるものを除くとある。
　規則第4条の3第1項で、次の各号に掲げるもの以外のものとするとなっており、建築物、プラットホーム上屋等が掲げられている。否定の否定が重なっていることから、指定されるのは、記載されたもの（建築物、プラットホーム等）が防炎規制の対象となる。

第 5 章　防火防災対策

 ## 5.5　火を使用する設備器具等に対する規制について
（法第 9 条）

〔火を使用する設備、器具等に対する規制〕
第九条　かまど、風呂場その他火を使用する設備又はその使用に際し、火災の発生のおそれのある設備の位置、構造及び管理、こんろ、こたつその他火を使用する器具又はその使用に際し、火災の発生のおそれのある器具の取扱いその他火の使用に関し火災の予防のために必要な事項は、政令で定める基準に従い市町村条例でこれを定める。

### (1)　概要

　火を使用する設備、器具等の火災予防のために必要な事項は、平成15年 1 月から政令で定める基準に従って市町村条例で定められている。
　以前は、火災予防条例は特に明確な基準に対する規制項目がないことから、ある程度市町村の自由裁量とされていた。
　火災予防や危険物規制の条例は、市町村消防制度が成立した昭和23年に制定され（地域により異なる。）、当初は消防用設備、危険物規制も含めて定められていたが、昭和34年 9 月に危険物の規制に関する政令、昭和36年 3 月に消防法施行令が定められ、これにより、昭和36年11月に火災予防条例準則（自消甲予発第73号）が制定され、全国的に火災予防関係規定が統一化される形となり、昭和37年 3 月に多数の市町村が火災予防条例を準則に沿って定めた。
　その後、火災予防条例準則は、平成12年11月22日消防予第257号消防庁次長通知により火災予防条例準則から火災予防条例（例）となったが、実質的に従来と変わりなく消防庁の示す内容に沿っていた。しかし、火気使用設備器具の全国的な統一が必要となったことから、規制内容の明確化を図るための基準を設定する改正が、法は平成13年 7 月、政令は平成13年12月に公布された。
　火気使用設備器具の関係条文

| 内容 | 法令 |
| --- | --- |
| 火を使用する設備、器具等に対する規制 | 法第 9 条 |
| 政令で定める基準 | 政令第 5 条～第 5 条の 5 |
| 火を使用する設備 | 火災予防条例（例）第 3 条～第 9 条の 2 |
| 火災の発生のおそれのある設備 | 火災予防条例（例）第10条～第17条の 3 |
| 火を使用する器具 | 火災予防条例（例）第18条～第21条 |
| 火災の発生のおそれのある器具 | 火災予防条例（例）第22条・第22条の 2 |

## 5.5　火を使用する設備器具等に対する規制について

| 火の使用に関する制限等 | 火災予防条例（例）第23条～第28条 |
|---|---|
| 火災に関する警報の発令中における火の使用の制限 | 火災予防条例（例）第29条 |
| 火を使用する設備等の設置の届出 | 火災予防条例（例）第44条 |

全体の仕組み

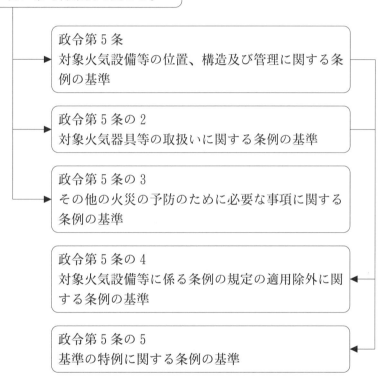

(2) **対象火気設備等の位置、構造及び管理に関する条例の基準（政令第5条）**

　火を使用する設備又はその使用に際し、火災の発生のおそれのある設備等で総務省令で定めるものを**対象火気設備等**として、その設置する位置や構造及び管理の基準を設定している（政令第5条第1項）。

| 政令第5条第1項 | 対象火気設備等省令 |
|---|---|
| ① 火災予防上安全な距離 | 第4条　火災予防上安全な距離を保つことを要しない場合<br>第5条　火災予防上安全な距離 |

第5章　防火防災対策

| | |
|---|---|
| ② 可燃物の落下等を含めた周囲の安全な位置 | |
| ③ 不燃性の床等 | 第6条　屋内において総務省令で定める不燃性の床等の上に設けることを要しない場合<br>第7条　不燃性の床等 |
| ④ 外部への延焼を防止する措置 | 第8条　消費熱量<br>第9条　延焼防止の措置を要しない場合 |
| ⑤ 火災のおそれのある部分の不燃措置 | 第10条　火災の発生のおそれのある部分に係る防火上有効な構造 |
| ⑥ 周囲の防火の措置 | 第11条　周囲に火災が発生するおそれが少ない構造 |
| ⑦ 振動、落下等による配線、配管の接続部の安全措置 | 第12条　振動又は衝撃に対する構造 |
| ⑧ 燃料タンク、配管等の漏れ等防止措置 | 第13条　燃料タンク及び配管の構造 |
| ⑨ 風道、タンク等の異物混入防止措置 | 第14条　風道、燃料タンク等の構造 |
| ⑩ 安全弁等の安全措置 | 第15条　安全を確保する装置等 |
| ⑪ 点検、整備及び清掃 | |

⑶ **対象火気器具等の取扱いに関する条例**

　火を使用する設備又はその使用に際し、火災の発生のおそれのある設備等で総務省令で定めるものを**対象火気器具等**として、その設置する位置や設備等の基準を設定している（政令第5条の2第1項）。

| 政令第5条の2第1項 | 対象火気設備等省令 |
|---|---|
| ① 火災予防上安全な距離 | 第19条　火災予防上安全な距離を保つことを要しない場合<br>第20条　火災予防上安全な距離 |
| ② 振動、衝撃等による可燃物との接触がなく、可燃性ガス等のない場所 | |
| ③ 振動、転倒、落下等のおそれのない状態の安全措置 | |
| ④ 不燃材の床、台等の使用 | 第21条　不燃性の床、台等 |

5.5　火を使用する設備器具等に対する規制について

| ⑤　周囲の整理、清掃等の管理 | |
|---|---|
| ⑥　祭礼、縁日、花火大会等で使用する際の消火器の準備 | |

(4) **火災予防条例（例）で示される事項**

　規制の具体例

　移動式ストーブ（液体燃料、開放式、放射型7kW以下）の離隔距離（火災予防条例（例）別表第3）

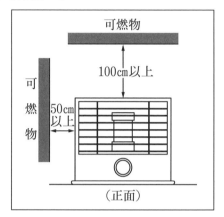
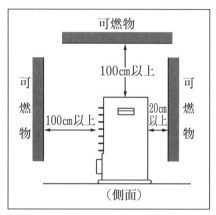

(5) **火気使用器具類の安全性の表示**

　火気使用器具類は、各工業会により火災予防条例に沿った仕様で、品質表示、認証がなされており、火気関係の検査時には、これらを確認する。

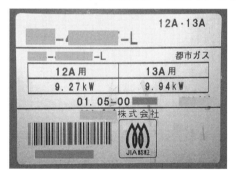

火気使用器具類の品質表示制度
　左のガステーブルの表示例
　ＪＩＡ認証マークが貼付されている。
　型番、使用ガスの種類、カロリー等が記載

石油・電気・ガスストーブや電気用品等の一部は品質認証とされている。

　なお、石油ストーブは、型番を鋼板に刻印打ちしているケースが多い。

(6) **対象火気設備等の種類**

　①　炉（工業炉等）
　②　ふろがま
　③　温風暖房機
　④　厨房設備
　⑤　ボイラー
　⑥　ストーブ
　⑦　乾燥設備

第5章　防火防災対策

⑧　サウナ設備
⑨　簡易湯沸設備
⑩　給湯湯沸設備
⑪　燃料電池発電設備
⑫　ヒートポンプ冷暖房機
⑬　火花を生ずる設備（グラビア印刷機等）
⑭　放電加工機
⑮　変電設備
⑯　内燃機関を原動力とする発電設備
⑰　蓄電池設備
⑱　ネオン管灯設備
⑲　舞台装置等の電気設備
⑳　急速充電設備

(7) **火気使用設備器具の火災事例**

| フライヤーの火災 | 携帯用コンロの火災 |
|---|---|
| 下部のバーナー部に油ほこりがたまり、そこに着火して、背面の排気口から火炎が上がったもの | コンロの大きさを超えた鍋を置いたため、鍋底からの輻射熱によりカセットコンロが破裂してガス漏えいし、爆発火災となったもの |

　火気使用設備器具からの火災は、離隔距離不足などより、清掃不良や誤った取扱いなどに起因するものが多い。

## 5.6　住宅用防災機器

（法第9条の2）

〔住宅用防災機器〕
第九条の二　住宅の用途に供される防火対象物（その一部が住宅の用途以外の用途に供される防火対象物にあつては、住宅の用途に供される部分を除く。以下この条において「住宅」という。）の関係者は、次項の規定による住宅用防災機器（住宅における火災の予防に資する機械器具又は設備であつて政令で定めるものをいう。以下この条において同じ。）の設置及び維持に関する基準に従って、住宅用防災機器を設置し、及び維持しなければならない。

②　住宅用防災機器の設置及び維持に関する基準その他住宅における火災の予防のために必要な事項は、政令で定める基準に従い市町村条例で定める。

(1)　趣旨

　平成16年6月の法改正により、新たに住宅用防災機器の設置促進が図られることとなった。具体的な設置基準は、市町村条例によるものとなっている。これは法改正時既に条例で制定しているところもあり、それとの整合性等から条例事項となったものである。

　近年の建物火災における火災による死者は、約9割が住宅火災から発生している。また、火災による死者の約7割は65歳以上の高齢者で、発生時刻は22時から翌朝6時までに集中している。これらを踏まえ、火災の早期発見により火災による死者を低減させるため、新築の住宅はもとより既存の住宅にも住宅用火災警報器等の防災機器の設置を義務付けることとしたものである。

　基準は政令で定める基準に従い、市町村条例で定めることとされている（ホームセキュリティや住宅用スプリンクラー設備、共同住宅用自動火災報知設備が設置されているところは適用外）。

　また、平成26年4月から、住宅用防災警報器は、政令第37条の検定対象機械器具等に指定され、法第21条の2に定める検定を必要とする製品となっている。

(2)　履行義務

　ア　対象物

　　住宅の用途に供される防火対象物で、単独の住宅と一部が住宅に供されている防火対象物は住宅の部分が該当する。

　イ　設置義務者

　　住宅の関係者（所有者、管理者、占有者）

## 第5章　防火防災対策

> ### 参考
>
> 　住宅の関係者に対して義務付けているものであり、必ずしも住宅を占有している者だけに特定しているものではない。
> 　共同住宅では、住宅を使用する賃借人が、自らが火災時の安全を確保するために設置義務者であるとされるが、所有者にも設置する義務がある。賃借人にとって、自らが占有している以外の住戸からの火災に対する安全は、法律の定めが関係者となっている限り所有者が履行していると期待するものである。このことから、公営住宅等では所有者（公営企業体）が設置している。一般の民間アパートも努めて所有者が設置すべきといえる。

> ### 参考　二重義務の発生
>
> 　従来は、政令別表第1の用途に供する防火対象物に、防火管理の実施、消防用設備等の設置が義務となっていた。しかし、本改正により住宅の消防法令上の取扱いは明確になった（法第7条は別）が、「令別表第1に掲げる防火対象物の取り扱いについて」（昭和50年4月15日消防予第41号・消防安第41号）はそのままなので、住宅兼用用途建物に関しては規定が競合する。
> 　住宅部分が用途よりも狭いと建物全体が用途とみなされ、その用途の面積により自動火災報知設備等の消防用設備等の設置対象となるが、面積基準等から設備の設置対象とならない対象物であっても住宅の用途の部分は住宅用防災警報器が設置対象となる。住宅部分の設備設置は、法第17条と法第9条の2の両方から規制を受けることとなる。
> 　同様に、法第17条により自動火災報知設備設置対象となる共同住宅で、共同住宅特例の通知により住戸内に自動火災報知設備の感知器が設置免除されている場合にも、実態として感知器がないことから、住宅用防災警報器は設置対象となる。
> 　つまり、第2章（法第9条の2）の規定と第4章（法第17条）の規定は、別建てで規制される。

> ### 参考
>
> 　法第17条の適用でないことから、消防用設備等の検査（法第17条の3の2）の対象とはならない。
> 　ただし、似たケースとして、(5)項イの300㎡未満の自動火災報知設備の代替で設置させる無線式住宅用防災警報器（特定小規模施設用自動火災報知設備）は、消防設備士でなくとも工事可能であるが、設置検査対象が政令第35条により(5)項イは全て検査対象であることから、この場合の防災警報器は、消防検査が必要となる。ペンションや民宿等の住宅併用旅館の場合は、見落としのないようにする。

(3)　住宅用防災機器の種類（政令第5条の6）

| 名　称 | 機能等 |
| --- | --- |
| 住宅用防災警報器<br>（通称「住警器」） | 火災の発生を未然に又は早期に感知し報知する警報器<br>・煙式警報器（居室・階段） |

## 5.6 住宅用防災機器

| | ・熱式警報器（台所）<br>・住宅用火災・ガス漏れ複合型警報器 |
|---|---|
| 住宅用防災報知設備 | 火災の発生を未然に又は早期に感知し報知する火災報知設備（感知器、中継器、受信機等があり、検定を自動火災報知設備の基準で受ける。） |

(4) 住宅用防災警報器の感知器の設置・維持の条例基準（政令第5条の7第1項第1号）
❶ 就寝用の居室
❷ 就寝用の居室のある階（避難階は除く。）から直下階に通じる階段
❸ 必要と認められる部分（平成16年11月26日総務省令第138号第4条）

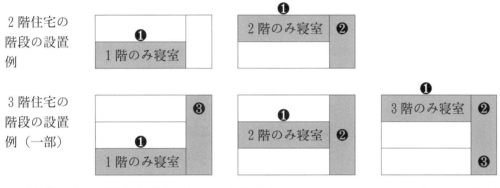

（条例により「階段上端」としている場合あり）　　　　（このケースが分かりにくい。）

　住宅用防災警報器の設置について、政令で分かりにくいときは「住宅用防災機器の設置及び維持に関する条例の制定に関する基準を定める省令の公布について」（平成16年11月26日消防安第220号）で確認する。

❹ 床面積が7㎡以上ある居室が5以上ある階の廊下・階段

(5) 感知器の設置基準（政令第5条の7第1項第2号）
ア　設置方法

| 設置箇所 | 設置面 | 設置位置から離す距離 | | |
|---|---|---|---|---|
| 天井、壁の有効に感知できる部分 | 天井面 | 壁、梁から | 煙式 | 60cm |
| | | | 熱式 | 40cm |
| | | エアコンなどの排気口から | | 1.5m以上 |
| | 壁面 | 天井面から | | 15～50cm |

イ　設置の免除
　スプリンクラー設備（政令第12条）、自動火災報知設備（政令第21条）が設置されている部分は設置を要しない（政令第5条の7第1項第3号）。

(6) 規定の適用除外に関する条例の基準

政令どおりに設ける必要性がない住宅があるときは、条例により適用除外を設けることができる（政令第5条の8）。おおむね、条例により、共同住宅では共有部分の階段等が条例で除かれ、さらに、共同住宅用自動火災報知設備等が設置されている箇所が除外されている。

(7) 政令基準以外の条例での制定

寝室以外の台所等にも感知器を設置する市町村条例を制定できる。

この場合、政令第5条の9により政令第5条の3を準用し、「…火災の予防に貢献する合理的なものであることが明らかなものでなければならない」となるので、必ずしも自由に定めることができるものではない。

> **参考**
> 「住宅用防災警報器及び住宅用防災報知設備に係る技術上の規格を定める省令」（平成17年1月25日総務省令第11号）

> **参考** 市町村による住宅用防災警報器の設置基準の違い
>
> 住宅用防災警報器は、法令等が就寝用の居室とその階から通じる階段、となっているが、市町村条例により、設置基準等に違いがある。
>
> 関東の四都県のケースを見ると、①法令の基準どおり、②法令プラス台所、③全ての居室、階段廊下等、の3つのパターンとなる。③のケースは東京都内等に限られるが、②のケースは、大阪市、名古屋市、京都市、神戸市などが該当する、政令指定都市でもさいたま市、浜松市、新潟市などは①のケースとなる。全国的な地域範囲は①が大勢となるが、世帯数から見ると②③も大きなウエイトとなる。
>
> |  | ①法令の基準 | ②台所にも設置 | ③各居室・台所・階段等 |
> |---|---|---|---|
> | 東京都 | 三宅村、神津島村、ほか5つの島 |  | 23区と多摩地域30市町村、八丈町、大島町 |
> | 千葉県 | 習志野市、柏市など | 千葉市、市川市、船橋市、松戸市、浦安市、長生郡市広域、山武郡市広域、夷隅郡市広域 |  |
> | 埼玉県 | さいたま市など |  |  |
> | 神奈川県 | 平塚市、小田原市など | 横浜市、川崎市、横須賀市、鎌倉市、相模原市、三浦市、秦野市、逗子市、葉山町 |  |

演習問題

# 第5章 演習問題

**5-1** 消防法第8条の2の4に規定する避難上必要な施設の管理に関する次の記述のうち誤っているものはどれか。

① 消防法第8条の2の4に規定する避難上必要な施設の管理を要する防火対象物は、消防法施行令別表第1に掲げる防火対象物のうち⒅項から⒇項を除く全ての防火対象物である。

② 避難上必要な施設の管理義務者は、防火管理者である。

③ 消防長又は消防署長による命令条文はなく、罰則も設けられていない。

④ 避難上必要な施設には、主として廊下、階段、避難口等が該当する。

⑤ 避難上必要な施設の管理とは、主に避難に支障となる物件の放置や、防火戸の閉鎖障害等を排除することをいう。

**5-2** 消防法第8条の2の5に定める自衛消防組織を設置しなければならない防火対象物として誤っているものはどれか。

① 地階を除く階数が2階建ての博物館で延べ面積が5万㎡のもの

② 地階を除く階数が8階建ての学校で延べ面積が2万㎡のもの

③ 地階を除く階数が11階建てのホテルで延べ面積が1万㎡のもの

④ 地階を除く階数が15階建ての複合用途防火対象物で1階～4階までの百貨店の床面積の合計が5万㎡あり、その上階の事務所が1万㎡ある防火対象物

⑤ 地階を除く階数が30階建ての共同住宅で延べ面積が5万㎡ある防火対象物

第 5 章　防火防災対策

**5−3** 消防法第 8 条の 3 に定める防炎対象物品を使用しなければならない防火対象物として誤っているものはどれか。

① 高さ31mを超える高層建築物
② 映画スタジオ、テレビスタジオなどの消防法施行令（以下「政令」という。）別表第1⑿項ロに該当する防火対象物
③ 飛行機の格納庫などの政令別表第1⒀項ロに該当する防火対象物
④ 政令別表第1（16の2）項に区分される地下街の防火対象物
⑤ 公衆浴場で政令別表第1⑼項ロに該当する防火対象物

**5−4** 消防法第 8 条の 3 の防炎規制の防火対象物と防炎対象物品の組み合わせとして誤っているものはどれか。

① 工事中の建築物で使用される工事用シート
② 劇場の舞台で使用される大道具の合板
③ 15階建ての共同住宅の11階以上の住戸内で使用されるカーテン
④ 幼稚園の園児室で使用されるござ
⑤ 学校の体育館で使用される暗幕

**5−5** 消防法第 9 条の 2 に規定する住宅用防災機器に関する記述として誤っているものはどれか。

① 住宅用防災機器には、住宅用防災警報器と住宅用防災避難設備の二つが規定されている。
② 住宅用防災機器の感知器は、住宅の就寝用の居室に設置することとなっている。
③ 住宅用防災機器の感知器は、就寝用の居室がある階（避難階は除かれる。）から直下階に通ずる階段に設置することとなっている。
④ 住宅用防災機器に関する条例は、消防法施行令で定める基準に従って設けなければならない。
⑤ 住宅用防災機器に関する条例の制定に際して、消防法施行令で定める基準以外の基準を設ける場合には、その基準は火災の予防に沿って合理的なものであることが明らかなものである必要がある。

# Coffee Break 防火と防災管理関係規定の一覧

## Coffee Break
## 防火と防災管理関係規定の一覧

### 1 防火管理関係一覧

|  | 防火管理者 | 統括防火管理者 | 防火対象物定期点検 | 特例認定 |
|---|---|---|---|---|
|  | 法第8条 | 法第8条の2 | 法第8条の2の2 | 法第8条の2の3 |
| 法の項別内容 | ①防火管理者の選任、消防計画の作成、防火管理業務の実施<br>②防火管理者の選任届出<br>③選任命令<br>④遵守措置命令 | ①統括防火管理者の選任、全体の消防計画の作成、統括防火管理業務の実施<br>②統括防火管理者の防火管理者に対する指示権<br>③全体と個別の消防計画の適合<br>④統括防火管理者の選任届出<br>⑤選任命令<br>⑥遵守措置命令 | ①防火対象物点検資格者による点検義務<br>②点検済表示<br>③不法表示の禁止<br>④消防長等による表示の除去等 | ①特例認定の申請<br>②検査の申請<br>③特例認定の通知<br>④失効<br>⑤管理権原者変更の届出<br>⑥取消し<br>⑦優良認定の表示 |
| 適用範囲 | 政令第1条の2<br>・用途＋収容人員<br>(6)項ロ　10人<br>特定　30人<br>非特定　50人<br>新築中建物、旅客船　50人 | 政令第3条の3<br>・用途＋収容人員＋階数<br>(6)項ロ　10人＋3階<br>特定　30人＋3階<br>(16)項ロ　50人＋5階<br>高層建築物<br>地下街、準地下街 | 政令第4条の2の2<br>・用途＋収容人員＋構造<br>特定　300人以上<br>特定　30人＋特定一階段<br>(6)項ロ　10人＋特定一階段<br>（特定用途に限られる。） |  |
| 資格者 | 甲種、乙種防火管理者（甲種は再講習該当あり） |  | 防火対象物点検資格者<br>規則第4条の2の4<br>・講習<br>・学識経験者 |  |
|  | 政令第3条<br>甲種防火管理者<br>(6)項ロ　10人以上<br><br>特　定　30人以上＋300㎡以上<br>非特定　50人以上＋500㎡以上<br>新築中建物、旅客船　50人以上 | 政令第4条<br>甲種防火管理者<br>(6)項ロ　10人以上＋3階以上<br><br>特　定　30人以上＋3階以上＋300㎡以上<br>(16)項ロ　50人以上＋5階以上＋500㎡以上<br>高層　特定　300㎡以上<br>　　　非特定　500㎡以上<br>地下街、準地下街　300㎡以上 |  |  |

# 第5章　防火防災対策

| 資格<br>要件 | （乙種可の対象物）<br>特　定　30人以上＋<br>　　　　 300㎡未満<br>非特定　50人以上＋<br>　　　　 500㎡未満 | （乙種可の対象物）<br>特　定　30人以上＋3階<br>　　　　＋300㎡未満<br>⑯項ロ　50人以上＋5階<br>　　　　＋500㎡未満<br>高層　特定　　300㎡未満<br>　　　非特定　500㎡未満<br>地下街、準地下街<br>　　　　300㎡未満 | |
|---|---|---|---|

## 2　防災管理関係一覧

| | 防災管理者 | 統括防災管理者 | 防災管理点検 | 特例認定 |
|---|---|---|---|---|
| | 法第36条による読み替え | | | |
| 適用<br>内容 | ①防災管理者の選任、<br>消防計画の作成、<br>防災管理業務の実施<br>（以下防火管理者と同じ。） | ①統括防災管理者の選任、<br>全体の消防計画の作成、<br>統括防災管理業務の実施<br>（以下統括防火管理者と同じ。） | ①防災管理点検資格者による点検<br>（以下防火対象物定期点検と同じ。） | ①特例認定の申請<br>（以下防火対象物の特例認定と同じ。） |
| 対象 | ・地震　　　・毒性物質等の発散（テロ）　　（政令第45条） | | | |
| 適用<br>範囲 | 政令第46条<br>単独用途（対象用途部分）　　11階以上　　　　　延べ面積1万㎡以上<br>　　　　　　　　　　　　　　5階以上10階以下　　延べ面積2万㎡以上<br>　　　　　　　　　　　　　　4階以下　　　　　　延べ面積5万㎡以上<br>複合用途（対象用途部分の合計）　対象用途部分の合計が該当する場合<br>　［対象用途；(1)項〜(4)項、(5)項イ、(6)項〜(12)項、(13)項イ、(15)項、(17)項] | | | |
| 資格<br>者 | 政令第47条　・講習・学識経験者 | | | |
| 自衛<br>消防<br>組織 | 法第8条の2の5　政令第4条の2の4<br>自衛消防組織の設置を要する防火対象物（上記の適用範囲と同じ。） | | | |
| 資格 | 政令第4条の2の8　・講習・学識経験者 | | | |

# 第6章 消防用設備等

## 6.1　消防用設備等の設置・維持

（法第17条〜第17条の2の4）

〔消防用設備等の設置・維持と特殊消防用設備等の適用除外〕

第一七条　学校、病院、工場、事業場、興行場、百貨店、旅館、飲食店、地下街、複合用途防火対象物その他の防火対象物で政令で定めるものの関係者は、政令で定める消防の用に供する設備、消防用水及び消火活動上必要な施設（以下「消防用設備等」という。）について消火、避難その他の消防の活動のために必要とされる性能を有するように、政令で定める技術上の基準に従つて、設置し、及び維持しなければならない。

②　市町村は、その地方の気候又は風土の特殊性により、前項の消防用設備等の技術上の基準に関する政令又はこれに基づく命令の規定のみによつては防火の目的を充分に達し難いと認めるときは、条例で、同項の消防用設備等の技術上の基準に関して、当該政令又はこれに基づく命令の規定と異なる規定を設けることができる。

③　第一項の防火対象物の関係者が、同項の政令若しくはこれに基づく命令又は前項の規定に基づく条例で定める技術上の基準に従つて設置し、及び維持しなければならない消防用設備等その他の設備等に代えて、特殊消防用設備等（当該消防用設備等と同等以上の性能を有し、かつ、「特殊消防用設備等」という。）であって、当該消防用設備等と同等以上の性能を有し、かつ、当該関係者が総務省令で定めるところにより作成する特殊消防用設備等の設置及び維持に関する計画（以下「設備等設置維持計画」という。）に従つて設置し、及び維持するものとして、総務大臣の認定を受けたものを用いる場合には、当該認定を受けた特殊消防用設備等（それに代えて当該認定を受けた特殊消防用設備等が用いられるものに限る。）については、前二項の規定は、適用しない。

第一七条の二　〔性能評価〕（略）

第一七条の二の二　〔特殊消防用設備等の認定の申請〕（略）

第一七条の二の三　〔認定の失効〕　①—③　〔略〕

④　第十七条第三項の規定による認定を受けた者は、第二項ただし書の総務省令で定める軽微な変更をしたときは、その旨を消防庁長官又は消防署長に届け出なければならない。

罰則　【第四項の届出を怠った者】過料五万円以下（消防法第四六条の五）

第一七条の二の四　〔総務大臣の性能評価〕　〔略〕

## 6.1.1　消防用設備等の制度

### (1)　目的

　　法第17条第1項は、飲食店、百貨店、旅館、病院、学校、地下街等の防火対象物の関係者（所有者等）に消防用設備等を設置・維持することを義務付けている。

## 第6章 消防用設備等

(2) 設置の体系

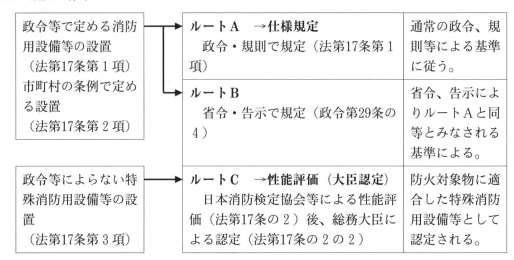

参照 → Coffee Break 法第17条の多様性

### 6.1.2 条文の構成（防火対象物に設置すべき消防用設備等）

(1) 消防法施行令

第2章（第6条〜第36条）
- 消防用設備等の種類
- 消防用設備等の設置が義務付けられる防火対象物

消防用設備等ごとに、防火対象物の用途、規模、収容人員等に応じ、設置対象を規定
（例：消火器　延べ面積150㎡以上の飲食店は設置が必要）
- 設置、維持に関する基本的事項

(2) 消防法施行規則

第2章（第5条〜第33条）
- 設置、維持に関する細目（一部を消防庁告示等で示す。）
（例：消火器　設置対象の各部分から歩行距離20m以下に設置）
- 消防用設備等の届出等に係る手続

(3) 設置、維持に係る消防検査等の流れ

| 時期 | 届出の種類 | 届出者 | 根拠法令 |
|---|---|---|---|
| 計画時 | 消防同意 |  | 法第7条 |
| 設置前 | 着工届 | 甲種消防設備士 | 法第17条の14・規則第33条の18 |
| 設置完了時 | 設置検査 | 関係者 | 法第17条の3の2・規則第31条の3 |
| 維持管理時 | 定期点検・報告 | 関係者 | 法第17条の3の3・規則第31条の6 |

## 6.1 消防用設備等の設置・維持

### 6.1.3 消防用設備等の種類

参照 ➡ Coffee Break 法第17条の多様性

**(1) 消防用設備等（政令第7条第1項～第6項：ルートA）**

| 項　目 | | 主な消防用設備等の名称 |
|---|---|---|
| 消防の用に供する設備 | 消火設備 | 消火器等 |
| | | 屋内消火栓設備、スプリンクラー設備、水噴霧消火設備、泡消火設備 |
| | | 不活性ガス消火設備、ハロゲン化物消火設備、粉末消火設備 |
| | | 屋外消火栓設備、動力消防ポンプ設備 |
| | 警報設備 | 自動火災報知設備、ガス漏れ火災警報設備 |
| | | 漏電火災警報器、消防機関へ通報する火災報知設備 |
| | | 拡声器等の非常警報器具、放送設備等の非常警報設備 |
| | 避難設備 | すべり台・避難はしご・救助袋・緩降機その他の避難器具 |
| | | 誘導灯、誘導標識 |
| 消防用水 | | 防火水槽等 |
| 消防活動上必要な施設 | | 排煙設備、連結散水設備、連結送水管、非常コンセント設備、無線通信補助設備 |

**(2) 必要とされる防火安全性能を有する消防の用に供する設備等（政令第29条の4：ルートB）**

- パッケージ型消火設備
- パッケージ型自動消火設備
- 共同住宅用スプリンクラー設備
- 共同住宅用自動火災報知設備
- 住戸用自動火災報知設備
- 共同住宅用非常警報設備
- 共同住宅用連結送水管
- 特定小規模施設用自動火災報知設備
- 加圧防排煙設備
- 複合型居住施設用自動火災報知設備
- 特定駐車場用泡消火設備
- 共同住宅用非常コンセント設備

第6章　消防用設備等

(3)　特殊消防用設備等（法第17条第3項：ルートC）

○は、現在のルートC対象

（　）内は、代えられる消防用設備等

- 　加圧防煙システム（排煙設備）（現在はルートB）
- 　ドデカフルオロ－2－メチルペンタン－3－オン（FK－5－1－12）を消火剤とする消火設備（ハロゲン化物消火設備）（現在はルートA）
- ○　複数の総合操作盤を用いた総合消防防災システム（総合操作盤）
- ○　火災温度上昇速度を監視する機能を付加した防災システム（自動火災報知設備）
- 　閉鎖型ヘッドを用いた駐車場用消火設備（泡消火設備）（現在はルートB）
- 　インバーター制御ポンプを使用するスプリンクラー設備（スプリンクラー設備）（現在はルートA）
- ○　空調設備と配管を兼用するスプリンクラー設備（スプリンクラー設備）
- ○　閉鎖型水噴霧ヘッドを使用した消火設備（水噴霧消火設備）
- ○　大空間自然給排煙設備（排煙設備）
- ○　放射時間を延長した窒素ガス消火設備（不活性ガス消火設備）

出典：平成30年版『消防白書』

## 6.1.4　特例の適用（基準の特例）　　※予防技術検定出題範囲外

> 政令第32条　この節の規定は、消防用設備等について、消防長又は消防署長が、防火対象物の位置、構造又は設備の状況から判断して、この節の規定による消防用設備等の基準によらなくとも、火災の発生又は延焼のおそれが著しく少なく、かつ、火災等の災害による被害を最少限度に止めることができると認めるときにおいては、適用しない。

　一定の条件の防火対象物では、基準どおりに消防用設備等を設置する必要がない場合もあることから、設置基準によらない場合に対応できるものとして、消防長等の判断により緩和できることとなっている。

　なお、原則として、消防庁が通知する特例基準に適合する範囲内で対処する。

## 6.1.5　消防用設備等の設置

(1)　設置の仕組み

　消防用設備等の設置は、建築物である防火対象物の全体に設置する場合や階や用途区分などの部分に設置する場合などさまざまなケースがある。次のような基本的事項と例外的な取扱いにより規制されている。

1　棟の取扱い
2　令8区画などによる棟の例外的な取扱い
3　棟を渡り廊下により別棟とする例外的な取扱い
4　棟の用途の取扱い

5　みなし従属とされる用途適用の例外的な取扱い
6　みなし従属を認めない取扱い
7　特定一階段のような用途と階段の組み合わせや窓がないなどの構造等の取扱い

　法令、通知等により、消防用設備等の設置が義務となったり免除されたりと変わることがあるので、政令等の規定だけでなく全体を理解して間違いのないようにする必要がある。

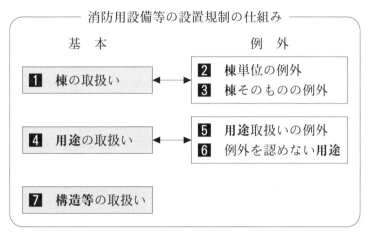

(2)　棟の取扱い（原則）……1

　消防用設備等の設置は、**棟**を単位として、防火対象物の用途・面積・収容人員・構造により規制される。

　**用途**は、法規制では学校、工場等の個別の名称で規定しており、政令等の規制では**政令別表第1**に示す項ごとのグループで規定している。

　**面積**は、建基令による算定方法を準用する。

　**収容人員**は、用途ごとに規則第1条の3（収容人員の算定方法）により算出する。

　**構造**は、おおむね建基法を準用する。必要な箇所では、政令第11条のように「…主要構造部（建築基準法第2条第5号に規定する主要構造部をいう。…」と規定している。

> **参考**　棟とされる根拠条文
>
> 　消防用設備等の設置単位は、建築物である防火対象物については、特段の規定（政令第8条等）のない限り、棟であり、敷地ではないこと。「消防用設備等の設置単位について」（昭和50年3月5日消防安第26号）

(3)　棟単位の例外……2

　消防用設備等の設置単位が棟ではない例外が、政令第8条、第9条、第9条の2、第19条第2項、第27条第2項の規定である。

　ア　政令第8条

　　区画により別の棟とされる（令8区画）。

# 第6章　消防用設備等

> 政令第8条　防火対象物が開口部のない耐火構造（建築基準法第2条第7号に規定する耐火構造をいう。以下同じ。）の床又は壁で区画されているときは、その区画された部分は、この節の規定の適用については、それぞれ別の防火対象物とみなす。

　この場合、防火対象物の全体の構造は、消防用設備等の設置の面からいえば、木造でも防火造でもよく、接続部に限って開口部のない耐火構造による区画（壁）で接続した建物は、別の棟として、消防用設備等を設置すればよいこととなる。ただし、防火管理の規制は、全体を1棟として扱う。

> **参考**
> 　開口部としては、200mm鋼管の給水管等なら可等、貫通する配管等の取扱いについて「令8区画及び共住区画の構造並びに当該区画を貫通する配管等の取扱いについて（通知）（平成7年3月31日消防予第53号）等」が示されている。

例

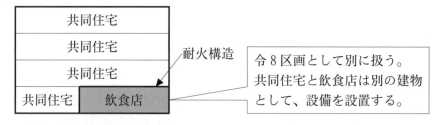

イ　政令第9条（複合用途の扱い）

　複合用途防火対象物にあっては、政令別表第1(1)項～(15)項の用途で同一用途部分を一つの防火対象物とみなして、その用途に必要とされる消防用設備等を設置する。
　ただし、スプリンクラー設備、自動火災報知設備、ガス漏れ火災警報設備、漏電火災警報器、非常警報設備、避難器具、誘導灯・誘導標識の一部は、除く。

> 政令第9条　別表第1(16)項に掲げる防火対象物の部分で、同表各項（(16)項から(20)項までを除く。）の防火対象物の用途のいずれかに該当する用途に供されるものは、この節（第12条第1項第3号及び第10号から第12号まで、第21条第1項第3号、第7号、第10号及び第14号、第21条の2第1項第5号、第22条第1項第6号及び第7号、第24条第2項第2号並びに第3項第2号及び第3号、第25条第1項第5号並びに第26条を除く。）の規定の適用については、当該用途に供される一の防火対象物とみなす。

6.1 消防用設備等の設置・維持

例

全体は(16)項イで、共同住宅、事務所、飲食店の場合
AとBの飲食店が別の事業所であっても、A＋Bで一つの飲食店の用途として床面積を合計し、設備の設置を判定する。設備を設置するときは、AとBに設置する。

> **参考**
> 複合用途防火対象物の確認申請時は、できる限り各テナントの用途・面積を把握した上での指導が必要となる。立入検査時に用途変更により新たに必要となる設備が判明した際は、法第17条の3に該当するか確認するが、非特定防火対象物であっても今後の用途変更によっては設備設置の必要が生じることを説明する必要がある。

ウ 政令第9条の2

特定用途の防火対象物の地階が、地下街(16の2)項と接続しているときは、スプリンクラー設備、自動火災報知設備、ガス漏れ火災警報設備、非常警報設備は、地下街として設備を設置する。

> 政令第9条の2 別表第1(1)項から(4)項まで、(5)項イ、(6)項、(9)項イ又は(16)項イに掲げる防火対象物の地階で、同表(16の2)項に掲げる防火対象物と一体を成すものとして消防長又は消防署長が指定したものは、第12条第1項第6号、第21条第1項第3号（同表(16の2)項に係る部分に限る。）、第21条の2第1項第1号及び第24条第3項第1号（同表(16の2)項に係る部分に限る。）の規定の適用については、同表(16の2)項に掲げる防火対象物の部分であるものとみなす。

エ 設備による例外的な扱い

政令の設置基準で、設置単位が別に定められている場合はその規定による。次のケースがある。
・ 屋外消火栓設備（政令第19条第2項）
・ 消防用水（政令第27条第2項）

(4) 棟そのものの例外……3

渡り廊下で接続されている場合は、原則としては1棟となるが、渡り廊下の構造等の要件により、それぞれを別棟として消防用設備等の設置基準を適用することができる。通称**「渡り廊下の基準」**といわれているが、この扱いは昭和50年の通知であり、現行の建築物への適用は難しい面がある。

# 第6章 消防用設備等

例　別棟の扱い

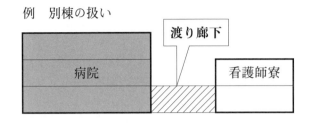

左図の場合、病院（(6)項イ）と看護師寮（(5)項ロ）は本来1棟の扱いではあるが、渡り廊下の基準に適合すれば、別の建物として設備を設置することができる。

**参考**

構造、規模、用途等の基準に適合した渡り廊下で接続されていると別棟として扱われる（昭和50年3月5日消防安第26号）。

## 6.1.6　用途の取扱い（原則）……4

(1) 経緯

政令による消防用設備等の設置規制は、政令別表第1の用途区分に従うこととなっているが、昭和49年の改正により特定防火対象物の遡及適用が追加されたことにより、特定用途と判定されると将来にわたって、改正される法令基準に適合しなければならなくなった。このため、例えば、学校内の食堂など全体の防火対象物の中に付随して利用される飲食店、物品販売店舗等の特定用途部分の取扱いが課題となり、政令第1条の2第2項により、従属的な用途は主たる用途に包含してもよいこととなった（政令別表第1の備考1も同じ）。

その場合の従属的な部分としては、機能従属とみなし従属の二つが定められた。

| 単一用途 | 機能従属 | 主たる用途 |
| --- | --- | --- |
| | | 従たる用途 |
| | みなし従属 | 主たる用途 |
| | | その他（独立した用途） |

「令別表第1に掲げる防火対象物の取り扱いについて」（昭和50年4月15日消防予第41号・消防安第41号）（以下「41号通知」という。）

参照 ➡ 第7章　Coffee Break　消防法の用途の扱い　2　従属用途の考え方

(2) 機能的従属（主たる用途に付随する従属用途）

項の判定では、本来的な主な用途とされる部分（次表(イ)の部分）に機能的に従属している用途に認められる部分（次表(ロ)の部分）を含めて取り扱うこととなった。ただし、従属的用途は、主な用途との結びつきから、次の三つの条件が必要となる（41号通知第1項第1号）。

6.1 消防用設備等の設置・維持

| 条件 | ・管理権原者が主用途と同一<br>・利用者が同一<br>・利用時間もほぼ同一 |
|---|---|

　従属的用途であっても条件が該当しない場合は、従属しているとみなされず、全体が複合用途防火対象物とされ、政令第9条の適用となる。

例　機能従属の例

| 項 | 主用途部分(イ) | 従属用途部分(ロ) |
|---|---|---|
| (1)項イ | 舞台部、客席、映写室、ロビー、切符売場、出演者控室、大道具・小道具室、衣装部屋、練習室 | 専用駐車場、売店、食堂、喫茶室 |
| (4)項 | 売場、荷さばき室、商品倉庫、食堂、事務室 | 催物場、写真室、遊技場、結婚式場、専用駐車場、美・理容室、診療室、集会室 |
| (9)項ロ | 脱衣場、浴室、休憩室、クリーニング室 | 専用駐車場 |

参照 ➡ 第7章　Coffee Break　消防法の用途の扱い　3　従属用途

> **参考**
> 　消防用設備等における従属的用途の要件と、防火管理の単一用途の取扱いの要件は少し異なるので注意する。
> 参照 ➡ 第4章　Coffee Break　法第8条防火管理関係について　6　管理権原者

(3) みなし従属……

　主たる用途に対して、機能的従属用途以外の用途や機能的従属用途で条件に該当しない用途で、次の条件を満たす場合は、この独立した用途を主たる用途にみなして（包含させて）、項の判定をすることができることとした（41号通知第1項第2号）。

| みなし従属 | 独立した用途の床面積の合計 | 延べ面積の10%未満かつ300㎡未満 |
|---|---|---|

203

第6章　消防用設備等

例

| 事務所 |
| 事務所 |
| 事務所 |
| 事務所 |
| 事務所 |
| 事務所　｜　飲食店 |

　　左図は、本来は、事務所と飲食店の複合用途⒃項イと判定されるが、飲食店部分が10％未満かつ300㎡未満なら、全体の小部分であることから全体の用途とみなされ、防火対象物全体を⒂項として扱う。
　　なお、この飲食店が社員食堂の場合は前⑵の機能従属が適用され、面積に関係しない。この図の飲食店は、利用者や利用時間等が事務所とは関係なく営業している部分である。

参照 ➡ 第7章　Coffee Break　消防法の用途の扱い　4　みなし従属

⑷　みなし従属を認めない用途……**6**
　　上記⑶のみなし従属の適用を認めない用途の取扱いがある（41号通知改正（平成27年2月27日消防予第81号））。
　　みなし従属部分の用途が、⑵項ニ、⑸項イ、⑹項イ⑴から⑶、⑹項ロ、⑹項ハ（入居・宿泊あり）の用途部分であるときは、10％未満かつ300㎡未満であってもみなし従属と認めないで、全体が⒃項イとされる。
　　なお、小規模特定用途複合防火対象物（⒃項イで、みなし従属が認められない用途が10％以下かつ300㎡未満であるもの。規則第13条第1項第2号）に対しては、⒃項イであることにより規制される消防用設備等の免除規定がある。

参照 ➡ 第7章　Coffee Break　消防法の用途の扱い　4⑵　みなし従属が適用されない用途の創設

## 6.1.7　構造等による設備規制……**7**

⑴　特定一階段
　　特定一階段は、防火対象物定期点検報告（法第8条の2の2）の対象でもあり、特定用途の部分が避難階以外の階（1階、2階を除く。）にあり、かつ、屋内階段が一つしかない防火対象物で、従来の用途・規模・収容人員とは別の視点で消防用設備等を設置する対象としている（政令第4条の2の2）。建物の構造というより利用形態というべきもので、潜在危険を捉えた規制事項である。

参照 ➡ 4.3.2⑶　特定一階段、7.7⒅　特定一階段等防火対象物

　　この特定一階段の防火対象物は、自動火災報知設備の設置が面積に関係なく規制対象となる。

⑵　特定一階段に関する規制
・　政令第4条の2の2（防火対象物定期点検の対象）
・　政令第21条第1項第7号（自動火災報知設備の設置対象）
・　政令第35条第1項第4号（消防検査の対象）
・　政令第36条第2項第3号（消防用設備等の資格者による点検対象）

6.1 消防用設備等の設置・維持

 **ポイント**

特定一階段に関係する規制事項がいくつかあり、これからも増えることがあるが、上記の四つは代表的な事項なので、法令集で確認しておくこと。

---

**参考 政令第4条の2の2第2号**

…別表第1(1)項から(4)項まで、(5)項イ、(6)項又は(9)項イに掲げる防火対象物の用途に供される部分が避難階（建築基準法施行令第13条第1号に規定する避難階をいう。以下同じ。）以外の階（1階及び2階を除くものとし、総務省令で定める避難上有効な開口部を有しない壁で区画されている部分が存する場合にあっては、その区画された部分とする。以下この号、第21条第1項第7号、第35条第1項第4号及び第36条第2項第3号において「避難階以外の階」という。）に存する防火対象物で、当該避難階以外の階から避難階又は地上に直通する階段（建築基準法施行令第26条に規定する傾斜路を含む。以下同じ。）が二（当該階段が屋外に設けられ、又は総務省令で定める避難上有効な構造を有する場合にあっては、一）以上設けられていないもの

---

(3) 特定一階段等防火対象物の規制

特定一階段でも、特定一階段等防火対象物と表現される防火対象物からは、**小規模特定用途複合防火対象物**が除かれる（規則第23条第4項第7号）。

参照 ⇒ 第7章 Coffee Break 消防法の用途の扱い 4(3) 小規模特定用途複合防火対象物の創設

そのため、特定一階段等防火対象物の規定ではなく小規模特定用途複合防火対象物として扱われ、設備設置の規定が異なる。

| 特定一階段等防火対象物（小規模特定用途複合防火対象物は除外）の規制 | 自動火災報知設備の煙感知器の階段下の設置個数（規則第23条第4項第7号ヘ） |
|---|---|
| | 自動火災報知設備の受信機の地区音響停止スイッチ（規則第24条第1項第2号ハ） |
| | 一動作式の避難器具等（規則第27条第1項第1号） |

(4) 消防用設備等における無窓階

政令第10条（消火器の設置基準）を受けて規則第5条の3で避難上又は消火活動上有効な開口部を有しない階を**無窓階**として、設備設置規制がなされる。必要とされる窓がない階をいう。

ア 開口部（規則第5条の3第1項）

建築物の地上階のうち、避難上又は消火活動上有効な開口部を有しない階

第6章　消防用設備等

|  | 避難上有効な開口部 | 消火活動上有効な開口部 | 面積合計 |
|---|---|---|---|
| 11階以上の階 | 直径50cm以上の円が内接することができる開口部 |  | 開口部面積の合計が、その階の床面積の30分の1以下 |
| 10階以下の階 |  | 直径1m以上の円が内接することができる開口部又は幅75cm以上及び高さ1.2m以上の開口部が2か所以上 |  |

※　10階以下の階は開口部面積に消火活動上有効な開口部が避難上有効な開口部に含まれるので、面積は合算される。

例

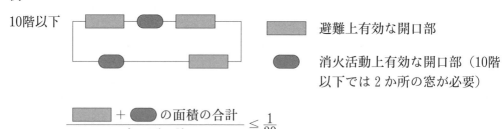

無窓階と判定されると、消防用設備等が規制強化となる。

例

| 防火対象物 | 消防用設備等 | 一般 | 無窓階 |
|---|---|---|---|
| ⒂項事務所 | 屋内消火栓設備 | 延べ面積1,000㎡以上 | 床面積200㎡以上 |
| | 自動火災報知設備 | 延べ面積1,000㎡以上 | 床面積300㎡以上 |

その他、消火器具、スプリンクラー設備、非常警報設備、避難器具、誘導灯、排煙設備が対象となる。

イ　開口部の条件（規則第5条の3第2項）
　開口部の3条件
- 床面から開口部の下端までの高さは1.2m以内
- 道又は道に通じる1m以上の通路その他の空地に面している（11階以上は非該当）。
- 内部から容易に避難でき、外部から容易に破壊できる構造（窓ガラスが強化ガラスだと窓と判定されない場合がある。）。

## 6.1　消防用設備等の設置・維持

---

**参考**

- 開口部の大きさは、非常用進入口の大きさと同じである（建基令第126条の6、第126条の7）。
- 0.75m×1.2mの窓は、窓先空地（建築法第40条により一部の自治体が条例で定める避難上有効な空地）に面する開口部としても規定されている。
- 窓は、建築基準法では採光・換気の機能が求められ、また、排煙のためには天井面から80cm以内の開口部となっている。消防法の開口部とはかなり趣旨が異なるので、注意する必要がある。

---

**参考**　2種類の無窓階

| 消防用設備等の設置規制の対象となる無窓階　参照 ➡ 6.1.7(4) | 建築物の地上階のうち、避難上又は消火活動上有効な開口部を有しない階（政令第10条） | 避難上又は消火活動上有効な開口部を有しない階（規則第5条の3） | |
|---|---|---|---|
| 特定一階段における開口部のない階とされる無窓階　参照 ➡ 6.1.7(1) | 避難上有効な開口部がなく、その階において別の区画とされる場合（政令第4条の2の2） | 避難上有効な開口部（規則第4条の2の2） | 1mの円又は1.2m×0.75mの開口部が一つ必要 |

---

### (5)　地階及び階数の扱い

　政令第10条（消火器の設置基準）では、地階、無窓階又は3階以上の階で50㎡以上の階には消火器の設置を義務付けている。このように、地階、無窓階、階数による設備規制が多くある。

- **地階**は、地盤面下にある階で、建基令第1条第2号により、床面から地盤面までの高さがその階の天井の高さの3分の1以上のものとしている。設備規制上、地階と無窓階はほぼ同じ扱いとなっている。
- **階数**は、昇降機塔等これらに類する建築物の屋上部分又は地階の倉庫、機械室等これらに類する建築物の部分で、水平投影面積の合計が建築面積の8分の1以下のものは、当該建築物の階数に参入されないこととなっている（建基令第2条第1項第8号）。このことから、政令第29条（連結送水管）などで、「地階を除く階数が七以上のもの…」となっている場合、塔屋等階数に参入されない階は除外して、設置基準を適用する。同様に政令第11条（屋内消火栓設備）などの**階ごと**と記載されている場合も適用されない。

## 6.2　既存防火対象物の消防用設備等の設置

（法第17条の2の5、第17条の3）

【適用除外】

第一七条の二の五　第十七条第一項の消防用設備等の技術上の基準に関する政令若しくはこれに基づく命令又は同条第二項の規定に基づく条例の規定の施行又は適用の際、現に存する同条第一項の防火対象物における消防用設備等（消火器、避難器具その他政令で定めるものを除く。以下この条及び次条において同じ。）又は現に新築、増築、改築、移転、修繕若しくは模様替えの工事中の同条同項の防火対象物に係る消防用設備等がこれらの規定に適合しないときは、当該消防用設備等については、当該規定は、適用しない。この場合においては、当該消防用設備等の技術上の基準に関する従前の規定を適用する。

② 前項の規定は、消防用設備等で次の各号のいずれかに該当するものについては、適用しない。

一　第十七条第一項の消防用設備等の技術上の基準に関する政令若しくはこれに基づく命令又は同条第二項の規定に基づく条例を改正する法令による改正（当該政令若しくは命令又は条例を廃止すると同時に新たにこれに相当する政令若しくは命令又は条例を制定することを含む。）後の当該政令若しくは命令又は条例の規定の適用の際、当該規定に相当する従前の規定に適合していないことにより同条第一項の規定に違反している同条同項の防火対象物における消防用設備等

二　工事の着手が第十七条第一項の消防用設備等の技術上の基準に関する政令若しくはこれに基づく命令又は同条第二項の規定に基づく条例の規定の施行又は適用の後である政令で定める増築、改築又は大規模の修繕若しくは模様替えに係る同条第一項の防火対象物における消防用設備等

三　第十七条第一項の消防用設備等の技術上の基準に関する政令若しくはこれに基づく命令又は同条第二項の規定に基づく条例の規定に適合するに至つた同条第一項の防火対象物における消防用設備等

四　前三号に掲げるもののほか、第十七条第一項の消防用設備等の技術上の基準に関する政令若しくはこれに基づく条例の規定の施行又は適用の際、現に存する百貨店、旅館、病院、地下街、複合用途防火対象物（政令で定めるものに限る。）その他同条第一項の防火対象物で多数の者が出入するものとして政令で定めるもの（以下「特定防火対象物」という。）における消防用設備等又は現に新築、増築、改築、移転、修繕若しくは模様替えの工事中の特定防火対象物に係る消防用設備等

【用途変更の場合の特例】

第一七条の三　〔略〕

### 6.2.1　設置時の法令適用

新設の防火対象物は、法第17条がそのまま適用される。

既存の防火対象物は、消防用設備等の設置時に適法ならば、法令改正に合わせた改修の義務が免除される。これは**不遡及の原則**といわれ、行政上の普遍的な論理であり、法第17条の2の5第1項及び法第17条の3第1項に定めている。

しかし、ある一定の条件に該当する場合は、改正された法令基準が適用されるものとし、法第17条の2の5第2項（法第17条の3第2項も同じ。）に不遡及の原則の適用除外を設

## 6.2 既存防火対象物の消防用設備等の設置

けている。

　消防用設備等は、建築物の設備等に関することから、改正された基準に改修することが比較的容易であるとみなされ、かつ、改修により出火・人命危険の排除に直接つながることから、不遡及の原則の適用除外項目の範囲が広く、人命安全に大きな役割を担っている。建築基準法は、構造や躯体等に関することもあり、一部を除いて既存建物への現行法令の適用はない。現行法令に対応していない既存建築物は**既存不適格**とされるが、違法建築物とはならない。特に、防火区画等に関しては、現行法令に則っていないケースもあり、危険性を感ずることがあるが、建築時の法令に従って適正に維持管理されていれば問題はなく、法第5条第1項のただし書きにある他の法令により許認可を受けているケースに該当し、火災予防措置命令の対象とはならない。

### ⑴ 法第17条関係の体系

| 法第17条<br>1　消防用設備等の設置、維持<br>2　条例による附加<br>3　特殊消防用設備等の設置、<br>　　維持 | 政令第2章第3節<br>　消防用設備等の設置・維持の技術上の基準 |
| --- | --- |

| | 第1項　括弧書き<br>　　政令第34条（適用が除外されない消防用設備等）　消火器、誘導灯等簡易な消防用設備 |
| --- | --- |

| 法第17条の2の5<br>1　既存防火対象物の適用除外<br>2　適用除外されないもの<br>　　（法令違反対象物も含む。） | 第2項第1号　もともと基準違反していることから改正法令がそのまま適用される。 |
| --- | --- |

| 法第17条の3<br>1　用途変更に係る適用除外<br>2　適用除外されないもの | 第2項第2号<br>　　政令第34条の2（増築及び改築の範囲）<br>　　適用が除外されない増築・改築は、床面積合計1,000㎡以上・延面積の2分の1以上<br>　　政令第34条の3（大規模の修繕及び模様替えの範囲）　適用が除外されない修繕・模様替えは、主要構造部の壁の過半 |
| --- | --- |

| | 第2項第3号　自主的に設置された設備等<br>　　自主設置の設備等が、改正法令に適合するに至ったことにより改正法令の基準に従った規制となる。 |
| --- | --- |

| | 第2項第4号<br>　　政令第34条の4（適用が除外されない防火対象物の範囲）　特定防火対象物 |
| --- | --- |

第6章　消防用設備等

⑵　附則による適用の手続

ア　政令に多いケース、施行日の猶予など

> 附　則
>
> （施行期日）
>
> 1　この政令は、令和○○年○月○日から施行する。
>
> （経過措置）
>
> 2　この政令の施行の際、現に存する・・改正後の同令第○条第○項の規定に
> かかわらず、××年×月×日までの間は、なお従前の例による。

イ　省令の技術基準の適用除外があるケース

> 附　則
>
> （施行期日）
>
> 1　この省令は、令和○年○月○日から施行する。
>
> （経過措置）
>
> 2　この省令の施行の際、現に存する・・における□□□□□設備のうち、改
> 正後の規則第○条の規定に適合しないものに係る技術上の基準の細目につい
> ては、これらの規定にかかわらず、・・なお従前の例による。

## 6.2.2　適用除外等の仕組み

⑴　法第17条の2の5第1項の不遡及原則

ア　原則

　　既存の防火対象物に対する改正法令の基準の適用が除外される（法令改正による改修はしなくてもよい。）。

　　もし、法令改正により穏やかな基準になった場合には、後発の改正法令を満たしていればよい（例　消火器の設置間隔が旧条例では10m、現行20m）。

イ　除外

　　第1項の括弧書きによる除外規定として、簡易な消防用設備等は、新しい基準に従って設置する（政令第34条）。

| | |
|---|---|
| 適用が除外されない（遡及適用される）消防用設備等 | 消火器 |
| | 避難器具 |
| | 簡易消火用具 |
| | 自動火災報知設備（特定防火対象物と別表第1⒄項に掲げる防火対象物に設けるものに限る。） |
| | ガス漏れ火災警報設備（特定防火対象物に掲げる防火対象物並びにこれらの防火対象物以外の防火対象物で温泉採取設備に設けるものに限る。） |
| | 漏電火災警報器 |

## 6.2　既存防火対象物の消防用設備等の設置

| |
|---|
| 非常警報器具及び非常警報設備 |
| 誘導灯及び誘導標識 |
| 必要とされる防火安全性能を有する消防の用に供する設備等であって、上記に掲げる消防用設備等に類するものとして消防庁長官が定めるもの |

　改修しても費用的に軽微とされる設備である消火器等の消防用設備等は、改正法令に従う。ただし、これらの改正附則には経過措置が示される。

> **参考**
>
> 　政令第34条の対象となる自動火災報知設備は、法第17条の2の5第2項第4号により特定防火対象物が該当しているので、(17)項のみが対象となる。また、ガス漏れ火災警報設備は温泉施設が対象となる。

### (2)　適用除外

　法第17条の2の5第2項により、適用が除外されない防火対象物は、次のとおりである。法令改正の新基準に従って消防用設備等の設置・改修が必要となる。

① 　第1号　違反している防火対象物
② 　第2号　基準時以降に増改築した防火対象物（政令第34条の2と第34条の3）
　　延べ面積の2分の1以上、又は床面積合計1,000㎡以上の増築、改築
　　主要構造部の壁の過半の修繕、模様替え
③ 　第3号　自主設置されたような消防用設備等が改正後の基準に適合するに至った防火対象物
④ 　第4号　特定防火対象物（政令別表第1(1)～(4)項、(5)項イ、(6)項、(9)項イ、(16)項イ、(16の2)項、(16の3)項（政令第34条の4））

> **参考**　増築（用途変更）による遡及適用
>
> ① 　従前の解釈
> 　昭和49年以前は、増改築により改正法令が適用される面積となったことを設置対象に至ったと解釈していた。このような考え方を新規出現説といい、新規に法令適用となる建物が建築されたものとみなされた。
> 　例　屋内消火栓設備の設置基準1,000㎡に対して、800㎡の防火対象物を300㎡増築すると1,100㎡になるので、基準面積に至ったとして、屋内消火栓設備の設置対象とされた。
> ② 　現在の解釈
> 　現在、増築は全て2分の1又は1,000㎡以上を基準としている。この場合、理論は分かりやすいが、順次増築された防火対象物は、建築経過が不確かなケースが多く、設置指導が難しいことが多い。

第 6 章　消防用設備等

例　約20年前に建築した事務所900㎡を300㎡増築し、さらに150㎡増築すると、2分の1増築として屋内消火栓設備の設置指導が可能となる。しかし、建築時期は20年前と分かったが、当初の面積が900㎡でなく980㎡で、増築時期は分からないと言われると、設備未設置の指摘ができない（例としては極端であるが）。

| 既存部分 | | |
|---|---|---|
| | 増築 | 増築 |

このように、既存の工場等の非特定用途防火対象物が増築を繰り返した際の経過を正確に把握することは難しいことが多く、立入検査に入った際には法令違反を指導する前に、既存部分とその後の増築経過等を関係者から報告徴収により求めるなど、根拠を明確にして指導する必要がある。

## 6.2.3　法令改正時の法令適用

### (1)　法令等の改正時

法令改正時に附則が設けられる。附則は、法令条文の本則に対して、条文等が定着するまでの引継ぎの規定といわれるもので、多くは施行期日を示すものであるが、他に経過措置、罰則に関する経過措置、経過措置の政令への委任などがある。

### (2)　消防法における経過措置

法の規定に基づき政令又は規則を制定・改廃する場合、その制定・改廃に伴い罰則の適用関係など法律で規定されるべき事項についても所要の経過措置が、改正政令又は改正規則において規定することができる（法第36条の4）。

### (3)　経過措置の適用

政令では、主に消防用設備等の設置基準が改正されることから、改正の施行期日に合わせて、経過措置として、設備設置などの改修に当たっての猶予期間を定めている。

政令改正により対象となる防火対象物は、法第17条の2の5第2項に該当する適用除外とされる防火対象物であることから、政令第34条の消防用設備等を除くと実質的には第2項第4号の特定防火対象物の用途に関わる防火対象物となる。つまり、経過措置は特定防火対象物が改正法令により施行と同時に技術基準の違反対象物となることを避けるための措置となっている。

### (4)　規則の附則

規則では、附則に施行期日と経過措置の二つを明記しているケースと附則の第1項で期日、第2項で経過措置としているケースがある。この経過措置の記載内容により、特定防火対象物であっても改正省令の技術上の基準が適用されないこともある。

例

①　平成2年5月30日自治省令第17号

「2　…屋外消火栓設備及び連結送水管に係る技術上の基準の細目については、当分の間…従前の例による。」

（技術上の基準の改正部分で、当分の間は改修しなくてもよい部分を示す。）

②　平成11年3月17日自治省令第5号・改正平成21年9月30日総務省令第93号

（平成21年の改正により平成11年の改正附則の経過措置の対象が改正された。）

## 6.2 既存防火対象物の消防用設備等の設置

> **参考** 遡及適用で間違いやすい条文
>
> 排煙設備の基準を例に挙げて説明する。
> 政令第28条は、第1項で設置を必要とする防火対象物とその部分、第2項で設置維持に関する基準、第3項で排煙設備の設置を要しない部分を定めている。第3項の設置を要しない部分は、規則第29条第1号と第2号に規定している。この設置を要しない部分の適用範囲は、平成11年の改正により、直接外気に開放された部分と泡消火設備等の設置部分となっている(長官が定める部分は現在なし)。しかし、改正以前の規則第29条は、「令第28条第1項各号に掲げる防火対象物の部分の屋根又は外壁に排煙上有効な開口部がある場合において、当該開口部の面積の合計が、当該防火対象物の部分の床面積に対し、同項第2号に掲げる部分にあっては100分の1以上…」となっており、当時の建築基準法の排煙基準にほぼ一致していた。
> 改正により、特定防火対象物で、改正後の規則第29条の除外規定の要件に該当しない場合、現行の政令で定める排煙設備の設置義務が生じる。しかし、排煙設備は改修が困難なことが多いので、改正附則で、従前の除外規定の要件を残し、改修しなくてもよいようにしている。
>
> > 附　則（平成11年9月29日自治省令第34号）
> > 2　平成11年10月1日において現に存する防火対象物若しくはその部分又は現に新築、増築、改築、移転、修繕若しくは模様替えの工事中の防火対象物若しくはその部分における排煙設備のうち、改正後の消防法施行規則第29条及び第30条の規定に適合しないものに係る技術上の基準については、これらの規定にかかわらず、なお従前の例による。
>
> この場合、改正前の規定と改正附則を知らないと特定防火対象物に現行の排煙設備の基準を強いる間違いが生じることとなる。このように、政令の基準を規則で適用除外している条文は、改正内容とともにその附則についても注意深く確認する必要がある。

> **参考** 既存防火対象物に適用除外されない場合の違い（政令第34条）
>
> | 消防用設備等 | 用　途 | 備　考 |
> |---|---|---|
> | 自動火災報知設備 | (1)項～(4)項、(5)項イ、(6)項、(9)項イ、(16)項イ、(16の2)項、(16の3)項、(17)項 | (17)項が含まれる。 |
> | ガス漏れ火災警報設備 | (1)項～(4)項、(5)項イ、(6)項、(9)項イ、(16)項イ、(16の2)項、(16の3)項 | |

**ポイント**　[特定防火対象物と地下街]

(16の2)項は、法第17条の2の5第2項第4号中に「…百貨店、旅館、病院、**地下街**、**複合用途防火対象物**…」とあるので、政令第34条の4第2項に(16の2)項は入っていないが、特定防火対象物となる。

# 第6章　消防用設備等

## 6.3　消防用設備等の検査等
（法第17条の3の2）

〔消防用設備等又は特殊消防用設備等の検査〕
第一七条の三の二　第十七条第一項の防火対象物のうち特定防火対象物その他の政令で定めるものの関係者は、同項の政令若しくはこれに基づく命令若しくは同条第二項の規定に基づく条例で定める技術上の基準又は前条第一項前段の規定により適用されることとなる技術上の基準とする。以下「設備等技術基準」という。）に従つて設置しなければならない消防用設備等又は特殊消防用設備等（政令で定めるものを除く。）を設置したときは、その旨を消防長又は消防署長に届け出て、検査を受けなければならない。

罰則
【検査の拒否等又は届出を怠つた者】罰金三〇万円以下・拘留（消防法第四四条第四号・第八号）
【公訴時効】三年（刑事訴訟法第二五〇条・第二五三条）
ただし、届出義務違反については、届出があるまで進行しない（継続犯）。

### 6.3.1　消防用設備等の維持管理

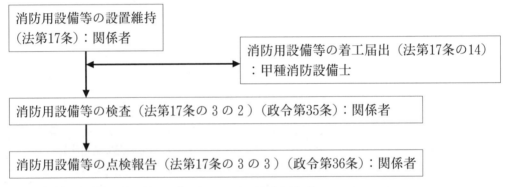

(1) 消防機関の検査を受けなければならない防火対象物

消防機関の検査を受けなければならない防火対象物は、表のとおりである（政令第35条第1項）。

| 防火対象物の用途等 | 延べ面積等 |
|---|---|
| (2)項ニ、(5)項イ、(6)項イ(1)～(3)、(6)項ロ | （面積規定なし） |
| (6)項ハ（入居・宿泊させるもの） | |
| (16)項イ、(16の2)項、(16の3)項（上記の用途があるもの） | |
| 上記以外の特定防火対象物 | 300㎡以上 |
| 非特定防火対象物（(19)項・(20)項は除く。） | 300㎡以上で消防長等が指定したもの |
| 特定一階段 | （面積規定なし） |

## 6.3 消防用設備等の検査等

(2) 設置の届出者

消防長又は消防署長に届け出て検査を受けなければならない者は、設置した関係者である。工事が完了した日から4日以内に届け出る。検査に適合しているときは「検査済証」を交付する（規則第31条の3第1項、第4項）。

(3) 対象となる設備

設備等技術基準又は設備等設置維持計画に従って設置しなければならない消防用設備等又は特殊消防用設備等である。そのため、任意で設置した場合は、適用されない。

- 設備等技術基準は、法第17条第1項（政令で定める設備）、法第17条第2項（条例で定める設備）、法第17条の2の5（既存防火対象物に対する設備）、法第17条の3（用途変更の防火対象物に対する設備）を対象とする。
- 設備等設置維持計画は、法第17条第3項を対象とする。

なお、消防用設備等のうち、簡易消火用具と非常警報器具は、検査を受けなくともよい（政令第35条第2項）。

(4) 検査の一部省略

検査の対象となる消防用設備等で「認定」の表示がなされている設備又はその部分は、認定を確認することにより検査をしたものとみなされる（規則第31条の3第3項）。

認定対象は、屋内消火栓の放水口、火災通報装置、総合操作盤などやキュービクル式非常電源専用受電設備などが該当している。

> **参考　面積規定による相違**
>
> 消防用設備等の設置義務があっても検査の対象とならないことがある。
> 例　(3)項飲食店で無窓階200㎡の場合、消火器、自動火災報知設備、誘導灯は設置義務があるが、検査は延べ面積300㎡以上のため対象外となる。
> 　なお、実質的には、300㎡未満で検査対象外であっても自動火災報知設備は法第17条の14の甲種消防設備士の工事届出を必要とすることから、図面確認として検査をすることがある。

**ポイント**

- (2)項ニ、(5)項イ、(6)項イ(1)～(3)、(6)項ロ、(6)項ハ（宿泊等有する施設）と特定一階段は、「面積なし」なので、面積あり（300㎡）との違いを理解すること。
- 罰則があり、届出義務違反は継続犯で、届出しない限り違反が成立するが、検査は工事完了後3年で時効となる。

### 6.3.2 消防設備士　　　※予防技術検定出題範囲外

(1) 消防設備士の業務独占

消防設備士でなければ行ってはならない工事又は整備に係る消防用設備等は、危険物施設又は防火対象物において設置義務のあるもので、工事・整備の種類は次のとおりで

ある（法第17条の5、政令第36条の2、規則第33条の3）。

| | 消防用設備 | 除かれる部分 |
|---|---|---|
| 工事と整備 | 屋内消火栓設備、スプリンクラー設備、水噴霧消火設備、屋外消火栓設備 | 電源、水源、配管の部分 |
| | 泡消火設備、不活性ガス消火設備、ハロゲン化物消火設備、粉末消火設備、自動火災報知設備、ガス漏れ火災警報設備、消防機関へ通報する火災報知設備 | 電源の部分 |
| | 金属製避難はしご、救助袋、緩降機 | |
| 整備 | 上記の設備、消火器、漏電火災警報器 | |

---

**参考　消防設備士等の免状の種類**

| 免状 | 可能な工事等 | 根拠 |
|---|---|---|
| 甲種消防設備士 | 工事と整備 | 法第17条の6 |
| 乙種消防設備士 | 整備 | |
| 消防設備点検資格者 | 点検のみ | 規則第31条の6 |

---

(2) **誠実義務**
- 業務の誠実な執行（法第17条の12）
- 免状の携帯義務（法第17条の13）
- 講習の受講義務（法第17条の10）

(3) **違反時の免状の返納命令**

　　消防法令に違反した場合には、免状返納命令の対象となる（法第17条の7第2項、「消防設備士免状の返納命令に関する運用について」（平成12年3月24日消防予第67号））。

(4) **消防用設備等の着工届**

　　甲種消防設備士が扱う工事を必要とする消防用設備等は、事前に技術基準の適法性の審査をするため、着手日の10日前までに消防長又は消防署長に届け出なければならない（法第17条の14）。

---

**参考　消防設備士の着工届に該当しないもの**

　　下記の工事は、着工届の対象とはならないが、消防検査の対象（法第17条の3の2）となる。

動力消防ポンプ設備、非常警報設備、避難器具、誘導灯、誘導標識、消防用水、排煙設備、連結散水設備、連結送水管、非常コンセント設備、無線通信補助設備

# 6.3 消防用設備等の検査等

**参考** 資格と講習制度の違い

(1) 試験による資格取得後の講習義務

| 資格 | 初回受講義務期間 | 2回目以降 | 根拠 |
|---|---|---|---|
| 消防設備士 | 免状を取得した日以後における最初の4月1日から2年以内 | 講習を受けた日以後における最初の4月1日から5年以内 | 法第17条の10 規則第33条の17 |
| 危険物取扱者 | 危険物の取扱作業に従事した日から1年以内（2年以内に免状を取得又は受講している場合、それぞれ最初の4月1日から3年以内） | 講習を受けた日以後における最初の4月1日から3年以内 | 法第13条の23 危規則第58条の14 |

未受講は、免状の裏面からも確知され、**違反点数制度**による違反減点となる。

(2) 講習による業務資格の継続

| 資格 | 再講習 | 根拠 |
|---|---|---|
| 防火対象物点検資格者 防災管理点検資格者 | 免状の交付を受けた日以後における最初の4月1日から5年以内 | 法第8条の2の2 規則第4条の2の4第5項第6号 |
| 消防設備点検資格者 | 再講習を受けないと新しい免状の交付が受けられず、資格失効となる。 | 法第17条の3の3 規則第31条の6第8項第6号 |

(3) 講習による業務知識の習得資格

| 資格 | 資格取得講習 | 再講習 | 根拠 |
|---|---|---|---|
| 防火管理者 | 甲種防火管理新規講習 乙種防火管理講習（乙種防火対象物のみ選任可） | 甲種防火管理再講習（5年以内に受講） | 法第8条、政令第3条、規則第2条の3、平成16年消防庁告示第2号 |

甲種防火管理再講習の未受講は、防火管理者資格の失効要件とはならない。

第6章　消防用設備等

## 6.4　消防用設備等の点検制度

（消防法第17条の3の3）

> （消防用設備等又は特殊消防用設備等の点検及び報告）
> 第一七条の三の三　第十七条第一項の防火対象物（政令で定めるものを除く。）の関係者は、当該防火対象物における消防用設備等又は特殊消防用設備等（第八条の二の二第一項の防火対象物にあっては、消防用設備等又は特殊消防用設備等の機能）について、総務省令で定めるところにより、定期に、当該防火対象物のうち政令で定めるものにあっては消防設備士免状の交付を受けている者又は総務省令で定める資格を有する者に点検させ、その他のものにあっては自ら点検し、その結果を消防長又は消防署長に報告しなければならない。
>
> 【罰則】【報告をせず、又は虚偽の報告をした者】罰金三〇万円以下・拘留（消防法第四四条第一一号）、両罰（消防法第四五条第三号）
> 【公訴時効】三年（刑事訴訟法第二五五条・第二五三条）

### 6.4.1　制度概要

(1)　制度の概要

　　昭和47年の死者118人の千日デパートビル火災、昭和48年の死者103人の大洋デパート火災など、国内で発生したデパート火災を教訓として、消防用設備等の機能について点検し報告する制度を創設し、昭和50年4月1日施行された。

(2)　消防用設備等点検の対象となる防火対象物

　　⒇項舟車を除く全ての防火対象物（政令第36条第1項）

 **ポイント**

- 消防用設備等点検の防火対象物は、防火管理者が選任されない用途も該当となる。(16の3)項、⒅項、⒆項（準地下街、アーケード、山林）が該当するので注意。
- 防火管理者選任義務のない非特定50人未満、特定30人未満などの防火対象物でも点検の対象となり、これら施設では、設備設置（ハード面）と防火管理体制（ソフト面）のずれが生じる。

(3)　資格者に点検・報告させなければならない防火対象物（政令第36条第2項）

| 資格者の種類 | 防火対象物 |
| --- | --- |
| 消防設備士<br>消防設備点検資格者 | 特定防火対象物　延べ面積1,000㎡以上 |
| | 非特定防火対象物（⒆項・⒇項は除く。）　延べ面積1,000㎡以上で消防長が指定するもの |
| | 特定一階段 |

　　特定一階段以外で、1,000㎡未満の防火対象物の場合、資格がない者が、点検・報告できる。

218

6.4 消防用設備等の点検制度

(4) 点検の内容と期間（規則第31条の6第1項、平成16年5月31日消防庁告示第9号）
点検には、機器点検と総合点検がある。

| 種　類 | 内　　容 | 期　間 |
|---|---|---|
| 機器点検 | 主に消防用設備等を外観又は簡易な操作により確認する。 | 6月 |
| 総合点検 | 主に消防用設備等の全部又は一部を作動させて、必要とされる基準を満たしていることを確認する。 | 1年 |

機器点検は年2回行うが、1回は機器点検と総合点検を同時に行うことで足りる。特定用途の場合、報告は年1回なので、総合点検の結果を報告する。

> **参考**
> 点検結果報告の様式は、「消防法施行規則の規定に基づき、消防用設備等又は特殊消防用設備等の種類及び点検内容に応じて行う点検の期間、点検の方法並びに点検の結果についての報告書の様式を定める件」（平成16年5月31日消防庁告示第9号）で規定している。
> 消防用設備等の検査（試験基準）と点検（点検要領）の内容は、異なる。
> 「消防用設備等の試験基準の全部改正について」（平成14年9月30日消防予第282号）
> 「消防用設備等の点検要領の全部改正について」（平成14年6月11日消防予第172号）

(5) 報告の期間（規則第31条の6第3項）
点検結果は、維持台帳に記録し保存する（原則3年）。
・ 特定防火対象物　　1年に1回
・ 非特定防火対象物　3年に1回

 消防用設備等点検報告の報告率の推移（全国）

|  | 全体報告率 | 1,000㎡未満報告率 | 1,000㎡以上報告率 |
|---|---|---|---|
| 平成2年 | 36.6% | 31.3% | 57.6% |
| 平成12年 | 40.0% | 33.7% | 61.9% |
| 平成22年 | 40.8% | 34.4% | 61.7% |
| 平成27年 | 48.0% | 41.2% | 70.1% |

第6章　消防用設備等

> **参考**
>
> 　点検報告をしなかった場合、罰則により罰金が科せられる。違反処理の手順は、規定違反に対する直接の罰則規定の刑罰に該当するので、勧告により告発することとなる。
>
> 　参照 ➡ 2.2　違反処理の実務
>
> 　法第4条の報告徴収命令も可能であるが、防火管理者を選任する防火対象物では法第8条による防火管理適正遵守命令も可能となる。しかし、いずれも実効性は乏しい。公訴の時効は3年、告発は公訴期間内に行う。
>
> 　ただし、新型インフルエンザ等その他の消防庁長官が定める事由により、その期間ごとに点検を行い結果を報告することが困難であるときは、消防庁長官が当該事由を勘案して定める期間ごとに当該点検等を行う（規則第31条の6第4項）。

## 6.4.2　点検資格者講習制度

　点検制度が発足した当時、点検を行える消防設備士資格を有する技術者が大都市に限られていたことから、点検の制度浸透と併せて点検資格者の育成が図られた。当時、最も必要とされたのが消火器の点検であった。

⑴　**消防設備点検資格者（規則第31条の6）**

　消防設備士資格、電気工事士資格、一級又は二級建築士資格等を持ち、講習を修了した者

　資格は、屋内消火栓設備等主として機械系統を扱う第1種、自動火災報知設備等主として電気系統を扱う第2種、特殊消防用設備等を扱う特種に分けられている。

⑵　**資格期間**

　免状交付後5年間（年度末まで有効）、期間中に再講習を受講することにより資格継続となる（平成12年12月22日消防庁告示第14号）。

⑶　**資格の喪失（規則第31条の6第8項）**

- ・　禁錮以上の刑に処せられたとき（全ての法律が対象となり、刑事事件なども該当する。）
- ・　法に違反し、罰金の刑に処せられたとき（消防法のみが対象）
- ・　消防用設備等の点検を適正に行っていないことが判明したとき
- ・　再講習を受けず、免状の再交付を受けなかったとき
- ・　その他

　※　消防用設備点検資格者は、資格の喪失要件が定められており、不正点検あるいは免状の更新をしない場合は、資格喪失となる。

## 6.4　消防用設備等の点検制度

**参考**　点検できる消防用設備等及び特殊消防用設備等の種類

| 資格者区分 | | 点検できる消防用設備等及び特殊消防用設備等の種類 |
|---|---|---|
| 消防設備点検資格者 | 消防設備士 | |
| 第1種 | 第1類 | 屋内消火栓設備、スプリンクラー設備、水噴霧消火設備、屋外消火栓設備、共同住宅用スプリンクラー設備 |
| | 第2類 | 泡消火設備、特定駐車場用泡消火設備 |
| | 第1類、第2類 | 動力消防ポンプ設備、消防用水、連結散水設備、連結送水管、共同住宅用連結送水管 |
| | 第3類 | 不活性ガス消火設備、ハロゲン化物消火設備、粉末消火設備 |
| | 第6類 | 消火器、簡易消火用具 |
| | 第1類、第2類第3類 | パッケージ型消火設備、パッケージ型自動消火設備 |
| 第2種 | 第4類 | 自動火災報知設備、ガス漏れ火災警報設備、消防機関へ通報する火災報知設備、共同住宅用自動火災報知設備、住戸用自動火災報知設備、特定小規模施設用自動火災報知設備、複合型居住施設用自動火災報知設備 |
| | 第5類 | 避難器具 |
| | 第7類 | 漏電火災警報器 |
| | 第4類第7類 | 非常警報器具、非常警報設備、排煙設備、非常コンセント設備、無線通信補助設備、共同住宅用非常コンセント設備、共同住宅用非常警報設備、加圧防排煙設備 |
| | 第4類又は第7類の消防設備士のうち電気工事士又は電気主任技術者免状の交付を受けている者 | 誘導灯、誘導標識（注：この電気機器の点検は、消防設備士免状があっても電気工事士免状も必要となる。） |
| 特種 | 特類 | 特殊消防用設備等 |

　「消防設備士免状の交付を受けている者又は総務大臣が認める資格を有する者が点検を行うことができる消防用設備等又は特殊消防用設備等の種類を定める件」（平成16年5月31日消防庁告示第10号）

# 第6章 消防用設備等

## 6.5 消防用設備等の違反時の対応

（法第17条の4）

〔消防用設備等又は特殊消防用設備等の設置維持命令〕

**第一七条の四** 消防長又は消防署長は、第十七条第一項の防火対象物における消防用設備等が設備等技術基準に従って設置され、又は維持されていないと認めるときは、当該防火対象物の関係者で権原を有するものに対し、当該設備等技術基準に従ってこれを設置すべきこと、又はその維持のため必要な措置をなすべきことを命ずることができる。

② 消防長又は消防署長は、第十七条第一項の防火対象物における同条第三項の規定による認定を受けた特殊消防用設備等が設備等設置維持計画に従って設置され、又は維持されていないと認めるときは、当該防火対象物の関係者で権原を有するものに対し、当該設備等設置維持計画に従ってこれを設置すべきこと、又はその維持のため必要な措置をなすべきことを命ずることができる。

③ 第五条第三項及び第四項の規定は、前二項の規定による命令について準用する。

【罰則】
【命令に違反して消防用設備等を設置しなかった者】懲役1年以下・罰金100万円以下（消防法第41条第1項第5号）、両罰・罰金3千万円以下（消防法第45条第2号）3年【刑事訴訟法第55条・第250条】【公訴時効】3年
【命令に違反して消防用設備等の維持のために必要な措置をしなかった者】罰金30万円以下・拘留（消防法第44条第12号）【公訴時効】3年、両罰（消防法第45条第3号）【刑事訴訟法第55条・第253条】

### 6.5.1 消防用設備等設置・維持違反の命令

(1) **命令者**

消防長又は消防署長（消防本部を置かない市町村は市町村長）

(2) **受命者**

管理権原者

(3) **命令の内容**

消防用設備等の技術基準（法第17条により設置される設備等。第17条の2の5・第17条の3により設置され維持管理される消防用設備等も含まれる。）に基づき設置、維持すること。

 **ポイント**

消防用水及び消火活動上必要な施設も含まれる。

(4) **命令時の公示**

法第5条第3項の公示の方法（標識の設置等）による。第5条第4項の標識の設置妨害禁止が適用される。

(5) **罰則**
- 命令に従わないときは、その管理権原者を告発することが可能となる。
  ア　未設置（設置命令に従わない者）
  - 懲役1年以下、罰金100万円以下・両罰　罰金3,000万円以下

## 6.5 消防用設備等の違反時の対応

イ　維持管理命令に従わない者
- 罰金30万円以下、拘留・両罰　同額

- 命令を履行せず、火災時の人命危険があるときは法第5条の2により防火対象物の使用禁止等命令も可能である。

**ポイント**

設置しない者と維持管理しない者では、罰則が異なる。

### 参考　法第17条の4違反の場合の違反処理シミュレーション

| フロー | 想定・状況等 | 備考 |
|---|---|---|
| ① 立入検査の実施 | | 参照 → 1.2.1 |
| ② 不備事項を発見 | 自動火災報知設備の受信機が老朽化して不作動状態＝火災発生危険性あり | 消防用設備等の維持管理不適正　法第17条第1項 |
| ③ 違反の分類（罰則の性格による分類） | 法第44条第12号を適用　法第17条の4により命令 | 参照 → 2.2　「命令違反を前提とする罰則規定」参照 → 2.6.1 (3)ア |
| ④ 違反処理基準で確認 | 一次措置…警告　二次措置…改修命令　三次措置…告発又は使用禁止命令 | 法第17条第1項　法第17条の4第1項　法第5条の2　参照 → 2.6.1 (3)ア参考 |
| ⑤ 違反調査結果のまとめ | 違反処理の留保に非該当 | 参照 → 2.4.4 |
| ⑥ 警告書の作成・交付 | 是正が未是正 | 参照 → 2.4.5 |
| ⑦ 命令 | | 参照 → 2.4.7 |

# 第6章 演習問題

**6-1** 消防法第17条に規定する消防用設備等の設置維持に関する事項で、設置する消防用設備等の用途の区分に誤りがあるものはどれか。

① パチンコ店、ボーリング場などの遊技場等は、消防法施行令別表第1(2)項ロに区分される。
② 喫茶店、レストランなどの飲食店等は、(3)項ロに区分される。
③ マンション、アパートなどの共同住宅等は、(5)項ロに区分される。
④ 博物館、美術館、図書館等は、(7)項に区分される。
⑤ 神社、寺院など集会に利用されるものは、(1)項ロに区分される。

**6-2** 消防法第17条による消防用設備等の設置基準の考え方の中で誤っているものはどれか。

① 設備の規制は棟単位でなされるが、床及び壁を開口部のない耐火構造で区画するときは、別の棟として取り扱われる。
② 複合用途防火対象物は、複合用途として規制されて消防用設備等の設置が定められている規制だけでなく、当該防火対象物の中の用途部分を合算して該当する用途別の消防用設備等の設置が必要となる。
③ 複数の建物が渡り廊下で接続されている防火対象物は、当該渡り廊下が基準構造等に合致していれば、別の棟として取り扱って設備の設置規制を行ってもよい。
④ 消防用設備等は、当該防火対象物の用途に対して設置規制するが、管理権原者が異なる別の用途であっても利用者が同じ、利用時間も同じであれば、主たる用途に従属される用途となり一体的に取り扱うことができる。
⑤ 用途が建物全体の10%未満でかつ300㎡未満であるときは、みなし従属として主たる用途に含まれるが、みなし従属の適用から除外されている用途として、消防法施行令別表第1(2)項イ、(5)項イ、(6)項イ、(6)項ロがある。

# 演習問題

**6-3** 消防法第17条による消防用設備等の設置基準の考え方の中で誤っているものはどれか。

① 設備の設置規制において地階とされている階は、床面から地盤面までの高さがその階の天井の高さの3分の1以上のものとされている。
② 建築物が傾斜地に建築され、1階と2階から地上に出入りすることができる防火対象物は、避難階としての扱いを1階、2階の両方に適用される。
③ 建築物が10階以下の場合は、窓として直径50cm以上の円が内接することができる開口部が、床面積の30分の1を超え、かつ、直径1m以上の円が内接することができる開口部又は幅75cm・高さ1.2mの長方形の開口部が各階にないと無窓階として扱われる。
④ 建築物の11階以上を超える階には、窓として直径50cm以上の円が内接することができる開口部が、床面積の30分の1を超えないと無窓階として扱われる。
⑤ 特定一階段として消防用設備等が規制される際には、消防法施行令別表第1(1)項〜(4)項、(5)項イ、(6)項、(9)項イの部分が3階以上にあり、屋内階段が一つしかない場合でも、その階段が建築基準法で定める避難階段に該当する場合には、特定一階段とみなされない。

**6-4** 消防法第17条の2の5の既存の防火対象物に対する設備の設置規定として誤っているものはどれか。

① 非特定防火対象物にあっては、その延べ面積の2分の1以上、又は1,000㎡以上の増築をした場合には、増築した時点での現行法令の基準に合わせて、消防用設備等の設置・改修を行うこととなっている。
② 非特定防火対象物にあっては、当該建物が6階であったものが、増床して7階となり、連結送水管の設置該当になった場合は、2分の1以上又は1,000㎡以上の増築がなくても消火活動上の必要性から設置しなければならない。
③ 非特定防火対象物にあって、自主設置された屋内消火栓設備が、法令改正により、当該用途の法令設置基準となった場合には、当初から設置義務があったものとして現行の基準に従って維持・管理しなければならない。
④ 美術館として使用されていた防火対象物の3分の1の階を各種学校に改装する場合、大規模な用途変更となり、また、全体の用途も複合用途防火対象物となることから、複合用途防火対象物としての消防用設備等の規制が適用される。
⑤ 非特定防火対象物であっても消防法施行令別表第1(17)項の文化財に該当する防火対象物は、自動火災報知設備に関しては、最新の法令規制が適用される。

第6章　消防用設備等

 消防用設備等の設置、維持管理がなされていないときは、違反是正を指導することとなるが、次の文章で誤っているものはどれか。

① 消防用設備等の違反が覚知されたときは、消防長又は消防署長が是正の命令権者となっているが、違反内容が軽微な場合は、当該事実を確知した消防吏員が命令することが認められている。
② 消防用設備等の設備等技術基準に該当していないときは、その改修を命ずることができる。
③ 設置維持命令を発しても履行されないときは、罰則規定があることから告発することとなる。
④ 消防用設備等の設置命令の受命者は、当該防火対象物の管理権原者である。
⑤ 設置維持命令を発しても履行されず、火災予防上危険があると認められるときは、防火対象物の使用禁止命令を行うことが可能である。

 消防用設備等又は特殊消防用設備等の検査と点検について、誤っているものはどれか。

① 消防用設備等の検査を受けようとする防火対象物の関係者は、工事が完了してから30日以内に関係書類を消防長又は消防署長に届け出る。
② 特殊消防用設備等の設置時の検査にあっては、設備等設置維持計画に定める事項についてその適否を検査する。
③ 消防用設備等の点検は、その設備等の種類に応じた消防用設備点検資格者だけでなく消防設備士も点検することができる。
④ 消防用設備等の点検報告は、(5)項イは年に1回、(5)項ロの場合は5年に1回、報告することとなっている。
⑤ 消防設備点検資格者は、交通事故を起こし道路交通法違反で罰金の刑に処せられた場合、資格を失うこととなる。

226

# Coffee Break 法第17条の多様性

 法第17条の消防用設備等の設置規制はどのような仕組みとなっているのか

## 1 沿革

現行の法第17条は、平成15年6月の法律改正で、消防用設備等の設置に際して**性能規定**という考え方を取り入れて、平成16年6月から施行された。

これにより、現在、従来どおりの（政令・規則等に定める）仕様書規定としての**ルートA**と利用範囲等の利便性や簡易性を見据えたルートAと同等と認められる**ルートB**、さらに建築される建物の建築設備等と適合させて機能性を部分的に高めた特殊消防用設備等とされる**ルートC**に区分されている。

## 2 法令条文からの規定

(1) ルートA

法第17条第1項で「…政令で定める技術上の基準に従って、設置し、及び維持しなければならない。」とされ、政令第7条で消防用設備等の種類を定め、政令・規則の設置及び維持の技術上の基準と通知（消防用設備等の試験基準等）による画一的な基準により設置、維持管理する。

(2) ルートB

法第17条第1項で「…必要とされる性能を有するように…」とされ、政令第29条の4で、「通常用いられる消防用設備等に代えて、その防火安全性能が通常用いられる消防用設備等の防火安全性能と同等以上であると認める必要とされる防火安全性能を有する消防の用に供する設備等を用いることができる」として、総務省令で具体的な設備等を、告示で設置及び維持に関する技術上の基準を規定している。

(3) ルートC

法第17条第3項で「第1項の消防用設備等に代えて、特殊の消防用設備等その他の設備等であって、消防用設備等と同等以上の性能を有し、設備等設置維持計画に従って設置、維持するものとして、総務大臣の認定を受けたものを用いる場合」として、特殊消防用設備等を規定している。したがって、政令・規則では、特殊消防用設備等の手続以外の技術上の基準は、示されていない。

## 3 ルートAに対する付加・免除のルール

(1) ルートAの付加的要素としての条例設置規制

法第17条第2項で「市町村は、その地方の気候又は風土の特殊性により…防火の目的を充分に達し難いと認めるときは、条例で…規定を設けることができる。」としている。

ア 遅れた消防法施行令

政令は法が施行された昭和23年に遅れて昭和36年に施行された。当初の法第17条の設備基準は条例によるとされていたため、政令を定める際に法第17条第1項の政令に委ねる部分と、第2項の条例による付加を生かした部分ができた。空白期間中に制定された

第6章　消防用設備等

各地の条例の設備規制を残したことになる。

イ　条例による制定範囲

法令としては、明らかに気候又は風土の特殊性により、条例で規定する必要がある場合を想定している。

例えば、木造密集地域の火災予防のため、木造アパート（(5)項ロ）の自動火災報知設備の基準を、政令よりも小さな面積を定めているケースなどがある。

なお、付加条文の中には、気候や風土とはあまり関係がないような条例規制も見受けられる。

例

> A市　屋内消火栓設備の設置基準（抜粋）
>
> 消防法施行令第11条第1項第5号又は第6号の規定により屋内消火栓設備を設置しなければならない防火対象物又はその部分を有する建築物にあっては、その建築物内の他の防火対象物又はその部分にも屋内消火栓設備を設置しなければならない。
>
> ⇒　政令第11条第1項第5号は、防火対象物の中に指定可燃物が集積されている場合で、第11条第1項第6号は地階、無窓階として使用している階がある場合である。
>
> 例えば、地階に200㎡の飲食店(3)項ロがあると屋内消火栓設備の設置が法令義務となり、そのときは、建物の各階の用途・規模にかかわらず各階の部分に屋内消火栓設備の条例上の設置義務が生じる。

(2)　ルートAの設置免除

政令第32条で、消防用設備等の設置及び維持の技術上の基準を消防長又は消防署長が判断して「…火災の発生又は延焼のおそれが著しく少なく、かつ、火災等の災害による被害を最小限度に止めることができると認めるとき…適用しない。」としている。

この例としては原子力発電所内格納容器周辺施設の消防用設備をルートAによらないで別の審査基準によるケースやビール工場などのように多量の水を使用し、火気使用が少ない建物などの存在に対して、全部又は部分的に設備規制を免除するものである。

なお、この設置免除の取扱いは「消防法施行令第32条の特例基準等について」（昭和38年9月30日自消丙予発第59号通知）として運用通知が示され、その通知の範囲内で実施されている経緯があり、現在も様々な事案について同種の通知が示されている。最近の例で見ると、平成26年3月28日消防予第118号通知において、自動火災報知設備の設置に際して「…政令第21条第1項第1号に掲げる防火対象物のうち、政令別表第1(5)項イ並びに(6)項イ及びハ（入居、宿泊させるもの）に掲げる防火対象物で、条件に適合するものにあっては、政令第32条を適用して、自動火災報知設備を設置しないことを認めて差し支えないものであること。…」として300㎡未満の自動火災報知設備設置に際して条件により政令第32条の適用を認めている。同様に、規則第25条第3項第4号のただし書きに関しても認めている。このように、最近では、設備等の新たな設置規制に関して、政令第32条の適用範囲を示すことにより柔軟に対応できる余地を提示している。

特徴的なケースとしては、都市部の雇用人口確保のための共同住宅建設促進を図るため、共同住宅の消防用設備等の設置を免除する「消防法の一部改正に伴う共同住宅の取扱いについて」（昭和38年8月1日自消乙予第118号）が通知された。その後、この通知に沿った

Coffee Break　法第17条の多様性

仕様の共同住宅が建築されて、通称**共住特例**と呼ばれて活用され、昭和50年5月1日消防安第49号、昭和61年12月5日消防予第170号、平成7年10月5日消防予第220号と、時代に適応した通知が示されてきた。その後、平成16年の性能規定化によりルートBとして「特定共同住宅等における必要とされる防火安全性能を有する消防の用に供する設備等に関する省令」（平成17年3月25日総務省令第40号）が制定され、一律に扱われることとなり、政令第32条による設備免除ではなく、政令第29条の4による統一された設備基準となっている。

　また、パッケージ型消火設備は、昭和62年に⑹項の屋内消火栓設備設置の倍読みが廃止され1,000㎡以上の施設が遡及設置されたことから、昭和63年消防庁通知により設置対象となった。その後、平成9年11月27日消防予第182号でパッケージ型自動消火設備も加わり、政令第32条の適用による代替設備として認められた。しかし、消防本部によっては法第17条の3の2の検査などが不明確なことから、政令第32条適用を認めない本部も多く見られたが、平成16年の改正により、ルートBの必要とされる防火安全性能を有する消防用設備として「パッケージ型消火設備の設置及び維持に関する技術上の基準を定める件」（平成16年5月31日消防庁告示第12号）が制定された。

　ところで、政令第32条の平成16年改正前の旧条文には、下記のように下線部があった。

> 第32条　この節の規定は、消防用設備等について、消防長又は消防署長が、防火対象物の位置、構造又は設備の状況から判断して、この節の規定による消防用設備等の基準によらなくとも、火災の発生又は延焼のおそれが著しく少なく、かつ、火災等の災害による被害を最少限度に止めることができると認めるとき、<u>又は予想しない特殊の消防用設備等その他の設備を用いることにより、この節の規定による消防用設備等の基準による場合と同等以上の効力があると認めるとき</u>においては、適用しない。

　旧条文では、特殊の消防用設備等の設置を認め、その際は、消防長又は消防署長の判断により政令等の基準によらなくてもよいこととなっていたが、平成16年の改正により、特殊の消防用設備等に関する事項は、ルートCの総務大臣の認定制度として運用されるため、この部分は削除された。

　古くは、各地で建設される防火対象物の特性に応じて、法令で補いきれない部分を柔軟に対処して消防用設備等の広がりを是認するものであったが、全国的に不統一な指導基準により「A市ではOKだが、隣のB市ではだめ」とされ、また、その際の合理的な説明がA市、B市ともに不十分で、設置等の可否が自治体により異なり市場の流通において混乱したので、統一されるようになった。

　現在、法第9条（火気使用設備器具）において、条例は政令で定める基準に従うとされ、政令第5条の3により市町村が独自に設ける基準は、合理的なものであることが明らかなものでなければならないとなっている。同様に、法第9条の2（住宅用防災機器）に基づく条例の制定についても政令第5条の3を準用している。

　つまり、条例には、行政不服審査等において第三者に説明できる合理的な理論構成（evidence）が要求されることとなった。

## 4　ルートBの創設

　建基法に関しては、建築物の防火設計法の開発（通称「防火総プロ」）をもって検討され、仕様書的基準ではなく性能的条件により、火災時の建物の安全性を確保しつつ自由度の高い

## 第6章　消防用設備等

設計システムを認めるものとした。その後、消防においても総合防火安全対策手法の開発調査（消防総プロ）で検討されたが、火災原因と出火箇所・延焼拡大などいずれも確定的な要素に乏しいため数量化モデルにはなりえず、結局、個別申請案件ごとに検討されることとなった。

政令第29条の4による現在の客観的検証としては、①初期拡大抑制性能、②避難安全支援性能、③消防活動支援性能の三つの視点で評価された消防用設備等を現行技術基準と同等以上の防火安全性能を有すると認めるものとし、告示で示される。

告示の運用に当たっては、既存の消防用設備等と同等の性能であることを試験基準とし、日本消防検定協会又は日本消防設備安全センターで性能規定に適合したものを型式認定として流通させている。

ルートBの法令と設備の種類

| 省令 | 告示 | 必要とされる防火安全性能を有する消防の用に供する設備（通常用いられる消防用設備等） |
|---|---|---|
| 必要とされる防火安全性能を有する消防の用に供する設備等に関する省令（平成16年5月31日総務省令第92号） | パッケージ型消火設備の設置及び維持に関する技術上の基準を定める件（平成16年5月31日消防庁告示第12号） | パッケージ型消火設備（屋内消火栓） |
| | パッケージ型自動消火設備の設置及び維持に関する技術上の基準を定める件（平成16年5月31日消防庁告示第13号） | パッケージ型自動消火設備（スプリンクラー設備） |
| 特定共同住宅等における必要とされる防火安全性能を有する消防の用に供する設備等に関する省令（平成17年3月25日総務省令第40号） | 特定共同住宅等の位置、構造及び設備を定める件（平成17年3月25日消防庁告示第2号） | |
| | 特定共同住宅等の構造類型を定める件（平成17年3月25日消防庁告示第3号） | |
| | 特定共同住宅等の住戸等の床又は壁並びに当該住戸等の床又は壁を貫通する配管等及びそれらの貫通部が一体として有すべき耐火性能を定める件（平成17年3月25日消防庁告示第4号） | |
| | 共同住宅用スプリンクラー設備の設置及び維持に関する技術上の基準（平成18年5月30日消防庁告示第17号） | 共同住宅用スプリンクラー設備（スプリンクラー設備） |
| | 共同住宅用自動火災報知設備の設置及び維持に関する技術上の基準（平成18年5月30日消防庁告示第18号） | 共同住宅用自動火災報知設備（自動火災報知設備） |

## Coffee Break　法第17条の多様性

| | | |
|---|---|---|
| | 住戸用自動火災報知設備及び共同住宅用非常警報設備の設置及び維持に関する技術上の基準（平成18年5月30日消防庁告示第19号） | 住戸用自動火災報知設備（自動火災報知設備）<br>共同住宅用非常警報設備（非常警報設備） |
| | 戸外表示器の基準（平成18年5月30日消防庁告示第20号） | |
| | | 共同住宅用連結送水管（連結送水管）<br>共同住宅用非常コンセント設備（非常コンセント設備） |
| 特定小規模施設における必要とされる防火安全性能を有する消防の用に供する設備等に関する省令（平成20年12月26日総務省令第156号） | 特定小規模施設用自動火災報知設備の設置及び維持に関する技術上の基準（平成20年12月26日消防庁告示第25号） | 特定小規模施設用自動火災報知設備（自動火災報知設備） |
| 排煙設備に代えて用いることができる必要とされる防火安全性能を有する消防の用に供する設備等に関する省令（平成21年9月15日総務省令第88号） | 加圧防排煙設備の設置及び維持に関する技術上の基準（平成21年9月15日消防庁告示第16号） | 加圧防排煙設備（排煙設備） |
| 複合型居住施設における必要とされる防火安全性能を有する消防の用に供する設備等に関する省令（平成22年2月5日総務省令第7号） | | 複合型居住施設用自動火災報知設備（自動火災報知設備） |
| 特定駐車場における必要とされる防火安全性能を有する消防の用に供する設備等に関する省令（平成26年3月27日総務省令第23号） | 特定駐車場用泡消火設備の設置及び維持に関する技術上の基準（平成26年3月28日消防庁告示第5号） | 特定駐車場用泡消火設備（泡消火設備） |

　これらは、貯水槽工事などを省略した簡易据え置き式のパッケージ型設備や、共同住宅（マンション型）や駐車場など設置場所を限定した設備、さらにルートCの技術上の知見が蓄積したことから一般化を図った設備などとなっている。

　特に、パッケージ型自動消火設備は、次のように多様な製品を生んでいる。

# 第6章　消防用設備等

パッケージ型自動消火設備の種類

| ①－1 | Ⅰ型（従来型） | 延べ面積10,000㎡以下 | |
|---|---|---|---|
| ①－2 | Ⅰ型（1ユニット型） | 基準面積1,000㎡未満<br>（延べ面積1,000㎡＋α） | (6)項イに対応 |
| ② | Ⅱ型 | 275㎡未満 | (6)項ロ等に対応 |

　従来のスプリンクラー設備に対して、水源・ポンプなどが省略され、自動火災報知設備との並立設置による機能性の良さもあり、遡及対象物に対しては有用とされている。中でも、Ⅰ型（1ユニット型）とⅡ型は、平成25年12月改正の(6)項ロの275㎡未満及び平成26年10月改正の(6)項イ(1)(2)のスプリンクラー設置に対して、特定施設水道直結型スプリンクラー設備よりも安定性の確保と効果面からは期待される設備となっている。

## 5　ルートCの運用

　ルートCは、特殊消防用設備等を設置しようとする建築主が当該建物の建築設備設計に合わせて申請する。日本消防検定協会又は日本消防設備安全センターで性能評価を受け、次いで総務大臣に申請して認定を受ける。この場合、特殊消防用設備等と設備等設置維持計画の両方が条件を満たさなければならない。この設置維持計画により、設置及び点検基準によらない点検が行われる。

　ルートCは、設置、使用する建物が立案されて初めて建築主から申請されること、さらに、性能評価から認定まで二重の審査のため時間がかかることもあり、建物の全体設計が遅延することが危惧され、敬遠される傾向にある。このため、設置する建物の具体案がない段階でも特殊消防用設備等として申請できる制度が運用されている。

　なお、建築物のデザイン等の多様性、利便性の向上、エコを取り込んだ設計思想などから現行の設備基準に拘束されない視点により、その需要は今後さらに増大するものと期待されている。

参照 ➡ 6.1.1(2)　設置の体系、6.1.3　消防用設備等の種類

# 第7章 共通科目

 7.1 消防組織法　　※予防技術検定出題範囲外

（市町村の消防に関する責任）
第6条　市町村は、当該市町村の区域における消防を十分に果たすべき責任を有する。
（市町村の消防の管理）
第7条　市町村の消防は、条例に従い、市町村長がこれを管理する。
（市町村の消防に要する費用）
第8条　市町村の消防に要する費用は、当該市町村がこれを負担しなければならない。
（消防機関）
第9条　市町村は、その消防事務を処理するため、次に掲げる機関の全部又は一部を設けなければならない。
(1)　消防本部
(2)　消防署
(3)　消防団
（消防本部及消防署）
第10条　消防本部及び消防署の設置、位置及び名称並びに消防署の管轄区域は、条例で定める。
2　消防本部の組織は市町村の規則で定め、消防署の組織は市町村長の承認を得て消防長が定める。

第7章　共通科目

**ポイント**

この5箇条が基本で、消防責任、管理、費用、消防機関の設置（消防本部＋消防署と消防団）及び消防署の管轄区域である。ただし、消防組織法は基本的なことなので、全ての条文を一応チェックすること。

消防組織法

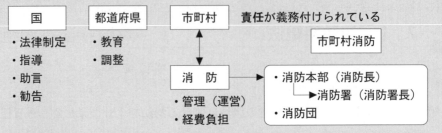

・国、都道府県は、消防本部に対する指揮権・人事権はなく、支援的な意味となる。

（消防団員の任命）
第22条　消防団長は、消防団の推薦に基づき市町村長が任命し、消防団長以外の消防団員は、市町村長の承認を得て消防団長が任命する。

消防団長の任命権は、市町村長にあり、団員は団長に任命権がある（都、特別区は区長が任命権者）。

（市町村の消防と消防庁長官等の管理との関係）
第36条　市町村の消防は、消防庁長官又は都道府県知事の運営管理又は行政管理に服することはない。
（消防庁長官の助言、勧告及び指導）
第37条　消防庁長官は、必要に応じ、消防に関する事項について都道府県又は市町村に対して助言を与え、勧告し、又は指導を行うことができる。
（都道府県知事の勧告、指導及び助言）
第38条　都道府県知事は、必要に応じ、消防に関する事項について、市町村に対して勧告し、指導し、又は助言を与えることができる。この場合における勧告、指導及び助言は、消防庁長官の行う勧告、指導及び助言の趣旨に沿うものでなければならない。

消防組織法第38条に**都道府県知事の勧告、指導及び助言**があり、都道府県知事が市町村に対して勧告等を行うときは、その勧告等が消防庁の指示等に従うものとしており、都道府県知事が関与する形となる。なお、政令指定都市は直接行われる。通常の消防庁からの指導及び助言に関する文書は、この消防組織法第38条を用いる。

## 7.2 消防法

なお、この条文は、昭和35年から平成18年までの間は、都道府県知事の指導又は助言は「市町村長又は市町村の消防長から要求があった場合は、消防に関する事項について」と規定されていたが、その文言は削除され改正された。

---

**参考　こんなところの変更**

現在の法文

> （消防庁長官に対する消防統計等の報告）
> 第40条　消防庁長官は、都道府県又は市町村に対し、消防庁長官の定める形式及び方法により消防統計及び消防情報に関する報告をすることを求める<u>ことができる</u>。

昭和58年の改正前の条文

> 第22条　市町村長は、消防庁の定める形式及び方法により、消防統計及び消防情報を都道府県知事を通じて、消防庁に報告<u>しなければならない</u>。

昭和58年以前は、消防庁に必ず報告をしなければならないこととなっていたが、土光敏夫氏が会長を務めた第2次臨時行政調査会で、市町村への国の関与を減らすことを目的として法改正された。とは言っても、実態は今もあまり変わっていない。

---

 ## 7.2　消防法

(1) 全体の構成

消防に関する法令の構成は、下図のとおりである。

この中には、政令第29条の4等を受けた規格省令などがあり、業務に直接携わっていないと存在を知らないものも多くある。

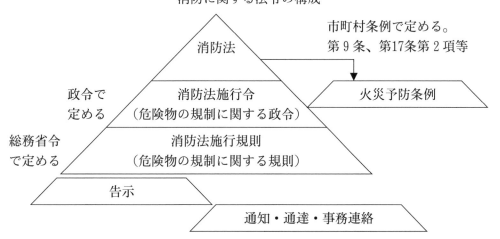

消防に関する法令の構成

(2) 消防法の章の構成

消防法の章の構成は、下図のようになっている。

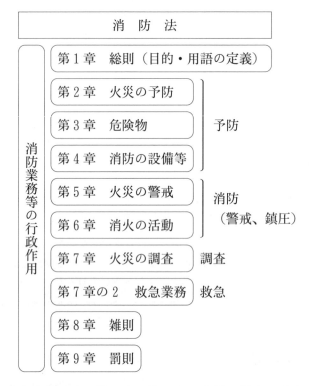

第2章から第4章が火災予防、第5章、第6章が火災の警戒と消火の活動、第7章が火災の調査、第7章の2が救急業務となっている。

第8章の雑則の中に第36条の防災管理者等が入っている。この防災管理は、内容のほとんどが第8条関係の読み替え条文となるが、1.3.4に記載のとおり、第4条立入検査時の火災予防上の検査の対象や、第16条の5の対象とはならない。

第8章の第36条の3（災害補償）は、現行法令では消火等作業だけでなく、救急業務に協力した者の負傷、疾病等幅広く認められることから、現場の活動の中で何らかの協力者がいる場合はその者の負傷の有無など健康状態を聴取しておく必要がある。また、従来は、消火等作業による負傷等は、当該建物の関係者は、応急消火義務者として消火等を行うことが当然であり、その災害補償の対象とされていなかったが、現在は、火災等の発生箇所の専有部分単位（住戸等）で考えるので、マンション等で住戸が異なれば公務災害補償の対象となる。

第9章の罰則には、命令に違反した者に対する罰則と規定に違反した者に対する罰則がある。

附則は、各法令改正時の取扱い等について定めている。

(3) 予防関係の申請と届出等に対する検査

　申請に検査等を伴うもの
- 建築同意権（法第7条）

## 7.2 消防法

- 防火対象物の定期点検報告特例認定（法第8条の2の3）
- 危険物製造所等の設置・変更等の許可権（法第11条）
- 消防用設備等の設置届出及び検査（法第17条の3の2）
  ○各検査後の流れ

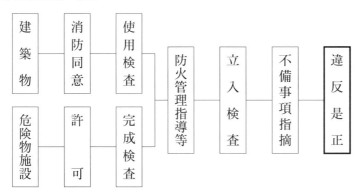

(4) 法第7条同意
- 建築確認

建基法で、建築物を建築しようとする場合は、建築主事等（行政機関等）の確認を受けることが義務付けられている。確認後に確認済証が交付される（建基法第6条）。

建築確認申請は、200㎡を超える新築、増築等の特殊建築物に該当する建築物などに義務付けられている。

- 法第7条の同意

建築確認に当たって消防長又は消防署長の同意を得なければ、当該許可、認可若しくは確認又は建基法第6条の2第1項の規定による確認をすることができない。

ただし、防火地域、準防火地域以外の区域の住宅（政令第1条に定める一戸建て、住宅専用）は除かれる。

なお、同意の期間は、建築物の防火に関するものに違反しないものであるとき、建基法第6条第1項第4号に係る場合（都市計画区域内等の建物）にあっては同意を求められた日から3日以内、その他の場合（一般の確認を必要とする建物）にあっては、同意を求められた日から7日以内となっている。

第7章 共通科目

 7.3 危険物

(1) 法別表第1及び危政令別表第3

危険物の一覧（品名、数量、性質、指定数量等）

| 類別 | 性質 | 品名 | 性質 | 指定数量 |
|---|---|---|---|---|
| 第一類 | 酸化性固体 | 1 塩素酸塩類<br>2 過塩素酸塩類<br>3 無機過酸化物<br>4 亜塩素酸塩類 | 第一種酸化性固体 | 50kg |
| | | 5 臭素酸塩類<br>6 硝酸塩類<br>7 よう素酸塩類<br>8 過マンガン酸塩類 | 第二種酸化性固体 | 300kg |
| | | 9 重クロム酸塩類<br>10 その他のもので政令で定めるもの<br>11 前各号に掲げるもののいずれかを含有するもの | 第三種酸化性固体 | 1,000kg |
| | 酸化性固体は、通常、固体であって、酸化力の性状、又は衝撃に対する敏感性の性状を示すもの。 ||||
| 第二類 | 可燃性固体 | 1 硫化りん<br>2 赤りん<br>3 硫黄 | | 100kg |
| | | 4 鉄粉 | | 500kg |
| | | 5 金属粉<br>6 マグネシウム<br>7 その他のもので政令で定めるもの<br>8 前各号に掲げるもののいずれかを含有するもの | 第一種可燃性固体 | 100kg |
| | | | 第二種可燃性固体 | 500kg |
| | | 9 引火性固体 | | 1,000kg |
| | 可燃性固体は、通常、固体であって、火炎による着火の危険性、又は引火性を示すもの。 ||||
| 第三類 | 自然発火性物質及び禁水性物質 | 1 カリウム<br>2 ナトリウム<br>3 アルキルアルミニウム<br>4 アルキルリチウム | | 10kg |
| | | 5 黄りん | | 20kg |
| | | 6 アルカリ金属及びアルカリ土類金属<br>7 有機金属化合物<br>8 金属の水素化物<br>9 金属のりん化物<br>10 カルシウム又はアルミニウムの炭化物<br>11 その他のもので政令で定めるもの<br>12 前各号に掲げるもののいずれかを含有するもの | 第一種自然発火性物質及び禁水性物質 | 10kg |
| | | | 第二種自然発火性物質及び禁水性物質 | 50kg |
| | | | 第三種自然発火性物質及び禁水性物質 | 300kg |
| | 自然発火性物質及び禁水性物質は、通常、固体又は液体であって、空気中での発火の危険性又は水と接触して発火し、若しくは可燃性ガスを発生する危険性の性状を示すもの。 ||||

## 7.3 危険物

| | | | | |
|---|---|---|---|---|
| 第四類 | 引火性液体 | 1 特殊引火物 | | 50 L |
| | | 2 第一石油類 | 非水溶性液体 | 200 L |
| | | | 水溶性液体 | 400 L |
| | | 3 アルコール類 | | 400 L |
| | | 4 第二石油類 | 非水溶性液体 | 1,000 L |
| | | | 水溶性液体 | 2,000 L |
| | | 5 第三石油類 | 非水溶性液体 | 2,000 L |
| | | | 水溶性液体 | 4,000 L |
| | | 6 第四石油類 | | 6,000 L |
| | | 7 動植物油類 | | 10,000 L |

引火性液体は、液体（第三石油類、第四石油類及び動植物油類にあっては、1気圧において、温度20℃で液状であるものに限る。）であって、引火性を示すもの。

- 特殊引火物は、ジエチルエーテル、二硫化炭素等で、引火点−20℃以下、発火点100℃以下のもの。
- 第一石油類は、アセトン、ガソリン等で、引火点21℃未満のもの。
- 第二石油類は、灯油、軽油等で、引火点21〜70℃未満のもの。塗料類に除外あり。
- 第三石油類は、重油、クレオソート油等で、引火点70〜200℃未満のもの。塗料類に除外あり。
- 第四石油類は、ギヤー油、シリンダー油等で、引火点200〜250℃未満のもの。塗料類に除外あり。
- 動植物油類は、動物の脂肉等又は植物の種子若しくは果肉から抽出したもので、引火点250℃未満のものをいい、貯蔵保管されているものは除かれる。

| | | | | |
|---|---|---|---|---|
| 第五類 | 自己反応性物質 | 1 有機過酸化物<br>2 硝酸エステル類<br>3 ニトロ化合物<br>4 ニトロソ化合物<br>5 アゾ化合物<br>6 ジアゾ化合物<br>7 ヒドラジンの誘導体<br>8 ヒドロキシルアミン<br>9 ヒドロキシルアミン塩類<br>10 その他のもので政令で定めるもの<br>11 前各号に掲げるもののいずれかを含有するもの | 第一種自己反応性物質 | 10kg |
| | | | 第二種自己反応性物質 | 100kg |

自己反応性物質は、通常、固体又は液体であって、爆発の危険性の性状、又は加熱分解の激しさの性状を示すもの。

| | | | | |
|---|---|---|---|---|
| 第六類 | 酸化性液体 | 1 過塩素酸<br>2 過酸化水素<br>3 硝酸<br>4 その他のもので政令で定めるもの<br>5 前各号に掲げるもののいずれかを含有するもの | | 300kg |

酸化性液体は、通常、液体であって、酸化力の潜在的な危険性の性状を示すもの。

第7章　共通科目

(2) 危険物の貯蔵、取扱いの許可等の仕組み

　ア　仮貯蔵

仮貯蔵等の申請　→　承認

　　法第10条第1項ただし書（例：ガソリンを工事現場で使用する際の仮貯蔵取扱いなど）

　イ　施設設置の許可

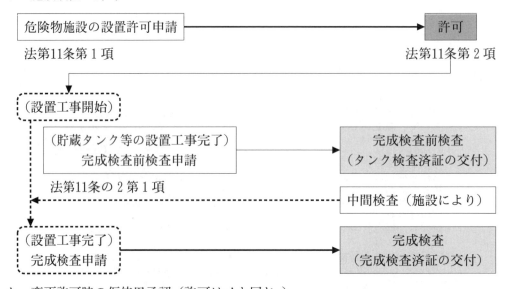

　ウ　変更許可時の仮使用承認（許可はイと同じ。）

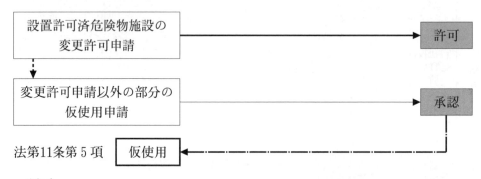

　エ　認可

予防規程の認可申請　→　認可

　　法第14条の2第1項

　オ　届出
- 製造所等の譲渡又は引渡し（法第11条第6項）
- 危険物の品名・数量又は指定数量の倍数の変更（法第11条の4第1項）
- 製造所等の用途の廃止（法第12条の6）
- 危険物保安統括管理者の選任・解任（法第12条の7第2項）

## 7.3　危険物

- 危険物保安監督者の選任・解任（法第13条第2項）

### (3)　許可等権限

ア　製造所等の設置・変更の届出先（法第11条）

| 消防本部等所在市町村 | | 市町村長 |
|---|---|---|
| 消防本部等所在市町村以外の市町村 | | 都道府県知事 |
| 移送取扱所 | 消防本部等所在市町村の区域のみに設置 | 市町村長 |
| | 上記以外 | 都道府県知事<br>（複数の都道府県の場合は総務大臣） |

イ　危険物の貯蔵・取扱い

| 危険物の種類 | | 根拠条文 | 届出先 |
|---|---|---|---|
| 高圧ガス等 | 圧縮アセチレンガス、液化石油ガス、ＬＰガス、生石灰等 | 法第9条の3<br>危政令第1条の10 | 消防長<br>（消防署長） |
| 少量危険物 | 指定数量の1/5以上指定数量未満 | 法第9条の4<br>危政令第1条の11・第1条の12<br>条例（例）第46条 | |
| 指定可燃物 | 綿花類、わら類、再生資源燃料、合成樹脂類等 | | |

### (4)　危険物の貯蔵、取扱い施設

| 危険物施設名称 | 条文<br>（危政令） | 主な施設の形態<br>（例示以外も多数あり） |
|---|---|---|
| 製造所 | 第9条 | 原料の危険物から危険物の製品を作る工場等 |
| 屋内貯蔵所<br>［特定屋内貯蔵所］ | 第10条<br>第10条第3項 | 屋内で危険物を貯蔵<br>［耐火構造の貯蔵施設］ |
| 屋外タンク貯蔵所<br>［特定屋外タンク貯蔵所］ | 第11条 | 屋外のタンクで危険物を貯蔵（防油堤が必要）<br>［1,000kL以上の屋外タンク］ |
| 屋内タンク貯蔵所 | 第12条 | 屋内のタンクで危険物を貯蔵（指定数量の40倍以下） |
| 地下タンク貯蔵所 | 第13条 | 地下のタンクで危険物を貯蔵 |
| 簡易タンク貯蔵所 | 第14条 | 灯油等の小分けを目的に簡易なタンクで貯蔵 |
| 移動タンク貯蔵所 | 第15条 | 車両（タンクローリー等）により取扱い貯蔵 |
| 屋外貯蔵所 | 第16条 | 屋外で容器に入れた危険物を貯蔵 |
| 給油取扱所 | 第17条 | 車両等に油を給油する施設（貯蔵タンクとセットが多い。） |

第 7 章　共通科目

| 販売取扱所<br>（第一種、第二種） | 第18条 | 容器入りの危険物製品を販売する取扱所<br>（第一種…15倍以下、第二種…15～40倍以下） |
|---|---|---|
| 移送取扱所 | 第18条の 2 | パイプライン等で危険物を移送する施設 |
| 一般取扱所 | 第19条 | 原料に危険物を取り扱うが、製品等は非危険物の工場等。原則、製造所の基準が適用となるが、施設により異なる。<br>・吹付塗装作業場　　　・洗浄作業場<br>・焼入れ作業場　　　　・ボイラー施設<br>・充填施設　　　　　　・詰替え施設<br>・油圧装置等施設　　　・切削装置等施設<br>・熱媒体油循環装置施設　・蓄電池設備 |

- 製造所の20号タンクは、製造所の規制以外に設置形態による規制がある（危政令第9条第1項第20号）。
- 取扱所内の貯蔵施設は、一体で許可する（例　給油取扱所内の地下タンク）。
- 製造所、貯蔵所、取扱所での指定数量を超えない範囲の取扱いや貯蔵は、許可を前提として、貯蔵・取扱が可能となる（例：給油取扱所で、オイルをドラム缶で貯蔵できる。屋内貯蔵所で、小分け行為の取扱いができる。）。

⑸　危険物保安統括管理者

　同一事業所において特定の危険物施設を有する場合、事業所の全般にわたる危険物の保安に関する業務を統括管理する危険物保安統括管理者を定め、市町村長等に届け出なければならない（法第12条の 7 ）。

| 選任対象 | 取り扱う危険物の数量等 |
|---|---|
| 製造所、一般取扱所、移送取扱所（危規則第47条の 4 に規定するものは除く。） | 第 4 類の危険物を指定数量の3,000倍以上扱う施設（移送取扱所は指定数量以上） |

## 7.3 危険物

### (6) 危険物保安監督者

一定規模以上の危険物施設では、危険物の取扱作業に関して保安を監督する危険物保安監督者を定め、市町村長等に届け出なければならない（法第13条、危政令第31条の２）。

**危険物保安監督者選任対象一覧**

| 危険物の種類 / 製造所等の区分 | 第4類のみの危険物 | | | | 第4類以外の危険物 | |
| --- | --- | --- | --- | --- | --- | --- |
| 貯蔵・取扱危険物の数量 | 指定数量≦30 | | 30＜指定数量 | | 指定数量≦30 | 30＜指定数量 |
| 貯蔵・取扱危険物の引火点 | 40℃≦ | ＜40℃ | 40℃≦ | ＜40℃ | | |
| 製 造 所 | ○ | ○ | ○ | ○ | ○ | ○ |
| 屋 内 貯 蔵 所 | | ○ | ○ | ○ | ○ | ○ |
| 屋 外 タ ン ク 貯 蔵 所 | ○ | ○ | ○ | ○ | ○ | ○ |
| 屋 内 タ ン ク 貯 蔵 所 | | ○ | ○ | | ○ | ○ |
| 地 下 タ ン ク 貯 蔵 所 | | ○ | ○ | | ○ | |
| 簡 易 タ ン ク 貯 蔵 所 | | ○ | | ○ | ○ | |
| 移 動 タ ン ク 貯 蔵 所 | | | | | | |
| 屋 外 貯 蔵 所 | | | ○ | ○ | | ○ |
| 給 油 取 扱 所 | ○ | ○ | ○ | ○ | ／ | ／ |
| 第 一 種 販 売 取 扱 所 | | ○ | ／ | ／ | ○ | ／ |
| 第 二 種 販 売 取 扱 所 | | ○ | | ○ | ○ | ○ |
| 移 送 取 扱 所 | ○ | ○ | ○ | ○ | ○ | ○ |
| 一 般 取 扱 所 | ○ | ○ | ○ | ○ | ○ | ○ |
| 容器詰替用、消費用 | | ○ | ○ | ○ | | |

注1　○印は、危険物保安監督者を選任しなければならない対象施設

注2　製造所、屋外タンク貯蔵所、給油取扱所、移送取扱所、一般取扱所（容器詰替、消費を除く。）は危険物の類、倍数、引火点等に関係なく必ず選任しなければならない。

注3　危険物保安監督者で、甲種危険物取扱者は、防火管理者の資格を有する者となる（規則第２条）。

## 第7章　共通科目

### (7)　予防規程・定期点検

#### ア　予防規程

　危険物施設の火災を予防するため、予防規程を定めて市町村長等の認可を受けなければならない。

#### イ　定期点検

　危険物施設の位置、構造及び設備の技術上の基準に適合しているかを確認するため、定期点検が義務付けられている。

予防規程・定期点検を必要とする施設

| 危険物施設 | 予防規程 | 定期点検 |
|---|---|---|
| 条文 | 法第14条の2<br>危政令第37条<br>危規則第61条 | 法第14条の3の2<br>危政令第8条の5<br>危規則第9条の2 |
| 製造所 | 10倍以上 | 10倍以上又は地下タンクあり |
| 屋内貯蔵所 | 150倍以上 | 150倍以上 |
| 屋外タンク貯蔵所 | 200倍以上 | 200倍以上 |
| 屋内タンク貯蔵所 | | |
| 地下タンク貯蔵所 | | 全て |
| 簡易タンク貯蔵所 | | |
| 移動タンク貯蔵所 | | 全て |
| 屋外貯蔵所 | 100倍以上 | 100倍以上 |
| 給油取扱所 | 全て（屋内以外の自家家給油取扱所を除く。） | 地下タンクに対してあり |
| 販売取扱所 | | |
| 移送取扱所 | 全て | 全て |
| 一般取扱所 | 10倍以上（容器詰替えを除く、危政令第31条の2） | 10倍以上又は地下タンクあり |
| 除外されるもの | 危規則第61条該当 | 危政令第8条の3・第31条の2第6号ロ・危規則第9条の2該当 |

※　指定数量により、規制される。

　営業用給油取扱所は全てが該当。特に、予防規程は認可を受けなければならない。

244

## 7.3　危険物

### (8)　保安距離と保有空地

#### ア　保安距離と保有空地が必要な施設

| 危険物施設 | 条文 | 保安距離 | 保有空地 |
|---|---|---|---|
| 製造所 | 危政令第9条第1項 | 第1号 | 第2号 |
| 屋内貯蔵所 | 危政令第10条第1項 | 第1号 | 第2号 |
| 屋外タンク貯蔵所 | 危政令第11条第1項 | 第1号 | 第2号 |
| 屋内タンク貯蔵所 | | | |
| 地下タンク貯蔵所 | | | |
| 簡易タンク貯蔵所 | 危政令第14条第1項 | | 第4号 |
| 移動タンク貯蔵所 | | | |
| 屋外貯蔵所 | 危政令第16条第1項 | 第1号 | 第4号 |
| 給油取扱所 | | | |
| 販売取扱所 | | | |
| 移送取扱所 | 危規則第28条の16 | | |
| 一般取扱所 | 危政令第19条第1項 | | |

※　指定数量や構造により、規制される数値に違いがある。

#### イ　保安距離

| 建築物等 | | 保安距離 |
|---|---|---|
| 住宅 | | 10m以上 |
| 学校、病院、映画館等 | | 30m以上 |
| 文化財等 | | 50m以上 |
| 高圧ガス施設等 | | 20m以上 |
| 特別高圧架空電線 | 7,000V超35,000V以下 | 水平距離3m以上 |
| | 35,000V超 | 水平距離5m以上 |

---

**参考**

　工場敷地内の屋内貯蔵所が、数十年して、近隣の空き地に病院が建って、保安距離を取れなくなることがある。そこで、保安距離を要しない特定屋内貯蔵所に施設変更をしようとすると、新築の建築確認となり、建築条例の用途地域規制（危険物貯蔵施設が認められない。）により、建て替えできないことがある。保安距離の遵守は、敷地外のことに関係するので、周囲の環境変化を考慮するとともに、建て替え時の関係法令を検討したアドバイスが必要となる。

第7章　共通科目

ウ　保有空地（例）

| 区　　分 | 指定数量 | 空地の幅 |
|---|---|---|
| 製造所（一般取扱所も原則同じ。） | 10倍以下 | 3 m以上 |
| | 10倍超 | 5 m以上 |

その他の施設は、指定数量ごとに細かく規定がある。

> **参考**
>
> 　保有空地は守られていると考えがちだが、1万㎡近い製鉄所の一般取扱所では、危険物施設の法令規制に対する関係者の認識も薄く、外壁に自販機・ベンチなどが設けられ、その分の保有空地の拡張が他の建物との関係でできないことがあるので、危険物保安監督者への指導と併せて、色ペンキで範囲を示すなど誰もが分かる表示のアドバイスも必要となる。

⑼　事故時の対応

　ア　製造所等の緊急使用停止命令

　　　市町村長等は、公共の安全の維持又は災害の発生の防止のため緊急の必要があると認めるときは、製造所等の所有者等に対し、当該製造所等の使用を一時停止すべきことを命じ、又はその使用を制限することができる（法第12条の3）。

　イ　製造所等の応急措置

　　　製造所等の所有者等は、危険物の流出等事故時に応急措置を講じなければならない（法第16条の3）。

⑽　消防活動阻害物質

　　火災予防又は消火活動に重大な支障を生ずるおそれのある物質を貯蔵又は取り扱う者は消防長又は消防署長に届け出なければならない（法第9条の3、危政令第1条の10）。

| 届出対象物質 | 数　量 | 備　　考 |
|---|---|---|
| 圧縮アセチレンガス | 40kg | 通常アセチレンガスボンベ1本7kgで5本以下 |
| 無水硫酸 | 200kg | |
| 液化石油ガス | 300kg | 通常LPガスボンベ1本50kgなら5本以下 |
| 生石灰（80％以上含有） | 500kg | 土質改良のフレキシブルコンテナバック1袋500kgなら1個未満 |
| シアン化水素、シアン化ナトリウム、水銀、ひ素等 | 30kg | 危政令別表1に示す。 |
| アンモニア、塩化水素、四塩化炭素、硫酸等 | 200kg | 危政令別表2に示す。 |

## 7.4 火災調査

⑾ 指定可燃物（危政令第1条の12）

火災が発生した場合にその拡大が速やかで消火の活動が著しく困難となるものは、指定可燃物として条例により規制される（法第9条の4、危政令第1条の12、別表4）。

| 品　名 | 数　量 | 品　名 | 数　量 |
|---|---|---|---|
| 綿花類 | 200kg | 可燃性固体類 | 3,000kg |
| 木毛、かんなくず | 400kg | 石炭・木炭類 | 10,000kg |
| ぼろ、紙くず | 1,000kg | 可燃性液体類 | 2 $m^3$ |
| 糸類 | 1,000kg | 木材加工品、木くず | 10 $m^3$ |
| わら類 | 1,000kg | 合成樹脂類・発泡品 | 20 $m^3$ |
| 再生資源燃料 | 1,000kg | 合成樹脂類・その他 | 3,000kg |

## 7.4　火災調査

⑴ 火災の調査

火災の調査は、消防法の第7章に位置付けられ、第2章から第6章の火災の予防・消火等の活動に続いて、消防法の目的である国民の生命、身体、財産を火災から保護するために火災の実態を解明する業務である。そのため、火災調査によって公平、中立に科学的に究明した事実関係は、予防や消火活動で活用されるだけではなく、個人情報の開示請求等により、り災者の救済等に利用されるとともに、消防・建築の分野や工業製品等の改良、施設の安全性向上などに活用され、消防の専管事項となっている。

平成6年の火災報告取扱要領の全部改正により火災の定義に**爆発**も加えられたことから、爆発の調査も火災調査として明確化された。

火災の定義は、火災報告上の取決めとして次のように定められている。

| 火災の三要素 | 爆発現象 |
|---|---|
| ① 人の意図に反して発生・拡大（放火により発生） | ②及び③の有無にかかわらず火災とする。 |
| ② 消火の必要がある燃焼現象 | |
| ③ 消火施設の利用を必要とするもの | |

現在は、事後聞知火災の増加傾向の中で、③が該当しないケースも爆発と同じ解釈で、火災と扱われるケースがある。

⑵ 義務とされる事項

① 消防長又は消防署長は、火災の原因と損害の調査に着手しなければならない（法第31条）。

② 消防長又は消防署長は、火災の原因の調査の主たる責任と権限を有している（法第35条第1項）。

第7章　共通科目

③　消防長又は消防署長は、放火又は失火の犯罪があると認めるときは、警察署に通報し、証拠の保全に努めなければならない（法第35条第2項）。

④　放火及び失火絶滅の共同目的のために消防吏員及び警察官は、互いに協力しなければならない（法第35条の4第2項）。

⑤　法第4条の準用（法第34条第2項）
- 住居への立入には関係者の承諾を必要とする（法第4条第1項ただし書）。
- 証票を携行し、求めに応じて示す（法第4条第2項）。
- 業務の不妨害（法第4条第3項）
- 守秘義務（法第4条第4項）

---

**参考**

消防法上の義務を意識せずに、必要な手続を踏まないで火災調査を実施するケースもある。

例1　消火活動後に引き続いて、火災調査を一般住宅に対して行うに際し証票の提示もなく、り災者の承諾もなしに、真夜中に実施している。

例2　地元警察と協調した火災調査をしていない。放火と推定される火災であっても警察に通報していない。

例3　業務妨害や守秘義務の意識が低く、不用意に第三者（町会長や議員など）に火災原因に関することなどを話してしまう。

---

(3)　権限としての事項

①　火災の原因と損害の調査のために関係ある者に対する質問権（法第32条第1項）

②　火災の原因である疑いのある製品を製造、輸入している者に対する資料提出命令・報告徴収権（法第32条第1項）

③　官公署に対する通報請求権（法第32条第2項）

④　被害財産の調査権（法第33条）

⑤　火災の原因と損害の調査のために関係者に対する資料提出命令・報告徴収権（法第34条第1項）

⑥　関係のある場所の立入検査権（法第34条第1項）

---

**参考**　**権限についての補足**

①　関係ある者に対する質問権であり、法第4条の関係者への質問権と大きく異なる。関係ある者とは関係者に限定されず、発見・通報者や工事施工業者、製造業者など幅広く対象となる。また、質問する場所を問わない（法第4条の質問権の行使は原則立入検査時に限られる。）。このため、火災調査の質問権は必要により相手の同意の下に来署させて質問調書を録取できる。

②　平成24年6月に改正され、火災原因究明にあっては、製造業者、輸入業者に資料提出命令を発することができる。ただし、火災の原因であることが疑われることを説明することが求められる。

③　官公署への照会は、法第35条の13が、新宿区歌舞伎町ビル火災を契機として査察業務

## 7.4 火災調査

に関わる法令根拠として追加されているが、火災調査では、昭和25年から設けられており、火災による死者の死体検案調書を監察医務院に照会する際などに利用されている。

④ 被害財産の調査権は、立入検査権があればよいと考えている人もいるが、燃えた家具や柱等を動かしたりすることがあり、燃えた物であっても日本国憲法第29条の財産権は不可侵であることから、あえて、火災の原因と損害の調査にあっては被害財産の調査として行えることを明記し、火災調査に従事する職員の注意を喚起している。

⑤ 資料提出命令は、現に存在しているもので、設計図面、図書などのほか、燃えた製品に対しても資料提出を命令できる。報告徴収は、新たに報告を求める事項について作成等を求めるものであり、り災申告書の提出はこの報告徴収権による事項となっている。なお、虚偽の報告は罰則があるが、報告の提出拒否は、罰則対象とならないことは法第4条と同じである。今まで、告発の事例はない。

⑥ 火災調査上の必要により、り災場所に限らず、どこでも立入検査権を行使できる。なお、立入検査時の義務は前出のとおり明記されていることから証票を持つ必要がある。建物だけでなく、船舶、航空機、林野、車両なども対象となる。立入りに伴う質問権の行使は法第4条と異なり、①により包括的な質問権が認められている。

### (4) 都道府県知事の火災原因調査

消防本部を置かない市町村の区域で、当該市町村長から求めがあった場合及び特に必要があると認める場合に限り、都道府県知事の火災の原因調査が実施される（法第35条の3）。

> **参考**
>
> 市町村長の求めがあった場合又は特に必要な場合であって、火災原因の調査に限られる。
> 実態として、東京消防庁の職員が都の職員として併任を受け、消防本部を置かない島しょで発生した火災調査を行うことがある。そのときは証票が異なる。このケース以外では、道府県による火災調査の実施はほぼないと思われる。

### (5) 消防庁長官の火災原因調査

消防長又は法第35条の3の都道府県知事からの求めがあった場合及び特に必要があると認める場合に限り、消防庁長官が火災原因を調査する（平成13年の新宿区歌舞伎町ビル火災を契機に「必要と認める場合」が追加された。）（法第35条の3の2）。

> **参考**
>
> 国の機関の火災原因調査ではあるが、実態として公表に値する報告書を出すこともなく（航空機事故調査委員会は調査結果を原則公表している。）、また、主たる現場の火災調査は、当該消防本部が実施しており現在のところは、社会的な火災への関与と原因調査上の支援となっている。

## 7.5 燃焼理論

(1) 燃焼の形態

可燃物の燃焼形態の一覧は、次のとおりである。

| 状態 | 燃焼区分 | | 燃焼の形態 | 燃焼物の例 |
|---|---|---|---|---|
| 固体 | 分解燃焼 | | 固体が熱によって分解されて可燃性ガスに変化し、このガスと空気中の酸素が混合して燃焼 | 木材・紙 |
| | 自己燃焼 | | その物質に酸素が含まれていて、空気中の酸素を必要としないで燃焼 | セルロイド |
| | 蒸発燃焼 | | 固体そのものが燃えるのではなく、加熱されて蒸発する可燃性ガスと空気中の酸素が混ざって燃焼 | しょうのう・ナフタリン・硫黄 |
| | 表面燃焼 | | 表面が高温を保ちながら燃焼 | 木炭、コークス |
| 液体 | 蒸発燃焼 | | 液体そのものが燃えるのではなく、表面から蒸発する可燃性ガスと空気中の酸素が混ざって燃焼 | 灯油・ガソリン |
| 気体 | 定常燃焼 | 混合燃焼 | ガスと取り入れられた空気が器具の中で混合し、燃焼口から噴出して燃焼 | ガスコンロの火 |
| | | 非混合燃焼 | 噴出したガスが空気中の酸素と混ざって燃焼 | ガスライター |
| | 非定常燃焼 | | 酸素と混合したガスを密閉した容器の中で点火すると爆発的に燃焼 | 水素 |

> **参考** 検定における燃焼の形態
>
> このような燃焼の形態という専門的で分かりにくい内容が、防火管理講習等のテキストに入っていて、予防技術検定試験に出題されることもある。
> しかし、現在は火災の燃焼を「予混合火炎」「拡散火炎」としてとらえ、燃焼器具等の仕組みや火災拡大などを考察することが多い。

(2) 引火点と発火点
- 引火点は、裸火が接したときに着火する液体等の温度
- 発火点は、熱源となるものがなくてもその液体等が発火する温度

### 7.5 燃焼理論

---

**参考** 引火点と発火点

引火温度の測定は、試験機関で決められた試験機を用いて精密に測定された値である（実際の燃焼は、発火点より少し高い温度でないと、液体等が燃え続かない。）。

品名別の引火点と発火点

| 品　名 | 引火点（℃） | 発火点（℃） | 品　名 | 引火点（℃） | 発火点（℃） |
|---|---|---|---|---|---|
| ガソリン | −40以下 | 300〜320 | 大豆油 | 282 | 445 |
| 灯油 | 43〜50 | 255 | アカマツ | 263 | 430 |
| エチルアルコール | 11 | 422 | 新聞紙 | — | 430 |

この表では、次のとおりとした。

**引火**とは、可燃性液体（又は固体）が表面付近に口火を近づけた時に炎を発して燃えること。

**着火**とは、可燃性液体等が高温体・火花などの着火源により炎を発して燃えることで、着火源の種類等により着火点が異なることがある。

**発火**とは、可燃性液体等が、口火がなくても自然に発火して炎を発して燃えること。

---

**参考**

この温度数値は資料によって様々で、引火温度、着火温度などと表示されることもあり、おおよその値と考えるのが通例である。

火災を考える際は水素等の気体は、空気中濃度が爆発限界内にあるかどうかが問題で、引火温度、発火温度ともに関係ない。ガソリン、灯油は引火温度が、大豆油等天ぷら油は発火温度が重要で、固体はアカマツ、新聞紙が430℃で着火することから、火災時の室内温度が450℃を超える付近で固体の可燃物がフラッシュオーバーに至る。

---

**(3) 爆発限界（燃焼範囲）**

気体は、空気中にあるときの濃度により爆発が起こる場合と起こらない場合があり、爆発が起きる条件を爆発限界といい、条件の範囲を燃焼範囲という。

ガソリンは1.4〜7.6vol％と範囲が狭いので、濃い状態だと燃焼範囲外となる。この状態がベーパーリッチと呼ばれ、極めて不安定状態のため、周辺状況（火花等）により爆発に至る。アセチレンのように上限が81vol％と範囲が広い気体はどのような状態でも燃焼範囲にあり、漏れたときの危険性は高い。

主な気体の爆発限界

| 気体の名称 | 下限（vol％） | 上限（vol％） |
|---|---|---|
| アセチレン | 2.3 | 81 |
| メタン | 5.0 | 15 |
| ガソリン | 1.4 | 7.6 |

**(4) 消火**

主な消火法の種類と方法は、次のとおりである。

|  | 消火方法 | 例 |
|---|---|---|
| 冷却消火 | 冷却による消火 | 放水による消火 |
| 窒息消火 | 空気中の酸素を遮断又は減少させる消火 | ガス系消火設備 |
| 除去消火 | 燃えるものを取り除く消火 | 配管の元栓を締めて燃料の供給を停止 |
| 希釈消火 | 可燃物の組成やガスの濃度を燃焼範囲以下に薄めて消火 | 水溶性アルコールを水で薄めて可燃性蒸気の発生を減少させる |
| 負の触媒による消火 | 火災の進展を阻害する負の材料等による消火 | ハロゲン化物消火設備 |

(5) 煙流動

　　火災による死者は、一酸化炭素中毒死とみられるケースが多い。実際は、死体検案により心臓血液の血中一酸化炭素濃度で確定するものであるが、東京23区・大阪市などを除くと死体解剖保存法により行政解剖が行われていない。通常の火災では警察の検視医（市内の外科医等法医学の知識のある医師）が外観観察等で決定しており、火傷範囲が少ないとおおむね一酸化炭素中毒死と区分される。

　　煙の流動速度は横方向に毎秒１ｍ程度、縦方向はその３倍～５倍とされている。しかし、煙流動の速度は、建物構造や可燃物量により大きく異なり、横方向への流動でも一瞬で視界が遮られるほどの濃煙が充満することもある。市民に防災指導等を行う場合は、火災現場経験を踏まえての指導が大切である。

## 7.6　建築基準法

(1) 目的

　　この法律は、建築物の敷地、構造、設備及び用途に関する最低の基準を定めて、国民の生命、健康及び財産の保護を図り、もって公共の福祉の増進に資することを目的としている。

(2) 建築物

　　土地に定着する工作物のうち、屋根及び柱若しくは壁を有するもの、これに附属する門若しくは塀、観覧のための工作物又は地下若しくは高架の工作物内に設ける事務所、店舗、興行場、倉庫その他これらに類する施設をいい、建築設備を含むものとする。

(3) 特殊建築物

　　建基法では、消防法の用途別区分と同じように、特殊建築物として用途区分している。
　　特殊建築物：学校、体育館、病院、劇場、観覧場、集会場、展示場、百貨店、市場、ダンスホール、遊技場、公衆浴場、旅館、共同住宅、寄宿舎、下宿、工場、倉庫、自動車車庫、危険物の貯蔵場、と畜場、火葬場、汚物処理場その他これらに類する

用途に供する建築物をいう。
- 建基法別表第1は、耐火建築物としなければならない特殊建築物を用途で分けている。

建基法、建基令における特殊建築物の用途項目

| 項 | 主な用途 |
|---|---|
| (1)項 | 劇場、映画館等 |
| (2)項 | 病院、ホテル等 |
| (3)項 | 学校等 |
| (4)項 | 百貨店、キャバレー等 |
| (5)項 | 倉庫等 |
| (6)項 | 自動車修理工場等 |

- 建基法別表第2は、用途地域内の建築物の制限である。

(4) 建築申請と確認（建基法第6条）
　建築主は、一定規模以上の建築物を建築するときは用途により、建築主事に確認の申請書を提出して、確認済証の交付を受けなければならない。

(5) 規制の仕組み
　建基法第2章が単体規定（個々の建物の仕様）とされ、第3章が集団規定（都市計画的な集合体としての規制）といわれている。

建基法の体系

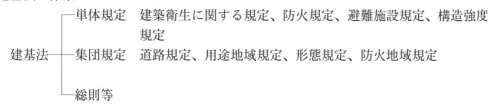

(6) 建築物の防火規定
　ア　構造の種類
　・耐火構造
　・準耐火構造
　・防火構造
　・木造
　イ　耐火性能
　通常の火災が終了するまでの間当該火災による建築物の倒壊及び延焼を防止するために当該建築物の部分に必要とされる性能をいう（建基法第2条第7号）。
　　耐火性能に関する技術的基準
　建築物の部分に通常の火災による火熱が表に掲げる時間加えられた場合に、構造耐力上支障のある変形、溶融、破壊その他の損傷を生じないもの（建基令第107条）

第7章　共通科目

| 建築物の部分＼建築物の階 | | 最上階及び最上階から数えた階数が2以上で4以内の階 | 最上階から数えた階数が5以上で14以内の階 | 最上階から数えた階数が15以上の階 |
|---|---|---|---|---|
| 壁 | 間仕切壁（耐力壁に限る。） | 1時間 | 2時間 | 2時間 |
| | 外壁（耐力壁に限る。） | 1時間 | 2時間 | 2時間 |
| 柱 | | 1時間 | 2時間 | 3時間 |
| 床 | | 1時間 | 2時間 | 2時間 |
| はり | | 1時間 | 2時間 | 3時間 |
| 屋根 | | 30分間 | | |
| 階段 | | 30分間 | | |

ウ　準耐火性能

　通常の火災による延焼を抑制するために当該建築物の部分に必要とされる性能をいう（建基法第2条第7号の2）。

エ　防火性能

　建築物の周囲において発生する通常の火災による延焼を抑制するために当該外壁又は軒裏に必要とされる性能をいう（建基法第2条第8号）。

　耐火性能、準耐火性能、防火性能の比較一覧

| | 柱・はり | 耐力壁 | 外壁・軒裏 | 屋根・階段 |
|---|---|---|---|---|
| 耐火性能 | 1時間〜3時間 | 1時間〜2時間 | − | 30分 |
| 準耐火性能 | 45分 | 45分 | − | 30分 |
| 防火性能 | − | 30分 | 30分 | − |

オ　不燃材料等

　不燃材料等の不燃性能

　　不燃材料　　20分間（建基法第2条第9号・建基令第108条の2）

　　準不燃材料　10分間（建基令第1条第5号）

　　難燃材料　　5分間（建基令第1条第6号）

カ　防火設備

　その構造が遮炎性能に関して政令で定める技術的基準に適合するもので、国土交通大臣が定めた構造方法を用いるもの又は国土交通大臣の認定を受けたもの（建基法第2条第9号の2ロ）

　　種類　防火戸、ドレンチャー、その他（建基令第109条）

　　遮炎性能に関する技術的基準

　　　防火設備　　　20分間（遮炎）（建基令第109条の2）

## 7.6　建築基準法

　　特定防火設備　１時間（遮炎）（建基令第112条第１項）

キ　防火区画の種類等
　(ｱ)　面積区画　建基令第112条第１項
　(ｲ)　高層区画　建基令第112条第７項～第10項
　(ｳ)　竪穴区画　建基令第112条第11項
　(ｴ)　スパンドレル　建基令第112条第16項
　(ｵ)　異種用途区画　建基令第112条第18項
　(ｶ)　防火設備、特定防火設備の構造　建基令第112条第19項　等
　(ｷ)　防火区画を貫通する配管・風道（建基令第112条第20項、第21項）

ク　界壁・間仕切壁・隔壁等の防火措置（建基令第114条）

ケ　内装制限
　　特殊建築物、階数が三以上である建築物等及び調理室で火を使用する設備を設けたものは、基準に従って、その壁及び天井の室内に面する部分の仕上げを防火上支障がないようにしなければならない（建基法第35条の２）。

　　耐火建築物の例（この他準耐火、その他建築物、火気使用室等がある。）

| | 耐火建築物 | 居室等 | 廊下、階段 |
|---|---|---|---|
| (1)項　劇場、映画館等 | 客席の床面積の合計が400㎡以上のもの | 難燃材料（３階以上の居室は準不燃材料） | 準不燃材料 |
| (2)項　病院、ホテル、旅館、共同住宅等 | 当該用途に供する３階以上の部分の床面積の合計が300㎡以上のもの | | |
| (3)項　百貨店、キャバレー、遊技場等 | 当該用途に供する３階以上の部分の床面積の合計が1,000㎡以上のもの | | |

（建基令第128条の４、第128条の５）

　　なお、屋内避難階段、特別避難階段の内装や非常用エレベーターの乗降ロビーの天井・壁の下地材など個別に規制されている部分もある。

コ　廊下、避難階段
　(ｱ)　廊下の幅（建基令第119条）
　(ｲ)　直通階段までの歩行距離（建基令第120条）
　(ｳ)　二以上の直通階段の設置
　　　二以上の階段を設けることが定められている建築物（建基令第121条）
　　・　劇場、映画館等の用途
　　・　1,500㎡以上の物販店舗
　　・　キャバレー、風営施設
　　・　準耐火構造で100㎡以上の病院等
　　・　準耐火構造で200㎡以上の旅館、ホテル

(エ)　避難階段の設置
　　　建築物の5階以上の階又は地下2階以下の階に通ずる直通階段は、避難階段又は特別避難階段とする（建基令第122条）。
　(オ)　避難階段及び特別避難階段の構造（建基令第123条）
　(カ)　物品販売店舗等の避難階段等の幅（建基令第124条）
サ　排煙設備を設ける建築物及び建築物の部分等（建基令第126条の2、建基令第126条の3）
シ　非常用照明装置（建基令第126条の4、建基令第126条の5）
ス　非常用エレベーター等（建基法第34条第2項、建基令第129条の13の3）

ウェブサイト［建築プレミアム］が分かりやすい。

## 7.7　消防法令の略語等の手引

### 五十音索引

| | 略語等 | 番号 | | | 略語等 | 番号 |
|---|---|---|---|---|---|---|
| か | 介助がなければ避難できない者 | ㊳ | | と | 当該消防職員 | ② |
| | 火災通報装置 | ㊸ | | | 統括管理者 | ㉚ |
| | 火災発生時の延焼を抑制する機能を備える構造 | ㊲ | | | 統括防火管理者 | ⑥ |
| | | | | | 道路区画面積 | ㊼ |
| | 型式承認 | ㉔ | | | 特殊消防用設備 | ⑲ |
| | 型式適合検定 | ㉕ | | | 特定一階段等防火対象物 | ㊽ |
| き | 基準面積 | ㊺ | | | 特定共同住宅等 | ㊿ |
| | 共同住宅用自動火災報知設備 | ㊺ | | | 特定施設水道連結型スプリンクラー設備 | ㊴ |
| | 共同住宅用スプリンクラー設備 | ㊾ | | | 特定住戸利用施設 | 52 |
| く | 区画面積 | ㊼ | | | 特定小規模施設 | 56 |
| こ | 工事整備対象設備等 | ㉓ | | | 特定小規模施設用自動火災報知設備 | 57 |
| | 高層建築物 | ④ | | | | |
| し | 自衛消防組織 | ⑩ | | | 特定防火対象物 | ㉑ |
| | 自衛消防組織設置防火対象物 | ㉙ | | | 独立した用途に供される部分から除かれる部分 | 60 |
| | 市町村長等 | ⑰ | | ひ | 必要とされる防火安全性能を有する消防の用に供する設備等 | ㊹ |
| | 指定可燃物 | ⑮ | | | | |
| | 指定数量 | ⑭ | | | 避難階 | ㉗ |
| | 住宅 | ⑫ | | | 避難階以外の階 | ㉘ |
| | 住宅用消火器 | 53 | | | 百貨店 | ③ |
| | 住宅用防災機器（住宅用防災警報器・住宅用防災報知設備） | ⑬ | | ふ | 複合型居住施設 | 58 |
| | | | | | 複合型居住施設用自動火災報知設備 | 59 |
| | 収容人員 | ㉖ | | ほ | 防煙区画 | ㊾ |
| | 消火活動拠点 | 50 | | | 防炎対象物品 | ⑪ |
| | 小規模特定用途複合防火対象物 | ㊻ | | | 防火上有効な措置が講じられた構造 | ㊵ |
| | 消防長 | ① | | | | |
| | 消防本部等所在市町村 | ⑯ | | | 防火対象物点検資格者 | ⑦ |
| | 消防用設備等 | ⑱ | | | 防護区画 | ㊷ |
| | 条例制定基準 | ㉜ | | | 防護対象物 | ㊶ |
| せ | 設備等技術基準 | ㉒ | | む | 無窓階 | ㊱ |
| | 設備等設置維持計画 | ⑳ | | れ | 令9適用 | ㉟ |
| た | 対象火気器具等 | ㉝ | | | 令8区画 | ㉞ |
| | 対象火気設備等 | ㉛ | | | | |
| ち | 地下街 | ⑤ | | ※　略語は、法・政令・規則・その他法令の条文順に掲載しています。 | | |
| て | 点検基準 | ⑨ | | | | |
| | 点検対象事項 | ⑧ | | | | |

第7章　共通科目

① **消防長**　【法第3条第1項】

消防長と記載されていれば消防本部を置かないところでは第6章等を除き市町村長と読み替える。

② **当該消防職員**　【法第3条第2項】

略式の代執行（第3条第2項、第5条の3第2項）又は行政代執行法による代執行（第3条第4項、第5条第2項、第5条の3第5項）に従事するとき適用される。

※　法第3条第2項は、名宛人が未確知のため教示等ができないことから、消防機関の責任において**当該消防職員**が行う。法第3条第4項は命令が発せられたうえで行う代替的作為義務であり、誰がやっても差異がないために第三者も含めている。

※　消防職員は、消防組織法第11条で定めた消防本部又は消防署に勤務する職員。消防吏員は、消防組織法第16条で階級を有し、訓練・礼式等を実施でき、かつ、消防法第2条第8項で消防隊として活動する職務を行うことができる消防職員となる。第3条第1項、第5条の3では、消防吏員に限定している。

**当該消防職員**　【法第4条】

括弧書きにより、略式の代執行の場合は除かれ、代執行等以外に従事するときに適用される。

この用語は、法第34条においても同じで、火災調査に際して消防本部を置かない市町村では、消防事務職員と常勤の消防団員が火災調査のための立入検査を行うことができる。なお、消防本部を置く地域は、消防団員に第34条の権限行使はないが、第4条の2により一定の条件のもとで立入検査を行うことができる。

③ **百貨店**　【法第8条第1項、政令第1条の2第1項】

④ **高層建築物**　【法第8条の2第1項】

⑤ **地下街**　【法第8条の2第1項】

⑥ **統括防火管理者**　【法第8条の2第1項、政令第4条】

⑦ **防火対象物点検資格者**　【法第8条の2の2第1項、規則第4条の2の4第4項】

⑧ **点検対象事項**　【法第8条の2の2第1項】

⑨ **点検基準**　【法第8条の2の2第1項、規則第4条の2の6】

⑩ **自衛消防組織**　【法第8条の2の5第1項、政令第4条の2の4～第4条の2の6】

※　法第8条の防火管理者が作成する消防計画中の組織は、**自衛消防の組織**（規則第3条第1項第1号イ）であり、自衛消防組織ではない。

⑪ **防炎対象物品**　【法第8条の3第1項、政令第4条の3第3項】

⑫ **住宅**　【法第9条の2第1項】

**住宅**　【法第7条第1項、政令第1条】

住宅（長屋、共同住宅その他政令第1条で定める住宅［一戸建ての住宅で住宅の用途以外の用途に供する部分の床面積の合計が延べ面積の2分の1以上であるもの又は50㎡を超えるもの］を除く。）

⑬ **住宅用防災機器**　【法第9条の2第1項、政令第5条の6】

**住宅用防災警報器**［住宅（法第9条の2）における火災の発生を未然に又は早期に感知し、及び報知する警報器］と**住宅用防災報知設備**［住宅における火災の発生を未然に又は早期に感知し、及び報知する火災報知設備

※　住宅用防災警報器は単独で住宅用として検定されているのに対して、住宅用防災報知設備は

## 7.7　消防法令の略語等の手引

検定品の火災報知設備の部品を組み合わせている。

⑭　**指定数量**　【法第 9 条の 4 第 1 項、危政令第 1 条の11、別表第 3 】

⑮　**指定可燃物**　【法第 9 条の 4 第 1 項、危政令第 1 条の12、別表第 4 】

⑯　**消防本部等所在市町村**　【法第11条第 1 項第 1 号】

⑰　**市町村長等**　【法第11条第 2 項】

　※　法第16条の 3 では、❶市町村長等　❷市町村長　❸市町村長等又は市町村長と 3 通りの使い
　　分けをしている。

⑱　**消防用設備等**　【法第17条第 1 項、政令第 7 条第 1 項】

⑲　**特殊消防用設備**　【法第17条第 3 項】

⑳　**設備等設置維持計画**　【法第17条第 3 項、規則第31条の 3 の 2 】

㉑　**特定防火対象物**　【法第17条の 2 の 5 第 2 項第 4 号、政令第34条の 4 】

　※　特定用途防火対象物ではないので、注意する。

㉒　**設備等技術基準**　【法第17条の 3 の 2 】

㉓　**工事整備対象設備等**　【法第17条の 8 第 1 項】

㉔　**型式承認**　【法第21条の 2 第 2 項】

㉕　**型式適合検定**　【法第21条の 2 第 3 項、規則第34条の 5 】

㉖　**収容人員**　【政令第 1 条の 2 第 4 項、規則第 1 条の 3 】

㉗　**避難階**　【政令第 4 条の 2 の 2 第 2 号、第25条第 1 項】

㉘　**避難階以外の階**　【政令第 4 条の 2 の 2 第 2 号、規則第 4 条の 2 の 2 】

　　1 階及び 2 階を除くものとし、総務省令で定める避難上有効な開口部［直径 1 m以上の円が内
接することができる開口部又はその幅及び高さがそれぞれ75cm以上及び1.2m以上の開口部］を
有しない壁で区画されている部分が存する場合にあってはその区画された部分

㉙　**自衛消防組織設置防火対象物**　【政令第 4 条の 2 の 4 第 1 号】

㉚　**統括管理者**　【政令第 4 条の 2 の 8 】

㉛　**対象火気設備等**　【政令第 5 条第 1 項】

　　対象火気設備等省令第 3 条（対象火気設備等の種類）で20種が定められている。

㉜　**条例制定基準**　【政令第 5 条第 1 項】

㉝　**対象火気器具等**　【政令第 5 条の 2 第 1 項】

　　対象火気設備等省令第18条（対象火気器具等の種類）で 4 種が定められている。

㉞　**令 8 区画**　【政令第 8 条】

　　類似の内容として、開口部のない耐火構造の床又は壁で区画されている場合（規則第 4 条の 2
の 6 （防火対象物の点検基準）第 2 項第 2 号）がある。

　※　略語ではない（通称）。

　※　区画貫通は、「令 8 区画及び共住区画の構造並びに当該区画を貫通する配管等の取扱いにつ
　　いて（通知）」（平成 7 年 3 月31日消防予第53号）を参照

㉟　**令 9 適用**　【政令第 9 条】

　※　略語ではない（通称）。

㊱　**無窓階**　【政令第10条第 1 項第 5 号、規則第 5 条の 3 】

㊲　**火災発生時の延焼を抑制する機能を備える構造**　【政令第12条第 1 項第 1 号、規則第12条の
　　2 】

第 7 章　共通科目

次の 4 ケースにおいて、構造、内装、設備等の定めがある。

❶　第 1 項第 1 号　別表第 1 (6)項イ(1)(2)、(6)項ロで、基準面積1,000㎡未満のケース

❷　第 1 項第 2 号　別表第 1 (6)項イ(1)(2)、(6)項ロで、基準面積1,000㎡以上のケース

❸　第 2 項　別表第 1 (6)項イ(1)(2)、(6)項ロで、居室が避難階にある延べ面積100㎡未満のケース

❹　第 3 項　別表第 1 (16)項イの中の(6)項ロで、延べ面積275㎡未満のケース

　（上記❶❷❸の項には、当該用途を含む(16)項イ、(16の 2 )項も含まれる。）

㊳　**介助がなければ避難できない者**　【政令第12条第 1 項第 1 号、規則第12条の 3 】

　乳児、幼児並びに別表第 1 (6)項ロ(2)、(4)及び(5)に規定する施設に入所する者（(6)項ロ(5)に規定する施設に入所する者にあっては、(6)項ロ(5)に規定する避難が困難な障害者等に限る。）のうち、認定調査項目（移乗、移動、危険の認識、説明の理解、多動・行動停止、不安定の行動の 6 項目で判定）に該当する者

㊴　**特定施設水道連結型スプリンクラー設備**　【政令第12条第 2 項第 3 号の 2 】

　スプリンクラー設備のうち、その水源として、水道の用に供する水管を当該スプリンクラー設備に連結したものであって、第 4 号に規定する水量を貯留するための施設を有しないもの

　※　「消防法施行令の一部を改正する政令等の運用について」（平成21年 3 月31日消防予第131号）

　　2　特定施設水道連結型スプリンクラー設備に関する事項を参照

㊵　**防火上有効な措置が講じられた構造**　【政令第12条第 2 項第 3 号の 2 、規則第13条の 5 の 2 】

　特定施設水道連結型スプリンクラー設備の設置面積から除かれる別表第 1 (6)項イ、ロの部分で、次のいずれにも該当する部分（当該部分の床面積の合計は防火対象物の延べ面積の 2 分の 1 を上限とする。）

❶　その部分が規則第13条第 3 項第 7 号の手術室等と第 8 号のレントゲン室等

❷　構造として、準耐火構造の壁、床等又は不燃材料の壁、床等

❸　床面積が1,000㎡以上の地階・無窓階、1,500㎡以上の 4 階以上10階以下は除かれる。

　（平成27年 3 月 1 日施行。11階以上はもともとスプリンクラー設置）

㊶　**防護対象物**　【政令第14条第 1 項第 1 号】

㊷　**防護区画**　【政令第16条第 1 号、規則第18条第 1 項第 3 号イ】

㊸　**火災通報装置**　【政令第23条、規則第25条第 2 項第 1 号】

㊹　**必要とされる防火安全性能を有する消防の用に供する設備等**　【政令第29条の 4 】

㊺　**基準面積**　【規則第12条の 2 第 1 項】

　政令第12条第 2 項第 3 号の 2 に規定する床面積〔政令第12条第 1 項第 1 号及び第 9 号に掲げる防火対象物又はその部分のうち、防火上有効な措置が講じられた構造を有するものとして規則第13条の 5 の 2 で定める部分〔㊵を参照〕以外の部分の床面積の合計が1,000㎡未満のもの〕の合計

　※　別表第 1 (6)項イ(1)(2)、(6)項ロで、（火災延焼抑制の構造以外の防火対象物（部分）として）スプリンクラー設置が必要となる際に、構造規制された手術室等、レントゲン室等を除いた部分の面積（つまり規制されるべき対象のみの面積）

㊻　**小規模特定用途複合防火対象物**　【規則第13条第 1 項第 2 号】

　別表第 1 (16)項イに掲げる防火対象物のうち、(1)項から(4)項まで、(5)項イ、(6)項又は(9)項イに掲げる防火対象物の用途に供される部分の床面積の合計が当該部分が存する防火対象物の延べ面積

の10分の１以下であり、かつ、300㎡未満であるもの

㊼　**道路区画面積　区画面積**　【規則第17条第２項】

㊽　**特定一階段等防火対象物**　【規則第23条第４項第７号】

別表第１⑴項から⑷項まで、⑸項イ、⑹項又は⑼項イに掲げる防火対象物の用途に供される部分が、政令第４条の２の２第２号に規定する避難階以外の階に存する防火対象物で、当該避難階以外の階から避難階又は地上に直通する階段及び傾斜路の総数が二（当該階段及び傾斜路が屋外に設けられ、又は第４条の２の３に規定する避難上有効な構造を有する場合にあっては、一）以上設けられていないもの（小規模特定用途複合防火対象物を除く。）

※　政令第４条の２の２第２号で**特定一階段**という用語は、定義されていない。

自動火災報知設備の感知器の基準の中で、小規模特定用途複合防火対象物を除いたものとして等を入れて定義している。

参照 ➡　４．３．２⑴　法令で定める対象物、６．１．７⑴　特定一階段

㊾　**防煙区画**　【規則第30条第１項第１号イ】

㊿　**消火活動拠点**　【規則第30条第１項第２号イ】

(51)　**特定共同住宅等**　【特定共同住宅等省令第２条第１号】

別表第１⑸項ロに掲げる防火対象物及び⒃項イに掲げる防火対象物（⑸項イ及びロ並びに⑹項ロ及びハに掲げる防火対象物の用途以外の用途に供される部分が存せず、かつ、⑸項イ並びに⑹項ロ及びハに掲げる防火対象物の用途に供する各独立部分の床面積がいずれも100㎡以下であって、⑸項ロに掲げる防火対象物の用途に供される部分の床面積の合計が、当該防火対象物の延べ面積の２分の１以上のものに限る。）であって、火災の発生又は延焼のおそれが少ないものとして、その位置、構造及び設備について消防庁長官が定める基準に適合するもの

※　消防庁長官が定める基準

- 「特定共同住宅等の位置、構造及び設備を定める件」（平成17年３月25日消防庁告示第２号）
- 「特定共同住宅等の構造類型を定める件」（平成17年３月25日消防庁告示第３号）

(52)　**特定住戸利用施設**　【特定共同住宅等省令第２条第１号の３】

住戸利用施設のうち、別表第１⑹項ロ⑴に供される部分と⑹項ロ⑸に供される部分（規則第12条の３以外のものにあっては、床面積が275㎡以上）で、規則第12条の２第１項又は第３項に規定する構造を有するもの以外のもの

(53)　**住宅用消火器**【特定共同住宅等省令第２条第12号】

消火器の技術上の規格を定める省令（昭和39年９月17日自治省令第27号）第１条の２第２号に規定するもの

(54)　**共同住宅用スプリンクラー設備**　【特定共同住宅等省令第２条第13号】

特定共同住宅等における火災時に火災の拡大を初期に抑制するための設備であって、スプリンクラーヘッド、制御弁、自動警報装置、加圧送水装置、送水口等で構成され、かつ、住戸、共用室又は管理人室ごとに自動警報装置の発信部が設けられているもの

(55)　**共同住宅用自動火災報知設備**　【特定共同住宅等省令第２条第14号】

特定共同住宅等における火災時に火災の拡大を初期に抑制し、かつ、安全に避難することを支援するために、特定共同住宅等における火災の発生を感知し、及び当該特定共同住宅等に火災の発生を報知する設備であって、受信機、感知器、戸外表示器等で構成され、かつ、自動試験機能又は遠隔試験機能を有することにより、住戸の自動試験機能等対応型感知器の機能の異常が当該

第 7 章　共通科目

住戸の外部から容易に確認できるもの

㊱　**特定小規模施設**　【特定小規模施設省令第 2 条第 1 号】

次に掲げる防火対象物（特定一階段等防火対象物は除く。）

❶　延べ面積が300㎡未満の次のもの　別表第 1 ⑵項ニ、⑸項イ、⑹項イ⑴～⑶、⑹項ロ、⑹項ハ（利用者を入居、宿泊させるもの）

❷　⒃項イに掲げる防火対象物のうち、❶に該当するもの

❸　❷に掲げる防火対象物以外の別表第 1 ⒃項イに掲げる防火対象物（⑸項イ及びロに掲げる用途以外の用途に供される部分が存せず、かつ、⑸項イに掲げる用途に供される部分の床面積が300㎡未満のものに限る。）のうち、延べ面積が300㎡以上500㎡未満のもの

※　下記の通知を参照のこと。

・「特定小規模施設における必要とされる防火安全性能を有する消防の用に供する設備等に関する省令等の公布について」（平成20年12月26日消防予第345号）

・「消防法施行規則及び特定共同住宅等における必要とされる防火安全性能を有する消防の用に供する設備等に関する省令の一部を改正する省令の公布について」（平成27年 2 月27日消防予第82号）

㊲　**特定小規模施設用自動火災報知設備**　【特定小規模施設省令第 2 条第 2 号】

特定小規模施設における火災が発生した場合において、当該火災の発生を感知し、及び報知するための設備

㊳　**複合型居住施設**　【複合型居住施設省令第 2 条第 1 号】

別表第 1 ⒃項イに掲げる防火対象物のうち、延べ面積が500㎡未満で、かつ、⑸項ロ並びに⑹項ロ及びハに掲げる防火対象物の用途以外の用途に供される部分が存しないもの（政令第21条第 1 項第 8 号に掲げる防火対象物〔指定可燃物施設〕及び特定一階段等防火対象物を除く。）

㊴　**複合型居住施設用自動火災報知設備**　【複合型居住施設省令第 2 条第 2 号】

複合型居住施設における火災が発生した場合において、当該火災の発生を感知し、及び報知するための設備

㊵　**独立した用途に供される部分から除かれる部分**　【「令別表第 1 に掲げる防火対象物の取り扱いについて」の一部改正について（平成27年 2 月27日消防予第81号）】

別表第 1 ⑵項ニ、⑸項イ若しくは⑹項イ⑴から⑶まで若しくは⑹項ロに掲げる防火対象物又は⑹項ハに掲げる防火対象物（利用者を入居させ、又は宿泊させるものに限る。）

上記の用途をみなし従属の対象とせずに、独立した用途とみなす。

なお、小規模特定用途複合防火対象物で設置が除外される設備は、下記のとおりである。

・スプリンクラー設備の設置を要しない部分（規則第13条第 1 項第 2 号）

・自動火災報知設備の感知器（規則第23条第 4 項第 1 号ヘ）

# Coffee Break
## 政令別表第1の(2)項と(6)項

 政令別表第1の(2)項と(6)項を考察しよう。

### 1 政令別表第1の用途

現在の政令別表第1の用途は、35の用途に区分され、これから先も用途区分が法改正により増加しないとも限らないし、逆に(3)項イと(3)項ロの区分の必要性が時代とともになくなりつつあるなど、用途区分が不変であるとはいえない。しかし、用途区分が変更されると、規制条文の過去の適用経過が分かりづらくなり、既存防火対象物に対する現行規制の適用に誤りが生じることも危惧される。いずれにしても用途区分の変更は、法改正時の利便性・合理性はあるにしても現場では、悩ましい改正である。同様に、規則第23条（自動火災報知設備の感知器等）は、平成15年総務省令第90号改正で特定一階段等防火対象物を規制し、平成27年総務省令第10号改正は利用者の入居又は宿泊の有無で規制するなど、用途と絡めた利用実態の調査等が要求され、用途判定の難しさを増加させている。

### 2 (2)項について
(1) 経緯

主として遊ぶことを目的とした施設等を(2)項としている。

当初の(2)項は、イとロのみで、(2)項イは洋式の客席を設けて客席で接待をしたり飲食を伴う施設（和式の客席は(3)項イの待合、料理店）であり、(2)項ロは不特定多数の者が遊技やダンスをする施設であった。

従前、風俗店のうち飲食を伴わない施設は用途を(15)項としていたが、これらは規模が小さく、照明が暗く、加えて利用者が不特定多数の者であり火災時の人命危険がきわめて大きいことから、平成13年新宿区歌舞伎町ビル火災を契機として、平成14年政令第274号改正（平成15年10月1日施行）で風適法第2条第5項に規定する性風俗関連特殊営業を営む店舗を特定防火対象物として新たに**(2)項ハ**とした。さらに、平成19年宝塚市カラオケボックス火災を契機として、平成20年政令第215号改正（平成20年10月1日施行）で個室型の施設を**(2)項ニ**として加えた。

なお、「風俗営業等の規制及び業務の適正化等に関する法律」は、風営法とも風適法とも略称されるが、ここでは「風適法」と称する。

(2) (2)項イ（キャバレー、ナイトクラブ等）

(2)項イのキャバレー、ナイトクラブは、風適法の平成27年法律第45号の改正前は、第2条第1項に示す「キャバレーその他設備を設けて客にダンスをさせ、かつ、客の接待をして客に飲食をさせる営業」と「ナイトクラブその他設備を設けて客にダンスをさせ、かつ、客に飲食をさせる営業」とされていたが、改正により**ナイトクラブ**が下記のように分けられた。

　① 照度10ルクス以下‥‥‥‥‥‥‥‥‥‥‥‥風俗営業（風適法第2条第1項新第2号）
　② 照度10ルクス超、深夜営業、酒類提供あり‥‥‥特定遊興飲食店
　③ 照度10ルクス超、深夜営業、酒類提供なし‥‥‥飲食店

## 第7章　共通科目

④　照度10ルクス超、6時～24時営業………………………飲食店

①は従来どおり⑵項イで、②も風適法から除外されるがほぼ⑵項イと考えられる（建基法でバーの扱いをすることもある。）。③④は飲食店となったことから⑶項ロと考えられる。この風適法の改正に対し、消防庁通知※では個々の実態に即して判断することとしている。

※　「特定遊興飲食店営業の用途に供する営業所を含む防火対象物の防火安全対策における関係行政機関との連携について」（平成28年3月15日消防予第69号）

### ⑶　⑵項ロ（遊技場又はダンスホール）

⑵項ロについても風適法の平成27年法律第45号の改正で、ダンスをするだけの**ダンスホール**は風適法の対象外となったので⒂項となるが、用途判定では前⑵と同様に実態に即して判断するため、⑵項ロを適用し続けるケースもありうる。

しかし、新築のダンスホールをフィットネス兼用ホールと同等の⒂項とすると、既存施設が⑵項ロとして適用される消防用設備等、防火対象物定期点検、防火管理などの義務との不均衡が顕著となり、既存施設の⑵項ロとしての判断根拠が求められることとなる。

### ⑷　⑵項ハ（風俗営業施設）

**性風俗関連特殊営業**には、風適法第2条第5項に規定される店舗型性風俗特殊営業、無店舗型性風俗特殊営業、映像送信型性風俗特殊営業、店舗型電話異性紹介営業及び無店舗型電話異性紹介営業の5種類があるが、店舗の形態を有しないものは除かれ、さらに、平成20年政令第215号改正で個室型が⑵項ニに分離したので、⑵項ハに該当するのは店舗型性風俗特殊営業（風適法第2条第6項）となっている。

なお、従来から分類されている次の用途は、⑵項ハから除かれる。

| | |
|---|---|
| ⑴項イ | ストリップ劇場 |
| ⑵項ニ | テレフォンクラブ及び個室ビデオ |
| ⑷項 | アダルトショップ |
| ⑸項イ | ラブホテル及びモーテル |
| ⑼項イ | ソープランド |

このため、⑵項ハには、おおむね次のものが対象となる。

| 内　容 | 具体例 |
|---|---|
| 個室を設け、当該個室において異性の客の性的好奇心に応じてその客に接触する役務を提供する営業（風適法第2条第6項第1号に該当する営業を除く。）（風適法第2条第6項第2号） | ファッションヘルス、性感マッサージ、イメージクラブ、SMクラブ |
| ヌードスタジオその他個室を設け、当該個室において、当該個室に在室する客に、その性的好奇心をそそるため衣服を脱いだ人の姿態（又はその映像※）を見せる興行の用に供する興行場（風適政令第2条第1号） | ヌードスタジオ |
| のぞき劇場その他個室を設け、当該個室の隣室又はこれに類する施設において、当該個室に在室する客に、その性的好奇心をそそるため衣服を脱いだ人の姿態（又はその映像※）を見せる興行の用に供する興行場（風適政令第2条第2号） | のぞき劇場 |
| もっぱら、面識のない異性との一時の性的好奇心を満たすための交際を希望する者に対し、異性を紹介する営業を営む店舗で、その一方の者からの情報通信に関連する機器による交際の申込み | 出会い系喫茶 |

# Coffee Break　政令別表第1の(2)項と(6)項

| |
|---|
| を電気通信設備を用いて当該店舗内に立ち入らせた他の一方の者に取り次ぐことによって営むもの（規則第5条第1項第1号）<br>　個室を設け、当該個室において客の性的好奇心に応じてその客に接触する役務を提供する営業を営む店舗（規則第5条第1項第2号） |

　※　映像を見せる興行は(2)項ニに分類
(5)　(2)項ニ（個室型施設）
　　(2)項ニのカラオケボックス以外に該当する**個室型施設**は、次のとおりである（規則第5条第2項）。

| 内　容 | 具体例 |
|---|---|
| 個室（これに類する施設を含む。）において、**インターネット**を利用させ、又は**漫画**を閲覧させる役務を提供する業務を営む店舗 | インターネットカフェ、まんが喫茶 |
| 風適法第2条第9項に規定する店舗型**電話**異性紹介営業を営む店舗 | テレフォンクラブ |
| 風適政令第2条第1号に規定する興行場（客の性的好奇心をそそるため衣服を脱いだ人の**映像**を見せる興行の用に供するものに限る。） | 個室ビデオ |

「令別表第一の改正に伴う消防法令の運用について」（平成15年2月21日消防予第55号）

 ポイント
　(2)項ハと(2)項ニは判別しづらいが、同じ個室でも(2)項ニは、パソコン、電話、ディスプレーなどネット環境を利用した狭く薄暗い個室と考えると分かりやすい。

## 3　(6)項について

　当初の(6)項は、イの病院、診療所等、ロの社会福祉施設等、ハの幼稚園等となっていたが、平成18年1月長崎県大村市のグループホーム火災で、平屋建てにもかかわらず死者7名の火災となり、この火災を契機として社会福祉施設にかかわる規制が、平成19年政令第179号改正（平成21年4月1日施行）で大幅に強化され、主として要介護者の入居する(6)項ロ特養老人ホーム等と(6)項ハ社会福祉施設に分離し、(6)項ロに対しては既存防火対象物も含め275㎡以上にスプリンクラー設備の設置義務などの改正となった。その後、施設の判定において、(6)項ロと(6)項ハの区分の明確化が求められ、平成25年政令第88号改正（平成27年4月1日施行）により用途対象の明確化と(6)項ハから(6)項ロへの見直し（(1)～(5)に細分化）が行われた。また、平成25年2月長崎県長崎市のグループホーム火災が発生し、平成25年政令第368号改正（平成27年4月1日施行）で、(6)項ロの消防用設備等設置が強化された。つまり、二つの改正が同時施行となり、(6)項ロと(6)項ハの見直しと設置基準の見直しにより設置が強化されることになった。このため、両改正が該当する施設（新たに(6)項ロとされる軽費老人ホームなど）もあった。
　(6)項イは、平成25年10月福岡市有床診療所火災を契機とし、平成26年政令第333号改正により入院施設の有無等により4区分され、規制が強化された。

第 7 章　共通科目

　このように、平成25年の⑹項関係施設の 2 件の火災により、⑹項ニの幼稚園等を除いて⑹
項関係施設の消防用設備等規制の大きな改正となった。社会福祉施設関係の主な遡及期限は、
平成30年 3 月31日となっている。なお、平成19年改正時の通知等により⑹項ロと判定されて
いる施設が、規則第 5 条（平成25年総務省令第21号改正）により避難困難の判定で⑹項ハと
されるケースもまれにあることからも、施設の用途判定は現行法令と通知に基づき厳密に実
施することとなる。

　社会福祉施設の近年の火災事例

| 火災の発生年月 | 場　　所 | 施　　　設 | 死者 |
|---|---|---|---|
| 平成18（2006）年 1 月 8 日 | 長崎県大村市 | 認知症高齢者グループホーム「やすらぎの里さくら館」 | 7 人 |
| 平成20（2008）年 6 月 2 日 | 神奈川県綾瀬市 | 知的障害者グループホーム「ハイムひまわり」 | 3 人 |
| 平成20（2008）年12月26日 | 福島県いわき市 | 小規模多機能型居宅介護事業所「ROSE 倶楽部粒来（つぶらい）」 | 2 人 |
| 平成21（2009）年 3 月19日 | 群馬県渋川市 | 静養ホーム（無届老人ホーム）「たまゆら」 | 10人 |
| 平成22（2010）年 3 月13日 | 北海道札幌市 | 認知症高齢者グループホーム「みらいとんでん」 | 7 人 |
| 平成25（2013）年 2 月 8 日 | 長崎県長崎市 | 認知症高齢者グループホーム「ベルハウス東山手」 | 5 人 |

## 4　⑹項イ（病院・診療所等）

⑴　規則第 5 条第 3 項、第 4 項の規定と説明

　　3　令別表第 1 ⑹項イ⑴の総務省令で定める病院は、次のいずれにも該当する体制を
　　有する病院とする。
　　⑴　勤務させる医師、看護師、事務職員その他の職員の数が、病床数が26床以下の
　　　ときは 2 、26床を超えるときは 2 に13床までを増すごとに 1 を加えた数を常時下
　　　回らない体制
　　⑵　勤務させる医師、看護師、事務職員その他の職員（宿直勤務を行わせる者を除
　　　く。）の数が、病床数が60床以下のときは 2 、60床を超えるときは 2 に60床まで
　　　を増すごとに 2 を加えた数を常時下回らない体制
　　4　令別表第 1 ⑹項イ⑴(ⅰ)の総務省令で定める診療科名は、医療法施行令（昭和23年
　　政令第326号）第 3 条の 2 に規定する診療科名のうち、次に掲げるもの以外のもの
　　とする。
　　⑴　肛門外科、乳腺外科、形成外科、美容外科、小児科、皮膚科、泌尿器科、産婦
　　　人科、眼科、耳鼻いんこう科、産科、婦人科〔※⑶の歯科を含めて13診療科目〕
　　⑵　前号に掲げる診療科名と医療法施行令第 3 条の 2 第 1 項第 1 号ハ⑴から⑷まで
　　　に定める事項とを組み合わせた名称〔※産婦人科、美容整形外科等〕
　　⑶　歯科
　　⑷　歯科と医療法施行令第 3 条の 2 第 1 項第 2 号ロ⑴及び⑵に定める事項とを組み
　　　合わせた名称

# Coffee Break　政令別表第1の(2)項と(6)項

> 参考
> 「火災発生時の延焼を抑制するための消火活動を適切に実施することができる体制を有するもの」と「特定診療科名」を規則第5条で定めている。

① (6)項イ(1)により避難等が容易であると推定される眼科などの診療科目を**特定診療科名**として、厳しい規制から外している。

② 同様に病床区分（医療法第7条第2項）の五つのうち、**精神病床、感染症病床、結核病床**は避難行動に支障が少ない患者が入院するもの又は見守り体制（消火活動を適切に実施できる体制）が十分な状態にあるものと考えられることから、厳しい規制から外される。

③ 規則第5条第3項は、**見守り体制**とも呼ばれる事項で、24時間体制で病院スタッフが病室付近に詰めている医療体制がとられている施設（代表的な施設が救急病院）は、充実した看護体制により初期消火等がなされるので、厳しい規制から外される。

**消火活動の体制の勤務員等の算定**

> 例　一般・療養病院（外科、内科等）で4人部屋14室、2人部屋3室、計62床
> (1)　62床÷13床＝4あまり10　⇒　4＋1＝5人の職員数
> (2)　62床÷60床＝1あまり2　⇒　1×2＋2＝4人の宿直を除く職員数
> 　(1)(2)より、**常時5名以上**の職員（医師等）がおり、かつ、そのうちの**4名**は宿直勤務者を除く職員が勤務していること。

④ 規則第5条第4項は、特定診療科名の**12診療科名＋歯科**を定義した（複合する名称も適用される。）。

(2) (6)項イの(1)〜(4)の分類の流れ

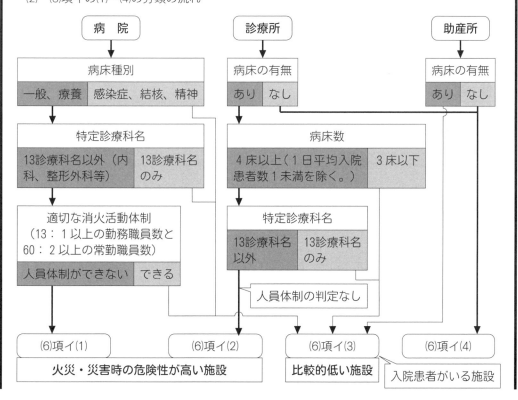

第7章　共通科目

(3)　⑹項イの消防用設備等の設置強化

| | ⑹項イ(1) | ⑹項イ(2) | ⑹項イ(3) | ⑹項イ(4) |
|---|---|---|---|---|
| 消火器 | すべて設置 | | | 改正なし（150㎡以上） |
| | 平成28年3月31日までに設置 | | | |
| 自動火災報知設備 | すべて設置※1 | | | 改正なし（300㎡以上） |
| | 平成30年3月31日までに設置 | | | |
| 火災通報装置 | すべて設置※2 | | すべて設置 | 改正なし（500㎡以上） |
| | 平成31年3月31日までに設置 | | | |
| スプリンクラー設備 | すべて設置※3 | | 3,000㎡以上※4 | 改正なし（6,000㎡以上） |
| | 令和7年6月30日までに設置 | | | |
| 屋内消火栓設備 | 700㎡以上※5 | | 改正なし（700㎡以上、2倍・3倍読みあり） | |
| | 令和7年6月30日までに設置 | | | |

※1　300㎡未満及び特定一階段等防火対象物以外は、**特定小規模施設用自動火災報知設備**を設置することができる。平成25年政令第368号改正で平成27年4月1日から施行。

※2　自動火災報知設備と連動起動となる。また、消防署から500mの緩和措置がない（規則第25条第1項第1号）。

※3　基準面積1,000㎡未満の医療施設には**特定施設水道連結型スプリンクラー設備**を設置することができる。なお、パッケージ型も選択できる。

※4　診療所・助産所の従前の設置基準は、6,000㎡以上であったことから、⑶の有床診療所等は設置が強化された。

※5　構造・内装制限を有するものは、基準面積1,000㎡以上の施設。

　　**基準面積**は、政令第12条第2項第3号の2「…防火上有効な措置が講じられた構造を有するものとして総務省令で定める部分以外の部分の床面積の合計」である（規則第12条の2第1項第1号）。

---

**参考**

　「消防法施行令の一部を改正する政令等の公布について」（平成26年10月16日消防予第412号）

　病院、有床診療所等についてスプリンクラー設備等の設置を行わなければならない施設の範囲の拡大と、消火器具、屋内消火栓設備、スプリンクラー設備、動力消防ポンプ設備及び消防機関へ通報する火災報知設備の設置及び維持に関する技術上の基準の整備（政令第333号改正、総務省令第80号改正）

---

**5　⑹項ロ（特別養護老人ホーム等）と⑹項ハ（社会福祉施設等）**

(1)　平成25年3月改正の特徴

　①　従来は、施設の名称を列記していたものを(1)～(5)の区分に分けて分かりやすくしている。なお、(1)～(5)にタイトルの記載はないが、およそ次の区分名称となる。

　　(1)　高齢者施設

　　(2)　生活保護者施設

　　(3)　児童施設

Coffee Break　政令別表第1の(2)項と(6)項

　　(4)　障害児施設
　　(5)　障害者施設
②　用途の詳細等は、規則第5条第5項～第9項で明確にしている。厚生労働省関係の規定が説明されている。
③　介護、老人福祉、障害者等社会福祉施設の区分は、分かりにくいので、用途の判定に当たっては関係部局と調整して判断することが実務的といえる。

参照 ➡ 6(2) 主な(6)項ロと(6)項ハの関係資料

認知症対応型老人共同生活援助事業を行う施設は、通称**認知症グループホーム**と呼ばれる。

(2)　(6)項ロ
　ア　(1)の避難が困難な要介護者
　　**軽費老人ホーム、有料老人ホーム、小規模多機能型居宅介護事業を行う施設**は、括弧書きが付されて避難が困難な要介護者を主として入居（宿泊）させるものに限られている。

> 規則第5条
> 5　令別表第1(6)項ロ(1)の総務省令で定める区分は、要介護認定等に係る介護認定審査会による審査及び判定の基準等に関する省令第1条第1項第3号から第5号までに掲げる区分とする。

　　要介護者の判断として、要介護状態区分3～5の者を入居・宿泊させる施設（宿泊サービスが常態化している施設）であり、かつ、「施設全体の定員の半数以上」「宿泊サービス利用者が全体の半数以上」であることを目安とする。
　　例えば、有料老人ホームのように、介護居室等避難が困難な要介護者が入居することを想定した部分の定員がある場合は、当該定員の割合が一般居室を含めた施設全体の定員の半数以上であることを目安とすること。
　イ　(1)のその他これらに類するもの
　　総務省令で定めるものは、下記のように規定されている。

> 規則第5条
> 6　令別表第1(6)項ロ(1)の総務省令で定めるものは、次の各号に掲げるものとする。
> 　(1)　令別表第1(6)項ロ(1)に規定する避難が困難な要介護者（次号において「**避難が困難な要介護者**」という。）を主として**入居**させ、業として入浴、排せつ、食事等の介護、機能訓練又は看護若しくは療養上の管理その他の医療を提供する施設（同項イに掲げるものを除く。）
> 　(2)　避難が困難な要介護者を主として**宿泊**させ、業として入浴、排せつ、食事等の介護、機能訓練又は看護若しくは療養上の管理その他の医療を提供する施設（同項イに掲げるものを除く。）

　　避難が困難な要介護者を主として入居（宿泊）させ、**業として**入浴、排せつ、食事等の介護、機能訓練又は看護若しくは療養上の管理その他の医療を提供する施設で、報酬の有無にかかわらず、介護保険制度外の事業などの法定外の福祉サービスを自主事業と

第 7 章　共通科目

して提供するものを含む。
ウ　(5)の避難が困難な障害者
　　**障害者支援施設、共同生活援助を行う施設**は、括弧書きが付されて避難が困難な障害者等を主として入所させるものに限られている。

> 規則第 5 条
> 　7　令別表第 1 (6)項ロ(5)の総務省令で定める区分は、障害支援区分に係る市町村審査会による審査及び判定の基準等に関する省令第 1 条第 5 号から第 7 号まで掲げる区分とする。

　　障害者の判断として、**障害支援区分が 4～6 の者**の入居が定員の**おおむね 8 割**を超えることを目安とする。

> **参考**
> 「消防法施行令の一部を改正する政令等の運用について（通知）」（平成26年 3 月14日消防予第81号）

 **ポイント**

① 軽費老人ホーム、有料老人ホーム等高齢者施設は、要介護状態区分 3 以上で定員 5 割以上
② 障害者支援施設、共同生活援助施設等障害者施設は、障害支援区分 4 以上で定員 8 割以上

この条件に当てはまらない施設は、(6)項ハに分類される。スプリンクラー設備は、(6)項ロは床面積に関係なく全て設置だが、(6)項ハだと6,000㎡以上が設置となり、大きな差異がある。定員に対する割合という時期・構成など変化するものを目安にして設備設置に大きな差を生じさせるので、特に注意すること。

(3)　(6)項ハ
　ア　(6)項ロ以外に該当する場合
　　　高齢者施設の軽費老人ホーム・有料老人ホーム・小規模多機能型居宅介護事業を行う施設と障害者施設の障害者支援施設・共同生活援助を行う施設で、(6)項ロに該当しない施設が(6)項ハとなる。
　イ　(1)(3)のその他これらに類するもの
　　　総務省令で定めるものは、下記のように規定されている。

> 規則第 5 条
> 　8　令別表第 1 (6)項ハ(1)の総務省令で定めるものは、老人に対して、業として入浴、排せつ、食事等の介護、機能訓練又は看護若しくは療養上の管理その他の医療を提供する施設（同項イ及びロ(1)に掲げるものを除く。）とする。
> 　9　令別表第 1 (6)項ハ(3)の総務省令で定めるものは、業として乳児若しくは幼児を一時的に預かる施設又は業として乳児若しくは幼児に保育を提供する施設（同項ロに掲げるものを除く。）とする。

# Coffee Break　政令別表第1の(2)項と(6)項

　　これらの区分は、社会福祉施設として届出せずに営業している施設を**実態から項を判定する**ために規定された判断指標である。
(4)　消防用設備等の設置基準で(6)項に付加されるもの
　ア　(6)項ロの介助がなければ避難できない者の施設

> （スプリンクラー設備に関する基準）
> 政令第12条　スプリンクラー設備は、次に掲げる防火対象物又はその部分に設置するものとする。
> 　(1)　〔略〕
> 　　イ・ロ　〔略〕
> 　　ハ　別表第1(6)項ロ(2)、(4)及び(5)に掲げる防火対象物（**介助がなければ避難できない者**として総務省令で定める者を主として入所させるもの以外のものにあっては、延べ面積が275平方メートル以上のものに限る。）

　　介助がなければ避難できない者として、総務省令で定める者を主として入所させるものとは、規則第5条第7項に該当する者（障害支援区分が4以上の者）であって、規則第12条の3（介助がなければ避難できない者）第1号から第6号まで（6項目）のいずれかに該当する者の数が、利用者のおおむね**8割を超える**施設を規定するものであり、該当する防火対象物についてはスプリンクラー設備の設置を要する。
　イ　(6)項ハの入居、宿泊施設

> （自動火災報知設備に関する基準）
> 政令第21条　自動火災報知設備は、次に掲げる防火対象物又はその部分に設置するものとする。
> 　(1)　次に掲げる防火対象物
> 　　イ　別表第1(2)項ニ、(5)項イ、(6)項イ(1)から(3)まで及びロ、(13)項ロ並びに(17)項に掲げる防火対象物
> 　　ロ　別表第1(6)項ハに掲げる防火対象物（**利用者を入居させ、又は宿泊させるもの**に限る。）

　　利用者を入居させ、又は宿泊させるものとは、夜間において利用者が就寝を伴う用途における火災危険に着目したものであり、入院や入所を含むものであること。
　　なお、利用者に対して日中に行っている役務（治療や保育等）が夜間を通して行われるのみで宿泊を伴わないものについては、原則として該当しないものであること。
　　平成25年政令第368号改正により、自動火災報知設備が(5)項イの全ての施設に設置されることと併せて、(6)項ハの入居、宿泊施設にも自動火災報知設備が設置されることとなった。

「消防法施行令の一部を改正する政令等の運用について（通知）」（平成26年3月28日消防予第118号）

## 第7章　共通科目

### 6　改正経過

(1) 主な設備等の改正内容

| 改正内容 | 改正の対象 | 施行日と既存遡及の経過措置期限 ||
|---|---|---|---|
| (6)項ロ、ハの用途区分の見直し（平成25年3月政令第88号改正） | 消火器、漏電火災警報器、誘導灯等 | 平成27.4.1～ | ～平成28.3.31 |
| | 屋内消火栓設備、スプリンクラー設備、自動火災報知設備、ガス漏れ火災警報設備、消防機関へ通報する火災報知設備、非常警報設備及び避難器具 | | ～平成30.3.31 |
| (6)項ロ、ハの設備設置強化（平成25年12月政令第368号総務省令第126号改正） | (6)項ロ　スプリンクラー設備（面積規定なし） | 平成27.4.1～ | ～平成30.3.31 |
| | (6)項ハ（入居等施設）　自動火災報知設備 | | |
| | (6)項ロ　消防機関へ通報する火災報知設備 | | |
| | 設備等の検査対象の拡大（政令第35条） | (2)項ニ、(5)項イ、(6)項イ(1)～(3)※、(6)項ロ、(6)項ハ（入居等施設）、前記用途を含む(16)項イ、(16の2)項、(16の3)項 | 平成27.4.1～（面積に関係なく検査対象） |

※＝平成26年10月政令第333号改正

> **参考**
> 「消防法施行令の一部を改正する政令等の公布について」（平成25年12月27日消防予第492号）

>  **ポイント**
> 新たにスプリンクラー設備の設置が義務付けられる延べ面積275㎡未満の(6)項ロについて、従前の延べ面積275㎡以上1,000㎡未満の施設に係る規定を適用することとされた（規則第12条の2第2項、第3項）。

(2) 主な(6)項ロと(6)項ハの関係資料

| 法令の改正 | 通知名 | 運用通知の内容 |
|---|---|---|
| 平成25年3月27日政令第88号総務省令第21号 | 消防法施行令の一部を改正する政令等の公布について（平成25年3月27日消防予120号・消防危第46号） | |
| | 消防法施行令の一部を改正する政令等の運用について（通知）（平成25年3月27日消防予第121号） | 平成25年消防予第120号・消防危第46号 |
| | 消防法施行令の一部を改正する政令等の運用について | 平成25年 |

## Coffee Break 政令別表第1の(2)項と(6)項

| | （通知）（平成26年3月14日消防予第81号） | 消防予第120号・消防危第46号 |
|---|---|---|
| 平成25年12月27日政令第368号総務省令第126号 | 消防法施行令の一部を改正する政令等の公布について（平成25年12月27日消防予第492号） | |
| | 消防法施行令の一部を改正する政令等の運用について（通知）（平成26年3月28日消防予第118号） | 平成25年消防予第492号平成26年消防予第101号 |
| 平成26年3月26日総務省令第19号 | 消防法施行規則の一部を改正する省令の公布について（平成26年3月26日消防予第101号） | |
| | 小規模社会福祉施設等に対する消防用設備等の技術上の基準の特例の適用について（平成26年3月28日消防予第105号） | |
| | 入居者等の避難に要する時間の算出方法等を定める件等の公布について（平成26年3月28日消防予第110号） | |
| | 認知症高齢者グループホーム等の火災対策の充実のための介護保険部局、消防部局及び建築部局による情報共有・連携体制の構築について（平成27年3月31日消防予第136号） | |
| | 認知症高齢者グループホーム等の火災対策の充実のための介護保険部局、消防部局及び建築部局による情報共有・連携体制の構築に関するガイドラインに係る執務資料の送付（平成27年3月31日事務連絡） | |

**参考 参考になるウェブサイト**

能美防災株式会社のウェブサイト「医療、福祉施設向け防災システム」等
パナソニックのウェブサイト「消防法令」等

### 7 スプリンクラー設備の設置免除対象（おおよその内容）

(6)項関係のスプリンクラー設備の設置に関して、政令第12条第1項第1号の**火災発生時の延焼を抑制する機能を備える構造**として、規則第12条の2で定めている主な内容は、次のとおりである。

| | 面積 | 用途／区画 | 居室 | 区画の壁・床の構造 | 内装 | 開口部 | 防火戸等 |
|---|---|---|---|---|---|---|---|
| 第1項第1号 | 基準面積1,000㎡未満 | 区画の面積100㎡以下 | 4居室未満 | 準耐火以上 | 通路は準不燃、その他難燃 | 1箇所4㎡計8㎡以下 | 自動閉鎖等 |
| 第1項第2号 | 基準面積1,000㎡以上 | 区画の面積200㎡以下 | — | 耐火 | | | 特定防火設備、自動閉鎖等 |

# 第7章 共通科目

| 第2項<br>第1号 | 延べ面積<br>100㎡未満 | 単一用途 | 入所者が利用する居室が避難階 | ― | 通路は準不燃、その他難燃 | ― | ― |
|---|---|---|---|---|---|---|---|
| 第2項<br>第2号 | | | | （避難上の条件＝避難時間制限等あり） | | | 自動閉鎖の戸 |
| 第3項 | ⑹項ロの延べ面積<br>275㎡未満 | 共同住宅の一部 | 特定住戸部分床面積<br>100㎡以下 | 準耐火以上 | 通路は準不燃、その他難燃 | （避難上の条件あり） | |

> **参考**
>
> 　規則第12条の2第2項、第3項は、⑹項イ、ロの275㎡未満で設置対象とされた施設に対する新規の基準（平成26年3月26日消防予第101号参照）。第2項は小規模施設で避難が容易なケース、第3項は耐火造の共同住宅の一室を利用しているケースに相応している。

Coffee Break　消防法の用途の扱い

## Coffee Break
### 消防法の用途の扱い

 消防用設備等の設置単位として、防火対象物の用途を定めるが、その考え方と仕組みは、どのようになっているのか。

### 1　沿革

**用途**が注目されることになったのは、昭和49年の法改正による。従来、法第17条の2〔現行＝17条の2の5〕第1項で**不遡及原則**を規定し、第2項の改正法令の適用対象（**不遡及の適用除外**）とした①違反対象物、②増改築等による大規模改修対象物、③自主的設置の改正法令適用対象物の3対象と、第1項括弧書きによる消火器の設置等軽微な設備以外は、遡及はなかった。

しかし、昭和49年6月1日法律第64号により法第17条の2第2項に第4号が追加され、**特定防火対象物**（政令別表第1⑴項～⑷項、⑸項イ、⑹項、⑼項イ、⒃項イ、(16の2)項）((16の3)項は、昭和56年政令第6号改正で追加）が全て遡及対象となったため、用途の判定が大きな問題となった（昭和49年の改正は、昭和47年5月千日デパート火災、昭和48年11月大洋デパート火災を契機としている。）。

> 法第17条の2（昭和49年6月1日改正により追加された条文）
> 2　前項の規定（不遡及条文）は、消防用設備等で次の各号の一に該当するものについては、**適用しない**。
> ⑷　前3号に掲げるもののほか、前条第1項の消防用設備等の技術上の基準に関する政令若しくはこれに基づく命令又は同条第2項の規定に基づく条例の規定の施行又は適用の際、現に存する百貨店、旅館、病院、地下街、複合用途防火対象物（政令で定めるものに限る。）その他同条第1項の防火対象物で多数の者が出入するものとして政令で定めるもの（以下「**特定防火対象物**」という。）における消防用設備等又は現に新築、増築、改築、移転、修繕若しくは模様替えの工事中の特定防火対象物に係る消防用設備等

### 2　従属用途の考え方

政令第1条〔現行＝1条の2〕第2項は、昭和49年6月政令第188号改正と7月第252号改正により「法第8条第1項の政令で定める二以上の用途（複合用途）は、〔中略〕。この場合において、当該異なる二以上の用途のうちに、一の用途で、当該一の用途に供される防火対象物の部分がその管理についての権原、利用形態その他の状況により他の用途に供される防火対象物の部分の従属的な部分を構成すると認められるものがあるときは、当該一の用途は、当該他の用途に含まれるものとする。」とされた。つまり、用途が複数ある場合で**主たる用途**に対してその他の用途が**従属的**と認められれば主たる用途にまとめて扱うとし、複合用途防火対象物とせず単独用途として扱う範囲ができた（⒃項イに判定されないため、遡及適用から除外される。）。

この政令の**従属**とされる内容は、**機能的従属とみなし従属**の両方が該当する。

参照 ➡ 6.1.6(1) 経緯

現行法令では、用途の取扱いに関する補足説明は、規則第2章第1節防火対象物の用途の指定として、規則第5条で用途の細部を明記しているが、当時はそのような対応をせずに通知で便宜的に対応した。

### 3 従属用途
(1) 従属用途の内容
「令別表第1に掲げる防火対象物の取り扱いについて」（昭和50年4月15日消防予第41号・消防安第41号）（以下「41号通知」という。）で、防火対象物の用途の従属的な部分と一般住宅部分が存する防火対象物の用途の判定基準を示している。

参考
「消防用設備等の設置単位について」（昭和50年3月5日消防安第26号）において、渡り廊下で接続された建築物の扱いも通知され、この二つの通知が建物の設備規制の根幹となっている。ともに現在の都市化した大規模複合ビル群に対しても適用されており、これほど多くの法令改正をしていながら、昭和50年当時の通知が今も重要な法令解釈の根拠となっている。

(2) 用途の変遷（変更が施行された年月日）

| S36.4.1 | S48.1.1 | S48.6.1 | S50.1.1 | S56.7.1 | H15.10.1 | H20.10.1 | H21.4.1 | H27.4.1 | H28.4.1 |
|---|---|---|---|---|---|---|---|---|---|
| (1)項イ（劇場、映画館等） | | | | | | | | | |
| (1)項ロ（公会堂、集会場等） | | | | | | | | | |
| (2)項イ（キャバレー等） | | | | | | | | | |
| (2)項ロ（遊技場等） | | | | (2)項ロ（遊技場等） | | | | | |
| | | (2)項ハとして新たに風営施設 | | (2)項ハ（風営施設） | | | | | |
| | | | (2)項ハの個室を(2)項ニとする | (2)項ニ（カラオケボックス等） | | | | | |
| (3)項イ（待合、料理店等） | | | | | | | | | |
| (3)項ロ（飲食店等） | | | | | | | | | |
| (4)項（百貨店、物販等） | | | | | | | | | |
| (5)項イ（旅館、ホテル） | | | | | | | | | |
| (5)項ロ（共同住宅） | | | | | | | | | |
| (6)項イ（病院、診療所） | | | | | | | | (1)〜(4) | |

## Coffee Break　消防法の用途の扱い

| S36.<br>4.1 | S48.<br>1.1 | S48.<br>6.1 | S50.<br>1.1 | S56.<br>7.1 | H15.<br>10.1 | H20.<br>10.1 | H21.<br>4.1 | H27.<br>4.1 | H28.<br>4.1 |
|---|---|---|---|---|---|---|---|---|---|
| (6)項ロ（社会福祉施設） | | | | | | | (6)項ロ<br>（特養） | (1)～(5)細分化 | |
| | | | | | | | (6)項ハ<br>（福祉施） | (1)～(5)細分化 | |
| (6)項ハ幼稚園 | | | | | | (6)項ハから | (6)項ニ（幼稚園等） | | |
| (7)項（学校等） | | | | | | | | | |
| (8)項（図書館等） | | | | | | | | | |
| (9)項 | (9)項イ（熱気浴場等）　増設 | | | | | | | | |
| | (9)項ロ（一般浴場） | | | | | | | | |
| (10)項（停車場、空港） | | | | | | | | | |
| (11)項（神社、寺院等） | | | | | | | | | |
| (12)項イ（工場・作業場） | | | | | | | | | |
| (12)項ロ（スタジオ） | | | | | | | | | |
| (13)項イ（駐車場） | | | | | | | | | |
| (13)項ロ（航空機格納庫） | | | | | | | | | |
| (14)項（倉庫） | | | | | | | | | |
| (15)項（事業場） | | | | | | | | | |
| (16)項 | (16)項イ（特定・複合用途） | | | | | | | | |
| | (16)項ロ（非特定・複合用途） | | | | | | | | |
| | | （16の2）項（地下街）　新設 | | | | | | | |
| | | | （16の3）項（準地下街）　新設 | | | | | | |
| (17)項（文化財） | | | | | | | | | |
| (18)項（アーケード） | | | | | | | | | |
| (19)項（山林） | | | | | | | | | |
| (20)項（舟車） | | | | | | | | | |

　このように昭和36年の制定時以降は、(9)項、(16)項、(2)項、(6)項が項目を増加させている。とはいえ、昭和48年から平成15年までの30年近くは、ほとんど改正がなく運用されていた。

　平成13年9月新宿区歌舞伎町ビル火災を契機とした(2)項ハの追加以降、平成18年1月長崎県大村市グループホーム火災による(6)項の社会福祉施設関係の改正などが続いている。最近では、平成25年10月福岡市有床診療所火災を受け、平成26年10月政令第333号改正により(6)項イが細分化されている。

参照 ➡ Coffee Break　政令別表第1の(2)項と(6)項

(3)　機能的従属

　41号通知別表には、政令別表第1各項の用途から考えられる防火対象物内の区画の用途

第7章　共通科目

（使用方法）を**主たる用途**、その用途に付帯すると認められる部分を**機能的に従属する用途**として定めている。

　主たる用途は、その事業の主体的な業務を行う用途で、例えば、⑷項（物販店舗）では売場になるが、他にも荷さばき場、商品倉庫、食堂、事務室が必要であり、これらを含めて主たる用途としている。

　機能的従属用途とは、直接は関係ないとみられる用途であっても主たる用途に付属して併設されることが予測され、一体として事業運営がなされる用途である。

　とはいえ、機能的用途の解釈には、確たる理論構成が見当たらない。例えば、⑶項イ、ロ（料理店、飲食店）、⑷項（物販店舗）、⑸項イ（ホテル）、⑾項（神社、教会）の従属用途に結婚式場があるが、⑴項ロ（集会場）は主たる用途が宴会場なのに結婚式場がない。物販店舗やホテルよりも宴会場に結婚式場がセットされているケースが多いと思えるが、物販店舗の事業の従属性の中に結婚式場があることとなっている。同様に、⑹項イの病院の機能的従属用途に美・理容院がないが、総合病院や大学病院などに美・理容院やコンビニの併設は一般的である。このような、主たる用途に対する機能的従属用途の関係は、昭和50年当時の状況を踏まえただけのものでしかないので、41号通知別表は、目安（基準）と捉えられている（通知には、「類するものを含む」とされている。）。

　ただし、機能的従属用途として認められるのは、41年通知では、次の**三つの条件**が必要となっている。

> ① 管理権原者が同一である。
> ② 利用者が同一又は密接な関係にある。
> ③ 利用時間もほぼ同一時間帯である。

参照 ➡ ６.１.６⑵　機能的従属

**参考**

　この三条件で、②と③は必要条件となりえるが、①は今や独立採算が一般的な中で管理権原が同じであることは必ずしも条件ではなく、施設・設備や防火管理面で従たる用途の関係者が、主たる用途の関係者の統制の下に入る形態（グループ企業など）であれば、穏やかな上下関係として黙認され、通知は弾力的に運用されている。
例　百貨店の管理権原者と店内レストランの店長が同一の可能性は低いし、病院と院内コンビニが同じ経営体であることも考えにくい。

　なお、現在では、⑸項イの旅館を表向きとして、個室型性風俗を営業する施設もある。これら施設は、使用実態を踏まえ⑵項ニとして捉えるものとされている（「令別表第一の改正に伴う消防法令の運用について」（平成15年2月21日消防予第55号））。

278

# Coffee Break　消防法の用途の扱い

主たる用途と機能的従属用途（通知の一部）

| 項 | 主たる用途部分 | 機能的従属用途部分 |
|---|---|---|
| (1)項イ | 舞台部、客席、映写室、ロビー、切符売場、出演者控室、大道具、小道具室、衣裳部屋、練習室 | 専用駐車場、売店、食堂、喫茶室 |
| (4)項 | 売場、荷さばき室、商品倉庫、食堂、事務室 | 催物場、写真室、遊技場、結婚式場、専用駐車場、美・理容室、診療室、集会室 |
| (6)項イ | 診療室、病室、産室、手術室、検査室、薬局、事務室、機能訓練室、面会室、談話室、研究室、厨房、付添人控室、洗濯室、リネン室、医師等当直室 | 食堂、売店、専用駐車場 |
| (10)項 | 乗降場、待合室、運転指令所、電力指令所、手荷物取扱所、一時預り所、ロッカー室、仮眠室 | 売店、食堂、旅行案内所 |

機能的従属用途部分は、類するものを含むとしているが、従属的な形態と認められないときは、その部分は**別の用途**となり、防火対象物全体が複合用途となる。

　機能的従属用途と認めず項を変更している事例として、(10)項駅舎がある。従来は売店、食堂などを機能的従属用途とすることが普通であったが、都心のターミナル駅は、飲食店、洋品店、理容院なども駅舎内（改札の内側）に多数存在するようになったため、**機能的従属用途とみなさないで、駅舎全体を複合用途と判断して、(16)項イと判定する**ようになってきている。

## 4　みなし従属

(1)　みなし従属

　機能的従属用途として、主たる用途に他の用途部分を組み込んでしまうと都合がよいが、20階建て事務所ビル内の1階の複数の飲食店などは、利用者が同一とはいえず、経営的にも独立していることから複合用途防火対象物となってしまう。

　そこで、これらの防火対象物で建物全体の中でその割合が小さく、主たる用途に取り込んで考えても支障ないとするものが、41号通知で示された**みなし従属**である。

　多くは、事務所ビル、共同住宅等で適用されている。

| みなし従属とされる部分 | 異なる用途の床面積の合計が、延べ面積の10%未満 |
|---|---|
| | 異なる用途の床面積の合計が、300㎡未満 |

事務所
事務所・職員食堂
事務所
事務所
事務所
事務所　　飲食店

　本来は、事務所と飲食店の(16)項イ複合用途と判定されるが、飲食店部分が**10%未満かつ300㎡未満**なら、防火対象物全体を(15)項として扱う。なお、面積算定は、共用部分は案分して算出する。

参照 → 6.1.6(3)　みなし従属

第 7 章　共通科目

---

> **参考** 非特定への用途判定による設備の遡及適用除外
>
> 　寄宿舎、学校、事務所などで普通に併存し得る食堂、売店があると⒃項イと判定され、自動火災報知設備・誘導灯・防炎処理などの設備等の設置が義務となり、規制が厳しくなることから、みなし従属により、単独の非特定用途防火対象物と判定されている。
>
> 　特に、⒃項イで11階以上の場合、昭和49年政令第252号改正で建物全体にスプリンクラー設備が義務化され（政令第12条第１項第２号〔現行＝第３号〕）、みなし従属の扱いは、必要不可欠な取扱い要件となっていた。

⑵　みなし従属が適用されない用途の創設

　　平成19年政令第179号改正により、⑹項ロ（特別養護老人ホーム等）が新たに定義され、スプリンクラー設備の275㎡以上設置、自動火災報知設備・消防機関へ通報する火災報知設備の全部設置、さらに、収容人員10人以上で防火管理者の選任などとなった。すると、⑸項ロの共同住宅の一部にある⑹項ロ（グループホーム等）が、従属ではなく単独で⑹項ロとなると自動火災報知設備が必要となるが、みなし従属を適用すると10％未満かつ300㎡未満の範囲であれば、全体が⑸項ロとなり設置の必要がないこととなる。この不合理を解消するため、⑹項ロの用途部分は、通知によりみなし従属の適用をしないこととした（平成21年３月31日消防予第131号）。

　　なお、⑵項ニも自動火災報知設備の全部設置により同様の扱いとされた（平成20年８月28日消防予第200号）。

　　さらに、平成25年政令第368号改正により、⑸項イ、⑹項イ⑴～⑶、⑹項ハ（宿泊のある施設）の自動火災報知設備全部設置、⑹項ロのスプリンクラー全部設置等があり、さらに平成26年政令第333号改正により⑹項イ⑴⑵のスプリンクラー全部設置、⑹項イ⑴～⑶の消防機関へ通報する火災報知設備全部設置などが定められ、これらの用途に係るみなし従属の適用が、⑹項ロのときと同じように適用除外にする必要が生じた。

　　しかし、すでに、さまざまな場面で混乱が生じることからみなし従属を規定している41号通知を改正する「「令別表第１に掲げる防火対象物の取り扱いについて」の一部改正について」（平成27年２月27日消防予第81号）が通知された（以下「改正41号通知」という。）。

　　これにより、41号通知の１⑵みなし従属は、政令別表第１⑵項ニ、⑸項イ、⑹項イ⑴～⑶、⑹項ロ、⑹項ハ（入居・宿泊させるものに限る。）（以下「⑹項ロ関係」という。）の防火対象物を除くとした。

　　次に、みなし従属の適用をやめて⒃項イとすることにより、11階以上の建物でスプリンクラー設置が生じることや自動火災報知設備の設置など消防用設備等に関わる⑹項ロ関係以外の大部分を占める非特定用途部分の扱いが、厳しい規制強化となることから、非特定用途部分を遡及適用させない扱いが必要となり、平成27年総務省令第10号改正で規則により**小規模特定用途複合防火対象物**の設置免除が規定された（平成27年４月１日施行）。

参照 ➡ 　6.1.6⑷　みなし従属を認めない用途

⑶　小規模特定用途複合防火対象物の創設（規則第13条第１項第２号）

　　小規模特定用途複合防火対象物とは、政令別表第１⒃項イに掲げる防火対象物のうち、同表⑴項～⑷項、⑸項イ、⑹項又は⑼項イに掲げる防火対象物の用途に供される部分の床面積の合計が、当該部分が存する防火対象物の延べ面積の10％以下であり、かつ、300㎡未満であるものをいう。

# Coffee Break　消防法の用途の扱い

従前、(6)項ロ関係の部分がみなし従属として扱われ、非特定用途防火対象物となっていた建物が、改正により(16)項イとなる防火対象物が該当する。

(16)項イの消防用設備等設置上の特例として、これを**小規模特定用途複合防火対象物**とし、(6)項ロ関係を除く部分の遡及適用を個別に設備設置免除して、非特定部分への適用を回避する仕組みである。

　小規模特定用途複合防火対象物は、特定用途を全て含めてみなし従属に関わる防火対象物全体を対象としている。しかし実態として、みなし従属の適用を除外した(6)項ロ関係のケースだけが該当することから、用途は(6)項ロ関係に限定されている。

(6)項ロ関係のみなし従属の適用が外されて(16)項イとなったものだけが該当し、従来どおり(6)項ロ関係以外の特定用途でみなし従属として単独に扱われる非特定用途防火対象物は、(16)項イではないため小規模特定用途複合防火対象物に該当しない。

参照 → 6.1.7(3)　特定一階段等防火対象物の規制

(4)　小規模特定用途複合防火対象物の適用

　規則第13条第1項第2号で規定している小規模特定用途複合防火対象物は、部分的に設備の設置が必要となる(6)項ロ関係の次の設備を除いては、非特定防火対象物として従前の設備規制のままとなる。

　小規模特定用途複合防火対象物は、特定一階段等防火対象物から除かれる。

| 設置が必要となる設備 | 条文 |
| --- | --- |
| スプリンクラー設備の設置を要しない部分 | 規則第13条第1項第2号 |
| 自動火災報知設備の感知器等の設置を要しない部分 | 規則第23条第4項第1号ヘ、第7号ヘ |
| 避難器具の設置個数の減免 | 規則第26条第6項 |
| 誘導灯の設置を要しない部分 | 規則第28条の2第1項第5号、第2項第4号 |

(5)　小規模特定用途複合防火対象物の解説（図解）

　小規模特定用途複合防火対象物について、「消防法施行規則及び特定共同住宅等における必要とされる防火安全性能を有する消防の用に供する設備等に関する省令の一部を改正する省令の公布について」（平成27年2月27日消防予第82号）と「消防法施行規則及び特定共同住宅等における必要とされる防火安全性能を有する消防の用に供する設備等に関する省令の一部を改正する省令の参考資料の送付について」（平成27年3月27日事務連絡）が出されており、事務連絡では図解による説明があり、これを図示する。

## スプリンクラー設備の場合

例 (5)項ロや(15)項で11階以上の建物の中に(6)項ロ関係があり、みなし従属が適用されなくなった場合

（例）

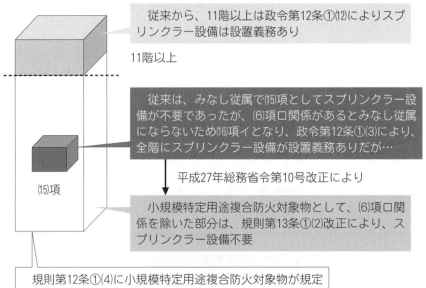

- 従来から、11階以上は政令第12条①(12)によりスプリンクラー設備は設置義務あり
- 11階以上
- 従来は、みなし従属で(15)項としてスプリンクラー設備が不要であったが、(6)項ロ関係があるとみなし従属にならないため(16)項イとなり、政令第12条①(3)により、全階にスプリンクラー設備が設置義務ありだが…

平成27年総務省令第10号改正により

- 小規模特定用途複合防火対象物として、(6)項ロ関係を除いた部分は、規則第13条①(2)改正により、スプリンクラー設備不要
- (15)項

規則第12条①(4)に小規模特定用途複合防火対象物が規定されたので、延べ面積1,000㎡以上でも11階以上と(6)項ロ関係部分に非常電源専用受電設備の設置は必要となる。

## 自動火災報知設備の場合

例 (5)項ロ500㎡未満や(15)項1,000㎡未満の建物の中に(6)項ロ関係があり、みなし従属が適用されなくなった場合

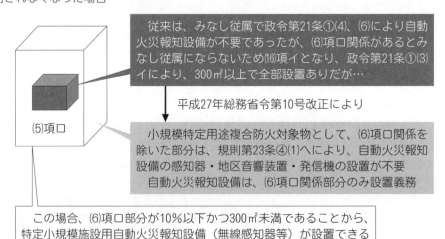

- 従来は、みなし従属で政令第21条①(4)、(6)により自動火災報知設備が不要であったが、(6)項ロ関係があるとみなし従属にならないため(16)項イとなり、政令第21条①(3)イにより、300㎡以上で全部設置ありだが…

平成27年総務省令第10号改正により

- 小規模特定用途複合防火対象物として、(6)項ロ関係を除いた部分は、規則第23条④(1)ヘにより、自動火災報知設備の感知器・地区音響装置・発信機の設置が不要
- 自動火災報知設備は、(6)項ロ関係部分のみ設置義務
- (5)項ロ

この場合、(6)項ロ部分が10%以下かつ300㎡未満であることから、特定小規模施設用自動火災報知設備（無線感知器等）が設置できる（特定小規模施設省令）。ただし、特定一階段には適用できない。

# Coffee Break　消防法の用途の扱い

### 特定小規模施設用自動火災報知設備が適用されない場合

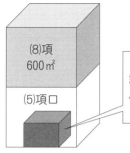

既に、政令第9条により(8)項部分に自動火災報知設備が設置されている場合は、(6)項ロ関係でも特定小規模施設用自動火災報知設備は設置できない。
通常の自動火災報知設備を設置する。

### 避難器具の場合

例　建物の中に(2)項ニがあり、みなし従属が適用されなくなった場合

(2)項ニは、政令第25条①(1)、(2)括弧書き（(1)項～(4)項、(9)項、(12)項イ、(13)項イ、(14)項、(15)項）に該当するが、従来は、(2)項ニはみなし従属で、2階等でも(5)項30人未満、(6)項で20人未満は図の2階、3階ともに避難器具を必要としなかった。
ところが、全体が(16)項イとなり、下階の用途が(2)項ニであると上階に括弧書きが適用されて、避難器具の設置が必要となるが…

↓平成27年総務省令第10号により

規則第26条⑥により、小規模特定用途複合防火対象物として設置免除される。

### 誘導灯の場合

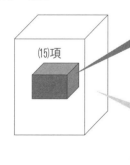

(6)項ロ関係が存在するので(16)項イとなり、全階に誘導灯が必要となるが…

↓平成27年総務省令第10号改正により

規則第28条の2①(5)、②(4)により、設置が不要
・この場合、(6)項ロ関係の部分も不要（誘導灯は政令第9条の対象外となっていることから、該当部分だけに設置することはない。
・地階、無窓階、11階以上はその階で設置義務
・(9)項ロ（非特定）は、従来どおり全部が設置義務

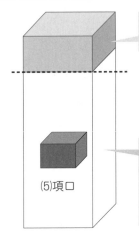

特定共同住宅の場合

11階以上には、共同住宅用スプリンクラー設備が義務化

特定住戸利用施設（(6)項ロ(1)、(5)）でみなし従属にならない部分は、10階以下でも共同住宅用スプリンクラー設備の設置可能。また、基準面積1,000㎡未満は特定施設水道連結型スプリンクラー設備の設置可能。

(5)項ロ

　みなし従属が適用されなくなった(6)項ロは、共同住宅用スプリンクラー設備の設置対象にはならず、通常のスプリンクラー設備の設置対象だった（平成21年4月1日から）。
　平成27年総務省令第10号で、特定共同住宅等における必要とされる防火安全性能を有する消防の用に供する設備等に関する省令（平成17年総務省令第40号）が改正され、第2条第1号の3で特定福祉施設等〔現行＝特定住戸利用施設〕が定義され、共同住宅用スプリンクラー設備の設置が可能となった。

(6) みなし従属の適用対象の特異な事例
　ア　他のみなし従属部分の扱い

　①　(6)項ロ関係
　②　(6)項ロ関係以外の用途（(3)項ロ等）
　①②の用途部分が全体の10％未満かつ300㎡未満として、みなし従属により(15)項としている建物で、改正41号通知により、(6)項ロ関係がみなし従属から外され、全体が(16)項イとなったことから、②の独立用途も(3)項ロ等とされるか？

　②の部分は、従来どおり(15)項として扱われる。
　「消防用設備等に係る執務資料の送付について（通知）」
（平成27年3月27日消防予第129号）

> **参考**
> 　(6)のケースで、建物全体が(16)項イと用途判定され、①の部分に相応の設備が設置されていながら、②の部分を(15)項として扱うと、数年後査察時に混乱することから、明確な指導経過を残して引き継ぐ必要がある。

## Coffee Break　消防法の用途の扱い

イ　みなし従属の廃止による防火管理と消防用設備等の扱い

従前、⒂項が大部分を占め、⑹項ロ関係部分が10％未満かつ300㎡未満で、みなし従属により全体を⒂項としていた。

41号通知を適用し、設備は⒂項、防火管理は単独用途として扱っていた。

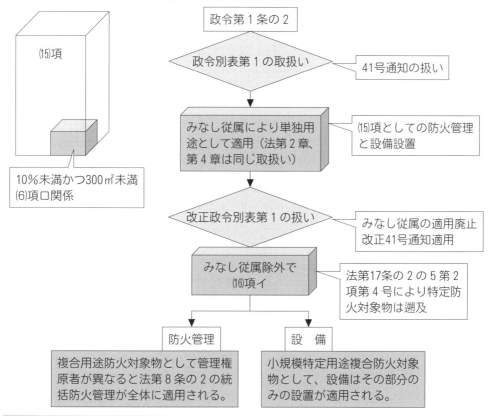

> **参考**
>
> 　法による一律的な特定防火対象物への遡及適用を避けるため、41号通知により、昭和50年1月1日施行の大規模な遡及適用を処理した。しかし後年にスプリンクラー設備や自動火災報知設備の0㎡設置となることを予測していなかった。
>
> 　このため、平成20年と21年のみなし従属の適用不可が生じた時点で、関係する設備設置基準の改正時に41号通知を廃止し、複合用途を再度整理して、政令別表関係と法第17条の2の5等の法令を改正すべきではなかったと思える。
>
> 　平成27年の改正41号通知によってさらに法令解釈は複雑になり、規則第13条第1項第2号の小規模特定用途複合防火対象物で個別の設置基準に例外規定を設ける手法としているが、この規制基準（10％以下かつ300㎡未満）は41号通知を前提としないと理解できないことから、法、政令、規則と読み進めたときに、なぜこの規制基準が必要なのか分からなくなるおそれがある（従前の41号通知等を知らずに、単純に読むと⑹項ロ関係に限定される⒃項イを対象としているとは、読み取れないと思う。）。
>
> 　消防本部として、これらに関係する用途等の取扱いを行った場合は、部分別の面積・用途等を含めて経過文書を残しておくことが必要である。

## 5 住宅併用用途建物の扱い

(1) 住宅

建築物の中で最も多く、火災が最も多いのは住宅で、国内の統計基準を準用する火災報告取扱要領においても建物用途は、1住宅、2住宅併用建物、0産業用建物の中で、1のコード分類としている。

従来から住宅は政令別表第1に該当しないとなっている。しかし、平成16年法律第65号で法第9条の2が追加され、住宅の用途に供される防火対象物（住宅以外の用途を除く。）とされたことから、住宅の用途が存在することとなった。なお、法第7条（建築同意）の住宅は、一戸建てで住宅以外の用途部分が全体の2分の1以上又は50㎡を超えるもの以外のものとしている（政令第1条）。

(2) 41号通知に定める住宅

一般住宅（個人の住居の用に供されるもので寄宿舎、下宿及び共同住宅以外のもの）の用途に供される部分が存する防火対象物について、41号通知では、次のようになっている。

> (1)項～(15)項の用途に供される部分の床面積の合計＝A
> 一般住宅の用途に供される部分の床面積の合計＝B
> ① A＜B かつ A≦50㎡ ⇒ 一般住宅
> ② A＞B ⇒ (1)項～(15)項の該当用途（単独用途）
> ③ A＜B かつ 50㎡＜A ⇒ (16)項イ
> ④ A＝B ⇒ (16)項イ

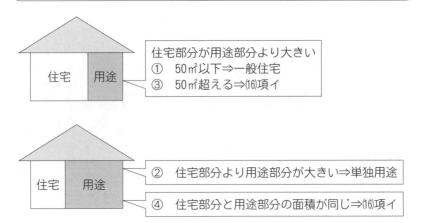

## Coffee Break　消防法の用途の扱い

**参考**

- 前5(2)で、用途に供される部分（A）に(6)項ロ関係が、該当したとしても**一般住宅等の扱いに変化はない**。

  (6)項ロ関係の扱いは、政令別表第1で扱うみなし従属に対してのみ適用される。

- 住宅＋民宿（(5)項イ）で、民宿が50㎡以下で住宅の方が面積が大きい場合、民宿部分に自動火災報知設備が必要なく、全体を一般住宅とした法第9条の2が適用され、条例による住宅用防災機器を設置すれば足りる。

- 単独のバンガローなどは50㎡以下でも棟は(5)項イとなり、0㎡から自動火災報知設備設置の対象となる（この場合、特定小規模施設用自動火災報知設備が設置できる。）。また、法第17条の3の2の消防用設備等の検査、法第17条の3の3の消防用設備等の設備点検など、様々な規制が該当する。

- **民泊**とされている施設を住宅内に設置する場合は、民宿と同じ扱いとなる。

  「「民泊サービス」を提供する場合の注意喚起リーフレットの送付について」（平成28年3月30日事務連絡）参照

［課題］

　用途部分が住宅より大きい場合は**単独用途**とする考え方に、実際に項の判定を適用する際に戸惑うことがある。現在は、法第9条の2により住宅に住宅用防災機器が設置されることからいえば、このケースも住宅という用途と捉えて全体を(16)項イで扱うのが本来ではないかと思える。

　例として、3階建てで1階と2階を飲食店等で使用している場合は、41号通知により3階の住宅まで飲食店の用途に判定されるので、避難階以外の階（3階）が飲食店の用途に供される部分とされる（政令第4条の2の2）。住宅の用途という考え方が法文に明記され、住宅用防災機器の設置が義務付けられているにもかかわらず、通知により現に住宅の用途（寝室や子供部屋など）が飲食店の用途にされ、面積に関係なく自動火災報知設備の設置義務（政令第21条第1項第7号）が生じ、さらに特定一階段では防火対象物定期点検報告も該当することは、やや無理があるように思える。もし、(16)項イであれば、令9適用となり自動火災報知設備の設置義務は300㎡以上となる。

## 7.8　参考法令

### ○行政手続法〔抄〕

（平成5年11月12日法律第88号）
最終改正　平成29年3月31日法律第4号

第1章　総則
（目的等）
第1条　この法律は、処分、行政指導及び届出に関する手続並びに命令等を定める手続に関し、共通する事項を定めることによって、行政運営における公正の確保と透明性（行政上の意思決定について、その内容及び過程が国民にとって明らかであることをいう。第46条において同じ。）の向上を図り、もって国民の権利利益の保護に資することを目的とする。
2　処分、行政指導及び届出に関する手続並びに命令等を定める手続に関しこの法律に規定する事項について、他の法律に特別の定めがある場合は、その定めるところによる。

（定義）
第2条　この法律において、次の各号に掲げる用語の意義は、当該各号に定めるところによる。
(1)　法令　法律、法律に基づく命令（告示を含む。）、条例及び地方公共団体の執行機関の規則（規程を含む。以下「規則」という。）をいう。
(2)　処分　行政庁の処分その他公権力の行使に当たる行為をいう。
(3)　申請　法令に基づき、行政庁の許可、認可、免許その他の自己に対し何らかの利益を付与する処分（以下「許認可等」という。）を求める行為であって、当該行為に対して行政庁が諾否の応答をすべきこととされているものをいう。
(4)　不利益処分　行政庁が、法令に基づき、特定の者を名あて人として、直接に、これに義務を課し、又はその権利を制限する処分をいう。ただし、次のいずれかに該当するものを除く。
　　イ　事実上の行為及び事実上の行為をするに当たりその範囲、時期等を明らかにするために法令上必要とされている手続としての処分
　　ロ　申請により求められた許認可等を拒否する処分その他申請に基づき当該申請をした者を名あて人としてされる処分
　　ハ　名あて人となるべき者の同意の下にすることとされている処分
　　ニ　許認可等の効力を失わせる処分であって、当該許認可等の基礎となった事実が消滅した旨の届出があったことを理由としてされるもの
(5)　行政機関　次に掲げる機関をいう。
　　イ　法律の規定に基づき内閣に置かれる機関若しくは内閣の所轄の下に置かれる機関、宮内庁、内閣府設置法（平成11年法律第89号）第49条第1項若しくは第2項に規定する機関、国家行政組織法（昭和23年法律第120号）第3条第2項に規定する機関、会計検査院若しくはこれらに置かれる機関又はこれらの機関の職員であって法律上独立に権限を行使することを認められた職員
　　ロ　地方公共団体の機関（議会を除く。）
(6)　行政指導　行政機関がその任務又は所掌事務の範囲内において一定の行政目的を実現するため特定の者に一定の作為又は不作為を求める指導、勧告、助言その他の行為であって処分に該当しないものをいう。
(7)　届出　行政庁に対し一定の事項の通知をする行為（申請に該当するものを除く。）であって、法令により直接に当該通知が義務付けられているもの（自己の期待する一定の法律上の効果を発生させるためには当該通知をすべきこととされているものを含む。）をいう。
(8)　命令等　内閣又は行政機関が定める次に掲げるものをいう。
　　イ　法律に基づく命令（処分の要件を定める告示を含む。次条第2項において単に「命令」という。）又は規則
　　ロ　審査基準（申請により求められた許認可等をするかどうかをその法令の定めに従って判断するために必要とされる基準をいう。以下同じ。）
　　ハ　処分基準（不利益処分をするかどうか又はどのような不利益処分とするかについてその法令の定めに従って判断するために必要とされる基準をいう。以下同じ。）
　　ニ　行政指導指針（同一の行政目的を実現するため一定の条件に該当する複数の者に対し行政指導をしようとするときにこれらの行政指導に共通してその内容とな

## 7.8 参考法令

るべき事項をいう。以下同じ。）

（適用除外）

第3条　次に掲げる処分及び行政指導については、次章から第4章の2までの規定は、適用しない。

(1)　国会の両院若しくは一院又は議会の議決によってされる処分

(2)　裁判所若しくは裁判官の裁判により、又は裁判の執行としてされる処分

(3)—(6)　〔略〕

(7)　学校、講習所、訓練所又は研修所において、教育、講習、訓練又は研修の目的を達成するために、学生、生徒、児童若しくは幼児若しくはこれらの保護者、講習生、訓練生又は研修生に対してされる処分及び行政指導

(8)　刑務所、少年刑務所、拘置所、留置施設、海上保安留置施設、少年院、少年鑑別所又は婦人補導院において、収容の目的を達成するためにされる処分及び行政指導

(9)　公務員（国家公務員法（昭和22年法律第120号）第2条第1項に規定する国家公務員及び地方公務員法（昭和25年法律第261号）第3条第1項に規定する地方公務員をいう。以下同じ。）又は公務員であった者に対してその職務又は身分に関してされる処分及び行政指導

(10)—(12)　〔略〕

(13)　公衆衛生、環境保全、防疫、保安その他の公益に関わる事象が発生し又は発生する可能性のある現場において警察官若しくは海上保安官又はこれらの公益を確保するために行使すべき権限を法律上直接に与えられたその他の職員によってされる処分及び行政指導

(14)　報告又は物件の提出を命ずる処分その他その職務の遂行上必要な情報の収集を直接の目的としてされる処分及び行政指導

(15)　審査請求、再調査の請求その他の不服申立てに対する行政庁の裁決、決定その他の処分

(16)　前号に規定する処分の手続又は第3章に規定する聴聞若しくは弁明の機会の付与の手続その他の意見陳述のための手続において法令に基づいてされる処分及び行政指導

2・3　〔略〕

### 第2章　申請に対する処分

（審査基準）

第5条　行政庁は、審査基準を定めるものとする。

2　行政庁は、審査基準を定めるに当たっては、許認可等の性質に照らしてできる限り具体的なものとしなければならない。

3　行政庁は、行政上特別の支障があるときを除き、法令により申請の提出先とされている機関の事務所における備付けその他の適当な方法により審査基準を公にしておかなければならない。

（標準処理期間）

第6条　行政庁は、申請がその事務所に到達してから当該申請に対する処分をするまでに通常要すべき標準的な期間（法令により当該行政庁と異なる機関が当該申請の提出先とされている場合は、併せて、当該申請が当該提出先とされている機関の事務所に到達してから当該行政庁の事務所に到達するまでに通常要すべき標準的な期間）を定めるよう努めるとともに、これを定めたときは、これらの当該申請の提出先とされている機関の事務所における備付けその他の適当な方法により公にしておかなければならない。

### 第3章　不利益処分

#### 第1節　通則

（処分の基準）

第12条　行政庁は、処分基準を定め、かつ、これを公にしておくよう努めなければならない。

2　行政庁は、処分基準を定めるに当たっては、不利益処分の性質に照らしてできる限り具体的なものとしなければならない。

**（不利益処分をしようとする場合の手続）**

第13条　行政庁は、不利益処分をしようとする場合には、次の各号の区分に従い、この章の定めるところにより、当該不利益処分の名あて人となるべき者について、当該各号に定める意見陳述のための手続を執らなければならない。

(1)　次のいずれかに該当するとき　聴聞

イ　許認可等を取り消す不利益処分をしようとするとき。

ロ　イに規定するもののほか、名あて人の資格又は地位を直接にはく奪する不利益処分をしようとするとき。

ハ　名あて人が法人である場合におけるその役員の解任を命ずる不利益処分、名あて人の業務に従事する者の解任を命ずる不利益処分又は名あて人の会員である者の除名を命ずる不利益処分をしようとするとき。

ニ　イからハまでに掲げる場合以外の場合であって行政庁が相当と認めるとき。

第7章　共通科目

(2)　前号イからニまでのいずれにも該当しないとき　弁明の機会の付与

2　次の各号のいずれかに該当するときは、前項の規定は、適用しない。

(1)　公益上、緊急に不利益処分をする必要があるため、前項に規定する意見陳述のための手続を執ることができないとき。

(2)　法令上必要とされる資格がなかったこと又は失われるに至ったことが判明した場合に必ずすることとされている不利益処分であって、その資格の不存在又は喪失の事実が裁判所の判決書又は決定書、一定の職に就いたことを証する当該任命権者の書類その他の客観的な資料により直接証明されたものをしようとするとき。

(3)　施設若しくは設備の設置、維持若しくは管理又は物の製造、販売その他の取扱いについて遵守すべき事項が法令において技術的な基準をもって明確にされている場合において、専ら当該基準が充足されていないことを理由として当該基準に従うべきことを命ずる不利益処分であってその不充足の事実が計測、実験その他客観的な認定方法によって確認されたものをしようとするとき。

(4)・(5)　〔略〕

**（不利益処分の理由の提示）**

第14条　行政庁は、不利益処分をする場合には、その名あて人に対し、同時に、当該不利益処分の理由を示さなければならない。ただし、当該理由を示さないで処分をすべき差し迫った必要がある場合は、この限りでない。

2　行政庁は、前項ただし書の場合においては、当該名あて人の所在が判明しなくなったときその他処分後において理由を示すことが困難な事情があるときを除き、処分後相当の期間内に、同項の理由を示さなければならない。

3　不利益処分を書面でするときは、前2項の理由は、書面により示さなければならない。

**第2節　聴聞**

**（聴聞の通知の方式）**

第15条　行政庁は、聴聞を行うに当たっては、聴聞を行うべき期日までに相当な期間をおいて、不利益処分の名あて人となるべき者に対し、次に掲げる事項を書面により通知しなければならない。

(1)　予定される不利益処分の内容及び根拠となる法令の条項

(2)　不利益処分の原因となる事実

(3)　聴聞の期日及び場所

(4)　聴聞に関する事務を所掌する組織の名称及び所在地

2　前項の書面においては、次に掲げる事項を教示しなければならない。

(1)　聴聞の期日に出頭して意見を述べ、及び証拠書類又は証拠物（以下「証拠書類等」という。）を提出し、又は聴聞の期日への出頭に代えて陳述書及び証拠書類等を提出することができること。

(2)　聴聞が終結する時までの間、当該不利益処分の原因となる事実を証する資料の閲覧を求めることができること。

3　行政庁は、不利益処分の名あて人となるべき者の所在が判明しない場合においては、第1項の規定による通知を、その者の氏名、同項第3号及び第4号に掲げる事項並びに当該行政庁が同項各号に掲げる事項を記載した書面をいつでもその者に交付する旨を当該行政庁の事務所の掲示場に掲示することによって行うことができる。この場合においては、掲示を始めた日から2週間を経過したときに、当該通知がその者に到達したものとみなす。

**（文書等の閲覧）**

第18条　当事者及び当該不利益処分がされた場合に自己の利益を害されることとなる参加人（以下この条及び第24条第3項において「当事者等」という。）は、聴聞の通知があった時から聴聞が終結する時までの間、行政庁に対し、当該事案についてした調査の結果に係る調書その他の当該不利益処分の原因となる事実を証する資料の閲覧を求めることができる。この場合において、行政庁は、第三者の利益を害するおそれがあるときその他正当な理由があるときでなければ、その閲覧を拒むことができない。

2　前項の規定は、当事者等が聴聞の期日における審理の進行に応じて必要となった資料の閲覧を更に求めることを妨げない。

3　行政庁は、前2項の閲覧について日時及び場所を指定することができる。

**（聴聞の主宰）**

第19条　聴聞は、行政庁が指名する職員その他政令で定める者が主宰する。

2　次の各号のいずれかに該当する者は、聴聞を主宰することができない。

(1)　当該聴聞の当事者又は参加人

(2)　前号に規定する者の配偶者、四親等内の親族又は同居の親族

(3)　第1号に規定する者の代理人又は次条第3項に規定する補佐人

⑷　前3号に規定する者であった者
⑸　第1号に規定する者の後見人、後見監督人、保佐人、保佐監督人、補助人又は補助監督人
⑹　参加人以外の関係人
（聴聞調書及び報告書）
第24条　主宰者は、聴聞の審理の経過を記載した調書を作成し、当該調書において、不利益処分の原因となる事実に対する当事者及び参加人の陳述の要旨を明らかにしておかなければならない。
2　前項の調書は、聴聞の期日における審理が行われた場合には各期日ごとに、当該審理が行われなかった場合には聴聞の終結後速やかに作成しなければならない。
3　主宰者は、聴聞の終結後速やかに、不利益処分の原因となる事実に対する当事者等の主張に理由があるかどうかについての意見を記載した報告書を作成し、第1項の調書とともに行政庁に提出しなければならない。
4　当事者又は参加人は、第1項の調書及び前項の報告書の閲覧を求めることができる。
　　第3節　弁明の機会の付与
（弁明の機会の付与の方式）
第29条　弁明は、行政庁が口頭ですることを認めたときを除き、弁明を記載した書面（以下「弁明書」という。）を提出してするものとする。
2　弁明をするときは、証拠書類等を提出することができる。
（弁明の機会の付与の通知の方式）
第30条　行政庁は、弁明書の提出期限（口頭による弁明の機会の付与を行う場合には、その日時）までに相当な期間をおいて、不利益処分の名あて人となるべき者に対し、次に掲げる事項を書面により通知しなければならない。
⑴　予定される不利益処分の内容及び根拠となる法令の条項
⑵　不利益処分の原因となる事実
⑶　弁明書の提出先及び提出期限（口頭による弁明の機会の付与を行う場合には、その旨並びに出頭すべき日時及び場所）
　　第4章　行政指導
（行政指導の一般原則）
第32条　行政指導にあっては、行政指導に携わる者は、いやしくも当該行政機関の任務又は所掌事務の範囲を逸脱してはならないこと及び行政指導の内容があくまでも相手方の任意の協力によってのみ実現されるものであることに留意しなければならない。

2　行政指導に携わる者は、その相手方が行政指導に従わなかったことを理由として、不利益な取扱いをしてはならない。
（申請に関連する行政指導）
第33条　申請の取下げ又は内容の変更を求める行政指導にあっては、行政指導に携わる者は、申請者が当該行政指導に従う意思がない旨を表明したにもかかわらず当該行政指導を継続すること等により当該申請者の権利の行使を妨げるようなことをしてはならない。
（許認可等の権限に関連する行政指導）
第34条　許認可等をする権限又は許認可等に基づく処分をする権限を有する行政機関が、当該権限を行使することができない場合又は行使する意思がない場合においてする行政指導にあっては、行政指導に携わる者は、当該権限を行使し得る旨を殊更に示すことにより相手方に当該行政指導に従うことを余儀なくさせるようなことをしてはならない。
（行政指導の方式）
第35条　行政指導に携わる者は、その相手方に対して、当該行政指導の趣旨及び内容並びに責任者を明確に示さなければならない。
2　行政指導に携わる者は、当該行政指導をする際に、行政機関が許認可等をする権限又は許認可等に基づく処分をする権限を行使し得る旨を示すときは、その相手方に対して、次に掲げる事項を示さなければならない。
⑴　当該権限を行使し得る根拠となる法令の条項
⑵　前号の条項に規定する要件
⑶　当該権限の行使が前号の要件に適合する理由
3　行政指導が口頭でされた場合において、その相手方から前2項に規定する事項を記載した書面の交付を求められたときは、当該行政指導に携わる者は、行政上特別の支障がない限り、これを交付しなければならない。
4　前項の規定は、次に掲げる行政指導については、適用しない。
⑴　相手方に対しその場において完了する行為を求めるもの
⑵　既に文書（前項の書面を含む。）又は電磁的記録（電子的方式、磁気的方式その他人の知覚によっては認識することができない方式で作られる記録であって、電子計算機による情報処理の用に供されるものをいう。）によりその相手方に通知されている事項と同一の内容を求めるもの
（複数の者を対象とする行政指導）

第7章　共通科目

第36条　同一の行政目的を実現するため一定の条件に該当する複数の者に対し行政指導をしようとするときは、行政機関は、あらかじめ、事案に応じ、行政指導指針を定め、かつ、行政上特別の支障がない限り、これを公表しなければならない。

（行政指導の中止等の求め）

第36条の2　法令に違反する行為の是正を求める行政指導（その根拠となる規定が法律に置かれているものに限る。）の相手方は、当該行政指導が当該法律に規定する要件に適合しないと思料するときは、当該行政指導をした行政機関に対し、その旨を申し出て、当該行政指導の中止その他必要な措置をとることを求めることができる。ただし、当該行政指導がその相手方について弁明その他意見陳述のための手続を経てされたものであるときは、この限りでない。

2　前項の申出は、次に掲げる事項を記載した申出書を提出してしなければならない。
　(1)　申出をする者の氏名又は名称及び住所又は居所
　(2)　当該行政指導の内容
　(3)　当該行政指導がその根拠とする法律の条項
　(4)　前号の条項に規定する要件
　(5)　当該行政指導が前号の要件に適合しないと思料する理由
　(6)　その他参考となる事項

3　当該行政機関は、第1項の規定による申出があったときは、必要な調査を行い、当該行政指導が当該法律に規定する要件に適合しないと認めるときは、当該行政指導の中止その他必要な措置をとらなければならない。

　　　第4章の2　処分等の求め

第36条の3　何人も、法令に違反する事実がある場合において、その是正のためにされるべき処分又は行政指導（その根拠となる規定が法律に置かれているものに限る。）がされていないと思料するときは、当該処分をする権限を有する行政庁又は当該行政指導をする権限を有する行政機関に対し、その旨を申し出て、当該処分又は行政指導をすることを求めることができる。

2　前項の申出は、次に掲げる事項を記載した申出書を提出してしなければならない。
　(1)　申出をする者の氏名又は名称及び住所又は居所
　(2)　法令に違反する事実の内容
　(3)　当該処分又は行政指導の内容

　(4)　当該処分又は行政指導の根拠となる法令の条項
　(5)　当該処分又は行政指導がされるべきであると思料する理由
　(6)　その他参考となる事項

3　当該行政庁又は行政機関は、第1項の規定による申出があったときは、必要な調査を行い、その結果に基づき必要があると認めるときは、当該処分又は行政指導をしなければならない。

　　　第5章　届出

（届出）

第37条　届出が届出書の記載事項に不備がないこと、届出書に必要な書類が添付されていることその他の法令に定められた届出の形式上の要件に適合している場合は、当該届出が法令により当該届出の提出先とされている機関の事務所に到達したときに、当該届出をすべき手続上の義務が履行されたものとする。

　　　附　則〔平26・6・13法70抄〕

（施行期日）

第1条　この法律は、平成27年4月1日から施行する。

（※　平成26年法律第70号で、第3条の「名あて人」は「名宛人」に改正されました（改正のない条は「名あて人」のままです。）。）

解　答

# 演習問題　解答

## 第1章　立入検査

[1－1]　法第4条等の立入検査に関する事項（出題例が多い）　参照 ➡ 1.1.2
① 正　消防職員の立入検査は、消防長又は消防署長が行わせる。
② 誤　立入検査の実施は、消防長等の裁量であり、対象物の実施期間等は定めがない。
③ 誤　資料提出命令は、標識の必要はなく、行政不服審査法の対象でもない。
④ 誤　都道府県知事が許可する製造所等危険物施設は、消防本部を置かない市町村の地域であり（法第11条）、市町村の職員の立入検査ではなく、都道府県職員となる（委託等手続がある場合は可能）。
⑤ 誤　消防本部を置かない市町村の非常勤の消防団員の立入検査は、法第4条の2の対象であり、消防対象物と期日を定めて実施する。

[1－2]　法第4条、第16条の5の立入検査に関わる事項　参照 ➡ 1.1.3・1.2.1
① 誤　危険物の収去であることから、法第4条の資料提出ではなく、第16条の5の権限行使となる。
② 誤　立入検査時の事前通告の義務はない。
③ 誤　証票の不提示は立入検査の拒否の理由となる。
④ 誤　立入検査時の質問の回答義務は、関係者にはなく、罰則もない。
⑤ 正　宗教上の理由による立入検査の拒否は、正当な理由とはならない。

[1－3]　立入検査標準マニュアルの中で示されている事項　参照 ➡ 1.1.3・1.2.1
① 誤　外交特権のない施設等には施政権が及ぶことから、立入拒否の正当性はない。
② 正　法第4条第3項に定める事項
③ 正　法第4条第4項に定める事項
④ 誤　正当な理由があることとはならない。
⑤ 誤　立入検査が公権力の行使であり、それにより相手側に損害を生じさせると国家賠償法の対象となる。

[1－4]　立入検査標準マニュアルの用途別の留意事項　参照 ➡ 1.3.3
① 誤　個室型店舗は、政令別表第1(2)項ニである。
② 正　個室型店舗の特徴である。
③ 正　個室型店舗の特徴である。
④ 誤　個室型店舗の特徴とはならない。
⑤ 誤　防火管理者の複数選任は、権限が曖昧となることから原則認めていない。

293

解 答

# 第2章　違反処理

2－1　用語の解説に関する事項
① 誤　警告は、行政指導であり、行政処分の行使ではない。　参照 ➡ 2.3フロー図5
② 誤　特例認定の取消しは不利益処分であり聴聞が必要　参照 ➡ 2.1.2⑶ア
③ 誤　刑事訴訟法の告発は、行政の裁量が認められている。　参照 ➡ 2.6.1⑵
④ 正　都道府県知事が返納を命じる。　参照 ➡ 2.1.2⑶ウ
⑤ 誤　略式の代執行が規定されている。　参照 ➡ 2.1.2⑹

2－2　違反処理のフロー図に関する事項
① 誤　法第17条の4は、設備設置命令に違反して設置しない者に対する命令違反　参照 ➡ 2.6.1⑷ア
② 正　規定違反のケースで罰則がある場合の対応である。　参照 ➡ 2.6.1⑶イ
③ 誤　標識が必要となる。　参照 ➡ 2.3フロー図7⑸
④ 誤　名宛人が不確知のときで、緊急であれば、防火対象物の管理権原者を名宛人とすることができる。　参照 ➡ 2.2ブロック3・4
⑤ 誤　法第5条の3第1項により、特に緊急の必要があると認める場合は、当該防火対象物の関係者に命ずることができる。

2－3　違反処理のフロー図に関する事項
① 正　違反調査の方法として定められている。　参照 ➡ 2.3フロー図4⑵
② 誤　違反処理の留保として、都市計画法など法的なケースで、老朽化は認めていない。　参照 ➡ 2.3フロー図4⑶
③ 誤　警告書、命令書も原則本人に交付して、受領書をもらう。　参照 ➡ 2.3フロー図7⑷
④ 誤　陳述の手続はない。　参照 ➡ 2.3フロー図6
⑤ 誤　違反処理の留保として、経済的困窮のケースは認めていない。　参照 ➡ 2.3フロー図4⑶

2－4　違反調査事項に関する事項
① 正　資料提出は、既に存在している書類や物件等が対象　参照 ➡ 2.4.1⑵
② 正　報告徴収は、相手側に作成させるなどによる資料等が対象　参照 ➡ 2.4.1⑵
③ 誤　関係者からの供述調書は必要　参照 ➡ 2.4.1⑵
④ 正　違反調査として定められている。　参照 ➡ 2.4.4
⑤ 誤　見分者の意見は不要。　参照 ➡ 2.4.2⑶

2－5　命令等の違反フローに関する事項
① 正　規則第1条に示す。　参照 ➡ 2.3フロー図7⑸
② 正　条文、フローからも資料提出等に標識は示されていない。　参照 ➡ 2.3フロー

294

解　答

図7(5)
③　誤　屋外の火災予防措置に標識は示されていない。　参照 ➡ 2.3フロー図7(5)
④　誤　名宛人は、消防用設備等の設置にあっては建物の処分権を有する所有者が通例
　　参照 ➡ 2.1.1(4)
⑤　正　違反調査の方法による。　参照 ➡ 2.3フロー図4(2)


2-6　違反処理に伴う行政救済に関する事項　参照 ➡ 2.5.1
①　正　行政手続法の条文を参照
②　誤　警告は、指導の範疇で不利益処分ではない。
③　正　立入検査は行政調査と捉えられ行政手続法の対象とされていない。
④　正　不利益処分を行う際は、一般的に聴聞・弁明の付与の手続を必要とする。
⑤　誤　聴聞は、口頭による意見交換である。


2-7　違反処理に伴う行政救済に関する事項　参照 ➡ 2.5.2・2.5.3
①　正　行政救済制度として定められている。
②　誤　30日。法第5条の4による。
③　誤　教示がなされないことをもって命令の効力が無効とはならない。
④　正　改正された不服審査法により不服審査請求は最上級行政庁となった。
⑤　誤　消防法には、再審査請求の規定がない。


2-8　違反処理の告発等に関する事項　参照 ➡ 2.6.1
①　誤　法第17条の4によるスプリンクラー設備の命令違反は、告発すべき事案であり、
　　　　法第5条の2を前段階の措置として定めているわけではない。
②　正　告発の事案として、命令違反と規定違反がある。
③　誤　犯罪の被害者の申告は告訴であって、告発ではない。
④　誤　告発は、ある程度の裁量が認められている。
⑤　正　告発の調査では、刑法総則に基づく調査が求められる。


2-9　違反処理に伴う行政救済に関する事項　参照 ➡ 2.5.1
①　誤　法第4条の立入検査の拒否は、行政手続法第3条第1項第14号に該当し、不利益
　　　　処分の対象に当たらない。
②　誤　法第17条の設置命令は、基準等が明確なことから、聴聞ではなく弁明の手続でよ
　　　　い。
③　正　聴聞の対象となる。
④　誤　法第8条第4項の違反是正としてなされる「警告」は、聴聞の対象とはならない。
⑤　誤　弁明の機会の付与は、簡易な手続であるが、聴聞は慎重な手続であることら主宰
　　　　者を設置して、手続を進める必要がある（行政手続法第19条）。


2-10　行政手続法に関する事項　参照 ➡ 7.8
①　正　行政手続法第32条による。

解 答

② **誤** 行政手続法第34条により許認可等の手続に際して、従わないことをもって行う権限行使をしてはならない。

③ **誤** 立入検査結果通知書は、立入検査した内容として法令違反内容を列記したものであり、行政指導文書ではないため、行政手続法第35条の適用とはならない。しかし、一般的に行政庁として発出する文書として同条を準用した扱いとしている。

④ **正** 行政手続法第36条による。

⑤ **誤** 行政手続法第36条の３により、処分の求めがなされたときは、調査の上で必要な措置を講じる必要がある。

# 第３章　火災予防措置

3−1　法第３条の屋外の火災予防措置に関する事項　参照 ➡ 3.1

① **誤** 法第３条は、消防吏員だけができ、消防の事務職員は命じることができない。

② **誤** 消防吏員が命ずることができる。

③ **正** 名宛人が不確知の際は、消防長又は消防署長が略式の代執行を命じる。

④ **正** 名宛人が確知され、命令が履行されないときは、行政代執行法による代執行となる。

⑤ **誤** 代執行の費用は、当事者が負担する。

3−2　法第３条の措置命令の要件に関する事項　参照 ➡ 3.1.2

① **正** 法第３条第１項第１号に定める事項

② **正** 法第３条第１項第１号に定める事項

③ **正** 法第３条第１項第２号に定める事項

④ **誤** 祭礼場所のような広域的な区域を制限することはできない。

⑤ **正** 敷地内も屋外として、法第３条の適用ができる。

3−3　法第５条の措置命令の内容に関する事項　参照 ➡ 3.2.2

① **誤** 法第５条で使用禁止命令はできない。

② **正** 防火戸の改修は命令可能である。

③ **正** 工作物の移設は命令可能である。

④ **正** 防火の措置として命じることが可能である。

⑤ **正** 工事人に対する命令は可能である。

3−4　法第５条の措置命令の内容に関する事項　参照 ➡ 3.2

① **正** 火気使用設備の改修命令は可能である。

② **誤** 他の法令等で適法とされている事項は命令できない。

③ **正** 初期消火の場合も命令の対象とされる。

④ **正** 工事人に命ずることが可能である。

⑤ **誤** 標識の公示は、義務となっている。

# 解 答

---

**3－5** 法第5条の2の使用禁止等の命令時の留意事項　参照 ➡ 3.3.2

① 正　法第5条の2第1項に定める事項
② 正　法第5条の2第1項に定める事項
③ 誤　関係者の意向で、命令履行の有無を判断できない。
④ 正　法第5条の2第1項に定める事項
⑤ 誤　命じられた内容の難しさは関係がない。

---

**3－6** 法第5条の3の吏員の火災予防措置に関する事項　参照 ➡ 3.4.2

① 誤　消防吏員であり、消防職員ではない。
② 正　措置命令の対象は法第3条とほぼ同じである。
③ 誤　緊急時は、防火対象物の関係者も名宛人となる。
④ 正　法第5条の3第2項により履行されない場合
⑤ 誤　標識は必要

---

**3－7** 法第5条の3の吏員命令のフローに関する事項　参照 ➡ 3.4.2・3.4.3

① 誤　行政代執行法による代執行であり、省略できない。
② 正　室内の火気使用設備に対し法第5条の3の吏員命令が可能
③ 誤　関係者等の初期消火も含む。
④ 誤　防火対象物の関係者を名宛人とすることができる。
⑤ 正　略式の代執行

---

**3－8** 法第5条関係の行政救済に関する事項　参照 ➡ 3.5

① 誤　30日である。
② 正　損失補償の特例
③ 誤　最上級庁で、市町村長
④ 正　判決によらない損失補償
⑤ 誤　教示の有無は、命令そのものの効力に及ばない。

---

**3－9** 法第5条の3の消防吏員による措置命令に関する事項　参照 ➡ 3.4

① 誤　法第5条の3の対象となる違反ではなく、法第17条の4の設置維持命令違反となる。
② 誤　命令に対する「標識」を義務づけられている。
③ 誤　命令は原則文書によることから、命令事項等を記載した文書を作成する。
④ 誤　命令書を交付している際は、命令の不履行は、正式の行政代執行となる。名宛人が不確知で、緊急の必要性がある場合に限って、略式の代執行となる。
⑤ 正　特に緊急の必要性があるときは、名宛人は、権原を有する者が不確知の場合に限り、物件の所有者等と防火対象物の関係者も該当する。

解 答

## 第4章 防火管理

4－1 政令第1条の2の防火管理者の選任義務に関する事項 参照 ➡ 4.1.1(3)
① 無 特定用途は30人以上
② 無 非特定用途は50人以上
③ 無 特定用途は30人以上
④ 無 特定用途は30人以上
⑤ 有 (6)項ロは、10人以上

4－2 政令第1条の2の防火管理者選任義務の対象に関する事項 参照 ➡ 4.1.2
① 無 ⒅項は非該当
② 無 甲板数11以上
③ 有 新築工事中の建築物は11階以上なら1万㎡以上、10階以下なら5万㎡以上、地階の場合は5千㎡以上が該当する。
④ 無 (6)項イは、30人以上
⑤ 無 ⒄項は、50人以上

4－3 政令第3条の2の防火管理者の責務に関する事項 参照 ➡ 4.1.5
① 正 政令第3条の2第2項に定める事項
② 正 政令第3条の2第3項に定める事項
③ 誤 政令第3条の2第1項で、消防計画は防火管理者に届出の義務がある。
④ 正 政令第3条の2第4項に定める事項
⑤ 正 政令第3条の2第3項に定める事項

4－4 法第8条の管理権原者に関する事項 参照 ➡ 4.1
① 正 法第8条第1項に定める事項
② 正 法第8条第1項に定める事項
③ 正 法第8条第1項に定める事項で、届出は管理権原者が行う。
④ 誤 命令対象は、管理権原者である。
⑤ 正 法第8条第3項の定める事項

4－5 法第8条の2の統括防火管理に関する記述 参照 ➡ 4.2.2
① 誤 高層建築物は用途に関係なく、管理権原者が分かれている場合は必要となる。
② 正 管理権原者が分かれている場合は必要となる。
③ 正 管理権原者が分かれている場合は必要となる。
④ 正 管理権原者が分かれている場合は必要となる。
⑤ 誤 準地下街は全て該当

4－6 法第8条の2の統括防火管理者の選任に関する事項 参照 ➡ 4.2.2・4.2.3

298

解　答

① 　正　　高層建築物は用途に関係なく必要となる。
② 　誤　　消防長又は消防署長が指定した地下街に限られる。
③ 　誤　　アーケード街(18)項は、非該当
④ 　正　　政令第3条の3に定める事項
⑤ 　正　　政令第4条に定める事項

    4－7　　法第8条の2の2の防火対象物定期点検報告に関する事項　　参照 ➡ 4.3
① 　正　　政令第4条の2の2第1号に定める事項
② 　正　　政令第4条の2の2第2号に定める事項
③ 　誤　　防火対象物点検資格者による点検
④ 　正　　法第8条の2の2第2項に定める事項
⑤ 　正　　法第8条の2の2第1項に定める事項

    4－8　　政令第4条の2の2の防火対象物定期点検報告の対象物に関する事項　　参照
        ➡ 4.3.2
① 　正　　政令第4条の2の2に定める事項
② 　正　　政令第4条の2の2に定める事項
③ 　誤　　収容人員300人以上の特定用途は規模にかかわらず全て該当
④ 　正　　政令第4条の2の2に定める事項
⑤ 　正　　政令第4条の2の2に定める事項

    4－9　　法第8条の2の3の防火対象物定期点検報告の特例認定に関する事項　　参照
        ➡ 4.4
① 　正　　法第8条の2の3第1項第2号イに定める事項
② 　正　　法第8条の2の3第1項に定める事項
③ 　正　　法第8条の2の3第3項に定める事項
④ 　誤　　3年経過で申請できる。
⑤ 　正　　3年を経過していれば、5年でもよい。

# 第5章　防火防災対策

    5－1　　法第8条の2の4の避難施設等の管理に関する事項　　参照 ➡ 5.1.2
① 　正　　政令第4条の2の3に定める事項で、対象に(18)項～(20)項は除かれる。
② 　誤　　法第8条の2の4により、義務者は管理権原者である。
③ 　正　　法第8条の2の4に定める事項
④ 　正　　法第8条の2の4に定める事項
⑤ 　正　　法第8条の2の4に定める事項

    5－2　　法第8条の2の5の自衛消防組織に関する事項　　参照 ➡ 5.2.1
① 　正　　政令第4条の2の4第1号ハに定める事項

299

## 解 答

② 正　政令第4条の2の4第1号ロに定める事項

③ 正　政令第4条の2の4第1号イに定める事項

④ 正　政令第4条の2の4第2号に定める事項

⑤ 誤　政令第4条の2の4に定める事項として、(5)項ロは、非該当となる。

---

**5−3**　法第8条の3の防炎防火対象物に関する事項　参照 ➡ 5.4.2(1)

① 正　法第8条の3に定める事項

② 正　政令第4条の3に定める事項

③ 誤　法第8条の3、政令第4条の3で定められていない。(13)項ロは防炎防火対象物、防災管理対象物からも除外されている。(12)項ロが防炎防火対象物である。

④ 正　法第8条の3に定める事項

⑤ 誤　法第8条の3、政令第4条の3で定められていないので非該当となる。

---

**5−4**　法第8条の3の防炎規制対象に関する事項　参照 ➡ 5.4.2(1)・(2)

① 正　政令第4条の3に定める事項

② 正　政令第4条の3に定める事項

③ 正　法第8条の3に定める事項

④ 正　規則第4条の3に定める事項

⑤ 誤　政令第4条の3に定める事項で、(7)項は、非該当となる。

---

**5−5**　法第9条の2の住宅用防災機器に関する事項　参照 ➡ 5.6

① 誤　政令第5条の6に定めるものは、住宅用防災警報器と住宅用防災報知設備

② 正　設置場所として、就寝用の居室（寝室）となっている。

③ 正　設置場所として、寝室のある階段も該当する。

④ 正　政令の基準に従うことが法第9条の2第2項に定められている。

⑤ 正　政令で定める以外の基準の制定は、政令第5条の3によることとなる。

---

# 第6章　消防用設備等

**6−1**　政令別表第1の用途区分に関する事項　参照 ➡ 6.1.5(2)

① 正　(2)項ロである。

② 正　(3)項ロである。

③ 正　(5)項ロである。

④ 誤　博物館等は、(8)項となる。

⑤ 誤　神社は、集会的施設があっても(11)項に区分され、また、政令第2条により同一敷地内の建物は目的が同じであれば、その用途は(11)項神社となる。

---

**6−2**　法第17条の消防用設備等の設置に関する政令等で定める事項　参照 ➡ 6.1.5・6.1.6

① 正　政令第8条の令8区画に関する規定

解 答

② 正 政令第9条に関する規定
③ 正 41号通知の「渡り廊下の基準」
④ 誤 41号通知の従属用途は、3条件があり、管理権原者が同じでなければならない。
⑤ 誤 改正41年通知でみなし従属の適用を受けない用途は、(2)項ニ、(5)項イ、(6)項イ(1)
　　 〜(3)、(6)項ロ、(6)項ハ（宿泊する施設）が該当する。

6－3　階の扱いに関する事項　参照 ➡ 6.1.7
① 正 地階の扱い（建基令第1条による）。
② 正 避難階の扱い（建基令第13条による）。
③ 誤 無窓階の10階以下の階の扱いは、面積が合算される（規則第5条の3）。
④ 正 無窓階の11階以上の扱い（規則第5条の3）。
⑤ 誤 特定一階段は、建基法の避難階段の構造とは関係なく規定される。

6－4　法第17条の2の5の遡及適用に関する事項　参照 ➡ 6.2.2
① 正 法第17条の2の5、政令第34条の2に定める事項
② 誤 増床であっても2分の1以上又は1,000㎡以上の増築がないと該当しない。
③ 正 法第17条の2の5第2項第3号の適用により取り扱われる。
④ 誤 特定防火対象物以外は、2分の1以上又は1,000㎡以上の用途変更がないと該当
　　 しない。
⑤ 正 (17)項の自動火災報知設備は遡及対象となる（政令第34条第2号）。

6－5　法第17条の4の消防用設備等の設置維持命令に関する事項　参照 ➡ 6.5.1
① 誤 法第17条の4に関しては、第5条の3のような吏員命令はない。
② 正 法第17条の4により消防長等が設置維持命令を発することができる。
③ 正 告発が可能である。人命危険等があれば第5条の2の命令も可能となる。
④ 正 法第17条の4に示されている事項
⑤ 正 法第5条の2に示されているように、使用禁止命令が適用となる。

6－6　届出及び検査と点検及び報告に関する事項　参照 ➡ 6.3.1・6.4.1・6
　　 .4.2
① 誤 規則第31条の3第1項により、4日以内となっている。
② 正 規則第31条の3第2項に定められている。
③ 正 法第17条の3の3に定められている。
④ 誤 規則第31条の6第3項により、(5)項イは年1回、(5)項ロは3年に1回である。
⑤ 誤 道路交通法違反なので、禁錮以上の刑に処せられた場合である（規則第31条の6
　　 第8項）。

301

## 著者履歴

北 村 芳 嗣（きたむら　よしつぐ）

現　　　在
　消防大学校 非常勤講師、日本火災学会 会員

略　　　歴
　立教大学理学部卒
　東京消防庁入庁、予防部調査課長、浅草消防署長、府中消防署長、
　足立消防署長、第四消防方面本部長を経て退職。
　(一財)日本消防設備安全センター 違反是正支援センター次長、
　(株)ダイエー専任部長、帝京大学 非常勤講師を歴任。
　日本電気協会 澁澤賞受賞、日本火災学会 火災学会賞受賞。

ウェブサイト「火災調査探偵団」
http://www7a.biglobe.ne.jp/~fireschool2/

---

### 図解　実務で使える防火査察
#### －予防技術検定対応版－

平成29年12月20日　初 版 発 行
令和 3 年 7 月10日　初版 3 刷発行（令和 3 年 4 月 1 日現在）

編　著／予防業務支援グループ代表　北村芳嗣
発行者／星 沢 卓 也
発行所／東京法令出版株式会社

| | | |
|---|---|---|
| 112-0002 | 東京都文京区小石川 5 丁目17番 3 号 | 03(5803)3304 |
| 534-0024 | 大阪市都島区東野田町 1 丁目17番12号 | 06(6355)5226 |
| 062-0902 | 札幌市豊平区豊平 2 条 5 丁目 1 番27号 | 011(822)8811 |
| 980-0012 | 仙台市青葉区錦町 1 丁目 1 番10号 | 022(216)5871 |
| 460-0003 | 名古屋市中区錦 1 丁目 6 番34号 | 052(218)5552 |
| 730-0005 | 広島市中区西白島町 11 番 9 号 | 082(212)0888 |
| 810-0011 | 福岡市中央区高砂 2 丁目13番22号 | 092(533)1588 |
| 380-8688 | 長 野 市 南 千 歳 町 1005 番 地 | |

〔営業〕TEL 026(224)5411　FAX 026(224)5419
〔編集〕TEL 026(224)5412　FAX 026(224)5439
https://www.tokyo-horei.co.jp/

©YOSHITSUGU KITAMURA Printed in Japan, 2017
　本書の全部又は一部の複写、複製及び磁気又は光記録媒体への入力等は、
著作権法上での例外を除き禁じられています。これらの許諾については、
当社までご照会ください。
　落丁本・乱丁本はお取替えいたします。

ISBN978-4-8090-2443-6